关于作者

杰姆斯·B. 比德曼
(James B. Bittman)

期权协会的高级指导成员，芝加哥期权交易所期权学院高级讲师。他曾在二十多年中一直是一名成功的期权交易者，撰写了《股票期权交易》、《农产品期货和期权的交易与套期保值》等著作，在期权期货界有广泛的国际影响，并是《期权：基本概念与交易策略》一书的作者之一。

关于译者

傅德伟

吉林大学经济学学士，加拿大渥太华大学工商管理硕士。现任深圳证券交易所衍生品工作小组副组长，负责股票期权、股票期货和结构化产品等衍生产品的研发。拥有加拿大衍生品资格证书和证券资格证书；是注册金融分析师二级候选人。曾在芝加哥期权交易所、期权结算公司、芝加哥商业交易所和证监会国际组织进行系统培训。1992年加入深圳证券交易所，历任监察部、结算部、策划部和国际部总监、副总监。著有《期权应用与监管》。

股票期权的发展是现代金融市场最受瞩目的事件之一。由于越来越多的投资者针对“整体市场”进行交易，指数期权获得了巨大的发展。指数期权可以帮助投资者快速进出股票市场，并且为其实现长期投资目标服务。

本书可以帮助投资者学习指数期权的价格分析方法，拟定交易策略，提高决策效率。具体内容包括：

- 解释指数期权的价格行为。
- 介绍波动率（volatility）的相关知识。
- 提供指数期权价值的评估方法，选择“正确的”交易策略。
- 解释数种中级与高级策略。
- 提供一套电脑分析软件。
- 解释交易心理的重要性。

本书帮助投资者完成进行交易的四个步骤：（1）确立一个明确的目标；（2）建立切合实际的预期；（3）为头寸管理准备几种备选方案；（4）坚持自己的投资原则。

芝加哥期权交易所（CBOE）是场内股票期权的开创者，期权学院是CBOE的教育部门。本书是期权学院的教材。

深圳证券交易所金融衍生品丛书 主编 张育军 副主编 周 明

SHENZHEN ZHENGQUAN JIAOYISUO JINRONG YANSHENGPIN CONGSHU

股指期权交易

[美] 杰姆斯·B.比德曼（James B.Bittman）著

傅德伟 译

TRADING INDEX OPTIONS

中国财政经济出版社

图书在版编目（CIP）数据

股指期权交易/（美）比德曼（Bittman J.B.）著；傅德伟译．—北京：中国财政经济出版社，2008.1

书名原文：Trading Index Options

ISBN 978-7-5095-0267-9

Ⅰ.股… Ⅱ.①比…②傅… Ⅲ.股票-指数-期货交易-基本知识 Ⅳ.F830.9

中国版本图书馆 CIP 数据核字（2007）第 155602 号

著作权合同登记号：图字 01-2007-5205

James B.Bittman

Trading Index Options

ISBN 0-7863-1230-0

中国财政经济出版社 出版

URL：http：//www.cfeph.cn

E-mail：cfeph@cfeph.cn

（版权所有 翻印必究）

社址：北京市海淀区阜成路甲 28 号 邮政编码：100036

发行处电话：88190406 财经书店电话：64033436

北京富生印刷厂印刷 各地新华书店经销

787×1092 毫米 16 开 20.75 印张 312 000 字

2008 年 1 月第 1 版 2008 年 1 月北京第 1 次印刷

定价：48.00 元

ISBN 978-7-5095-0267-9/F·0220

（图书出现印装问题，本社负责调换）

序言

深圳证券交易所总经理　张育军

上个世纪70年代以来金融衍生产品的发展，是金融史上影响最为深远、最激动人心的变化之一。尽管从诞生伊始就饱受质疑，尽管曾经造成了巴林银行等公司的巨额亏损和倒闭，甚至引起整个市场的震荡，金融衍生产品始终保持了旺盛的生命力。过去二十多年来，金融衍生品产品年平均成长率达21%，交易量约每三年半就增加一倍。今天，金融衍生产品市场已经蔚为大观。据国际清算银行统计，2005年，全球场内金融期货合约总成交量达到31.72亿张，金融期权达到35.90亿张，合约成交面值分别为1006万亿美元和403万亿美元。除了场内市场，还有一个更为庞大和复杂的场外金融衍生产品市场。

需要指出的是，即使经历了几十年的持续高速发展，金融衍生产品依然方兴未艾，增长势头十分迅猛。2005年，全球场内金融期货的成交合约数比上一年度增长17%，金融期权增长7%。除了交易规模的迅速扩大外，近年来金融衍生产品发展还凸显出以下几个特点：

一是从世界范围来看，金融衍生品市场已经出现了从发达国家向其他国家和地区扩展的趋势，一些新兴市场取得了惊人的成功。例如，韩国交易所从1996年开始推出股指期货和期权，随着KOSPI 200指数期权异军突起，2001年韩国交易所衍生产品合约成交量就排名世界第一，至今仍然保持龙头地位。又如，印度直到2000年6月才推出股指期货，短短一年时间，印度的股指期权、个股期权和个股期货相继推出，迅速形成了完整的权益类衍生品系列。截至2005年，印度国家交易所个股类衍生品的标的股票数达到118只，指数类衍生品的标的指数为3个，2005年在全球期货交易所中排名第七。

二是证券交易所、衍生品交易所不断整合，规模特征日益明显。一方面是证券交易所和衍生品交易所的整合，为投资者提供了一个屋檐下的交易场所。继欧洲证券交易所（Euronext）成功整合现货和衍生品市场后，在全球证券交易所具有旗舰地位的纽约证券交易所（NYSE）和纳斯达克（Nasdaq）先后宣布进军期权市场。纽约证券交易所（NYSE）2006年7月开始通过NYSE Arca进行期权交易，纳斯达克2006年9月宣布将推出自身的期权市场。另一方面则是衍生品交易所自身的兼并和扩张。如欧洲期货交易所（Eurex）已在美国开设交易场所，美国多家衍生品交易所纷纷进军亚洲市场，提供电子交易平台。不久前，美国芝加哥商业交易所（CME）和芝加哥期货交易所（CBOT）宣布合并，成为全球最大的衍生品交易所，相信这种全球范围内的整合趋势还将持续。

三是期权在衍生产品中的地位日益突出。新兴市场方面，韩国股指期权稳居金融衍生品成交量第一位。在衍生品发展比较成熟的美国，最近几年来期权成交量增长速度也明显加快，6家期权交易所2003—2005年的交易量大约为46亿张，相当于过去10年期权交易量的总和，而且这一增长似乎还没有结束的迹象。与2005年上半年相比，2006年上半年6家交易所的累计交易量又上升了45%。

金融衍生产品的发展席卷全球并不是偶然的。随着世界范围内金融的市场化和国际化，金融资产价格的变动加剧，产生了利用衍生产品管理风险的巨大需求。同时，信息技术的革命和金融资产定价理论的发展，又使金融衍生产品的定价、开发和交易成为可能。以此为基础，金融衍生产品的标的不断扩张，品种持续创新，交易机制日益高效、灵活，功能地位显著提升，交易所和中介机构展示了伟大的创造力。

在全球金融衍生产品迅速发展的同时，中国的金融衍生产品市场正蓄势待发。如果说，由于我国利率和汇率的市场化还处于起步阶段，相应的衍生产品的发展还有待突破的话，那么，在权益类衍生产品方面，发展的条件和时机已经基本成熟。

2005年以来，中国股票市场最大的变革是股权分置改革的稳步推进。国务院《关于上市公司股权分置改革的指导意见》曾经指出：“股权分置改革是一项完善市场基础制度和运行机制的改革，其意义不仅在于解决历史问题，更在于为资本市场其他各项改革和制度创新创造条件。”正是股权分置改革的推进，为金融衍生产品的推出扫清了最主要的制度性障碍。

股权分置改革对发展金融衍生产品的意义体现在两个方面：首先是增加了现货市场的规模和流动性。通过股权分置改革，2/3 的非流通股可以逐步上市交易；市场融资功能恢复，一批大市值股票发行上市，市场规模迅速扩大；股价稳中有升，成交量大幅增长。股权分置改革前的 2005 年 4 月底，深沪股市的可流通市值为 1.1 万亿元，现在已经超过了 6 万亿元。即使排除限售股份，可流通市值仍在 2 万亿元以上。2006 年 1—10 月，深沪 A 股的成交量达到 6.4 万亿元，比上一年同期增长 140%。国际经验表明，现货交易与衍生品交易具有高度正向的相关性，现货交易量越大，衍生品交易的名义价值也越高，市场交易更加活跃。

更重要的是，股权分置改革完善了现货市场的定价机制。股权分置改革实施以后，股份流通问题如何解决不再成为引起市场猜测和大幅波动的因素，上市公司的股东有了共同的利益基础，随之而来的市场规模的扩大又抑制了投机。现货市场定价机制的完善，是相应的衍生产品市场形成合理价格并正常运行的先决条件。

在国内股票现货市场逐步走向成熟的同时，市场参与主体和监管主体方面也逐步具备了发展衍生产品的条件。一是通过近年来期货业的规范和证券公司的综合治理，中介机构的风险意识和管理水平有了显著的提高；二是机构投资者已经成为中国股市的主导力量。衍生产品专业性强，定价和交易机制复杂，风险大，以机构为主的投资者群体是市场稳定运行和功能正常发挥的基础；三是监管机构在股票市场和商品期货市场上已经积累了较为丰富的经验，有利于在制度设计和日常监管上做好金融衍生产品的风险防范和控制。

因此，在中国资本市场正在实现重大转折的今天，以权益类产品为突破口推出金融衍生产品，是瓜熟蒂落、水到渠成之举。

金融衍生产品的推出，将深刻地改变中国金融市场的面貌。金融现货市场是虚拟经济的主体，衍生产品则是虚拟经济的进一步延伸，它为中国金融市场的大厦封了顶。一方面，金融衍生产品将提供远期价格发现机制，与现货市场的价格相互影响，健全市场的运行机制；另一方面，在市场风险可以定价、分解、组合和交易之后，金融机构就能够以金融衍生产品为基础，进行有效的风险管理，构造出多种多样风险收益形态的金融产品，满足投资者多样化的需求。我们有理由期待，随着中国金融衍生产品市场的诞生和逐步成熟，金融创新将出现新一轮浪潮，金融市场的功能将显著增强，中国金融业的全球竞争力将有新的提升。在这个过程中，中国资本市场的从业者是大有可为的。

作为证券市场交易的组织者和一线监管部门，深圳证券交易所一直高度关注金融创新产品的发展。深交所发展的中长期目标，就是打造现货和衍生品融为一体的市场，提供一个完整的产品链。我们在发展主板、中小板与创业板等多层次现货市场的基础上，正在积极研究股权类衍生品市场。2000年，深交所综合研究所就曾经对股指期货作过前瞻性研究。从2004年起，深交所成立了股指期货小组（后改名为衍生品工作小组），开始着手金融衍生品的方案设计工作。在一年多的时间里，深交所相关部门的员工通力协作，在借鉴境外市场发展经验的基础上，结合国内市场的特点，完成了以股指、ETF和个股为标的的期货、期权的合约和运作模式设计，形成了比较完整的权益类金融衍生品系列方案，并进行了相关技术系统的准备。我们把深交所关于金融衍生品的部分研究成果汇编成册，作为“深圳证券交易所金融衍生品丛书”的第一批已经公开出版。

我国资本市场暂时还没有权益类期权产品，广大投资者对期权交易还很陌生，期权市场的培训和推广工作任重而道远。在培训过程中，好的指导性教材对于投资者至关重要。芝加哥期权交易所期权学院的经典培训教材《股指期权交易》和《股票期权交易》两书，是由期权学院的资深专家杰姆斯·B. 比德曼所著。比德曼先生具有丰富的期权交易实战经验，并从事期权培训工作多年。这两本书完全从投资者的应用角度，详细介绍了期权的运作流程以及在各种市场情形下如何使用期权的策略。这两本书的内容深入浅出，图文并茂，事例形象，条理清晰，对于初涉期权市场的投资者具有极强的指导作用。这两本书自出版之后，在美国期权市场中得到普遍欢迎，一直是美国期权市场参与者的必备教材。现在，深交所衍生品工作小组的同事将这两本书介绍给国内读者，作为“深圳证券交易所金融衍生品丛书”的系列品种，相信对加强投资者教育和稳步推进我国金融衍生品市场建设大有裨益。

是为序。

中文版序言

芝加哥期权交易所执行董事　郑学勤

在中国，资本市场越来越成为一个由法律和监管所保护、相对独立于凯恩斯主义所提倡的政策直接干预、有自身活动规律的经济实体。一个成熟的资本市场，应当是一个结构完整的多层次市场。它不但在水平面上应当有蓝筹股市场、中小板市场和创业板市场，而且，在垂直面上应当有不同种类的衍生品市场。在这些衍生品市场中，期权是一个不可或缺的组成部分。

自从芝加哥期权交易所在1973年推出交易所交易的期权以来，在30余年的时间里，期权可以说是金融界所发明的最成功的一项工具。很有意思的是，不管是从交易量还是从交易合约金额来看，期权最成功的地方，不是在它的起源地美国，也不是在机构交易者占市场主体的欧洲，而是在亚洲。这个亚洲，还不包括有近亿股民的中国。

亚洲市场有它先天独厚的地方，那就是它拥有大量的个体投资者和交易者。欧洲市场花了十几年的时间想要培养起个体客户的市场，直到现在，还很难说是成功了。在美国，一个新产品在交易所挂牌上市，如果一开始每天能有上万手合约的交易，那就是一个相当成功的产品。在中国，一个新产品在期货交易所挂牌，动辄就是每天十几万手的交易量。这不是光用亚洲人好博弈这种说法能够解释得了的。人们有热情，愿意使用资本市场来管理自己的资产，这是一笔宝贵的、应当爱护的资源。

建立一个交易所，推出一个新产品，只有设计合理，机构投资者自然会来找你，因为他们知道可以使用这样的工具来帮助管理资产；投机者自己会找上门来，因为他们知道这里有赚钱的机会。最可贵的是要吸引和留住大量的个体投资者。要做到这一点，最重要的是投资者的教育，教会他们如何使用这个产品，从这个市场中得到好处，规避风险，积累盈利。从这个意义上说，深圳证券交易所衍生品工作小组翻译的《股指期权交易》和《股票期权交易》这两本书，无疑是为在中国建立一个成功的期权市场铺垫道路。

在过去的一年里，大家都看到中国大量的储蓄从银行涌入了股市。这对股市来说，是一个提高资本管理效率的挑战。应当说，中国股市机制在对资本的管理效率方面目前并不是很高。我们可以拿美国来作个比较。美国是一个储蓄率很低的国家。2006年，国民储蓄只不过是GDP的13.7%左右，即使加上外国人在美国的储蓄，也只占GDP的20%。在G7国家中居倒数第三位。但是，美国的资本市场非常有效，浪费很小，这就使得这笔资本产生了在G7国家中排名最高的生产力发展率。在提高资本利用率方面，发达的衍生品市场无疑起了一定的作用。

期权交易与股票交易和期货交易都不相同。股票交易和期货交易是一种经验和行为的市场，交易者为情绪所驱动，交易的动力主要是对市场价格走向的预测。期权市场则是一种可以进行定量计算的市场。它可以通过期权公式的定量分析，对风险的暴露面和盈利的幅度事先有所限定。期权交易主要是策略的交易。它不但重视市场的价格走向，而且重视市场价格的波动率。这样一种市场，在提高资本市场的效率和规避市场风险方面，自然对股票市场和期货市场提供了一种互补的作用。

期权交易的特性同它在亚洲地区的发达是否有一定的内在关系呢？我觉得有。第一，虽然同期货一样，期权也是一种高杠杆力的工具，但是，与期货不同，期权是一种所谓的非对称性的合约，也就是说，合约的持有者拥有权利，但没有义务，不一定非要将合约履约。这样，期权的买家最大的亏损只是买进期权时所付的权利金，这就给中、小投资者提供了这次不成功下次再来的机会。第二，期权交易是一种依靠数学模式的交易，在一个交易者年纪较轻、数学素质较高的国家里，特别会有市场。第三，期权交易是一种策略的交易，在一个自古以来就讲究孙子兵法的文化国度里，尤其能够为人接受。第四，期权交易的发达与电脑和网络技术的发达是分不开的，在亚洲，电脑技术和网络的普及并不逊于任何其他地方。第五，在期权交易中，许多机构和个人买进期权是为了对他们的股票投资组合进行套期保值。因此，即使买进的期权在到期时无价值地过了期，他们也不把它看做是一笔净亏损，他们所支付的权利金，对他们来说，就像是为房屋或人寿保险所付的保险费。这样，虽然期货和期权都是所谓的零和市场，由于这种保险费的存在，就为其他参与者提供了更多的获利的机会。这也是吸引个体投资者和交易者的一个因素。

由于期权交易的特殊性，在期权方面对投资者的教育就更为重要。深圳证券交易所衍生品工作小组多年来在这方面孜孜不倦地进行了大量的工作。翻译《股指期权交易》的傅德伟，翻译《股票期权交易》的陈建瑜、于延超、邢精平和孙培源，都堪称是中国期权教育方面的筚路蓝缕者。这两本书的作者 Bittman 是我的同事和朋友，几十年来一直在世界各地推广期权教育。他要我向这些翻译者们致敬。他特别对这些年轻学者在尚未知道期权市场在中国何时问世的情况下所作出的这种不屈不挠的努力表示钦佩。

目录

第Ⅳ篇　头寸管理

第Ⅴ篇　交易心理

导论

本书适用对象

如果你从事指数期权的交易，希望学习期权的价格分析方法，拟定交易策略，并且找到可以提高决策效率的新工具，那么本书就适合你。本书与随书附上的电脑软件可以：

·解释期权的价格行为。

·介绍波动率（volatility）的相关知识。

·提供期权价值的评估方法，选择正确的交易策略。

·解释数种中级与高级策略。

·提供一套电脑分析软件。

·解释交易心理的重要性。

每进行一笔交易，你必须：(1) 确立一个明确的目标；(2) 建立切合实际的预期；(3) 为头寸管理准备几种备选方案；(4) 坚持自己的投资原则。《股指期权交易》可以帮助你完成这四个必要的步骤。

这篇导论将首先说明股价指数期权的功能，以及这种交易工具为什么受到市场普遍认同；然后将小结本书的宗旨与内容概要。

指数期权的功能

在经历了机构管理资金惊人的发展与集中后，指数期权与指数期货合约的发展非常迅速。

投资基金的规模可能高达数千亿美元。这些基金的经理人经常遭遇一些问题：价值$1 000万、$5 000万或$1亿的资金如何快速而方便地投入或撤出股票市场？这类问题显然不易解决。买进或卖出如此大量的个别股票必定会造成价格剧烈波动，而且也可能违背基金分散投资的宗旨。市场流动性与投资组合结构是这些大型基金经理人非常关心的课题。

如果能够找出某种具有经济效益的方法，把庞大的资金迅速而分散地投入或撤出股票市场，其他有关选股策略或投资组合均衡的问题都可以随后确定。

为了满足这方面的需求，金融市场发展了两种交易工具——指数期货与指数期权。这些产品让基金经理人得以针对市场而不是个别股票来进行交易。可是，“交易”这个名词或许不恰当，因为交易具有投机的涵义。事实上，通过指数期货与指数期权，大额的资本可以进行符合经济效益的投资。

这种促进巨额买卖的服务由进行套利交易的专业机构提供。金融套利者尝试发现指数期货、指数期权与基础股票组合之间的价格背离，通过巨额交易赚取差价利润（一旦套利者认为期货或期权“定价错误”了，他们就将通过高效的运作，对大批多样化的股票组合进行交易）。为了赚取这些平均水平以上的报酬，套利者也必须承担价格剧烈波动所造成的亏损风险。

最初，套利者确实赚取平均水平以上的报酬，因为这些新金融产品的买卖报价呈现严重的差价，这也是所谓的“无效率定价”现象。可是，在自由竞争的环境下，愈来愈多的资金尝试争取这些套利机会，造成买卖报价的差价程度逐渐缩小。现在，股票指数期货与期权市场已经处于高效率状态，这些交易工具很少会出现套利的机会。

为何从事指数期权交易

某些人为何希望针对“整体市场”进行交易，而不是个别股票？其中涉及许多理由。根据一般的看法，个别股票的操作绩效取决于三个因素：(1) 整体市场；(2) 所属产业；(3) 个别公司。绝大多数分析家认为，整体市场的走势方向最重要，个股绩效可能有70%取决于整体市场的走势。第二个重要因素是产业的基本面发展趋势，个股绩效可能有20%来自于这方面的影响。所以，个别股票的操作绩效大约只有10%来自于特定公司的营运表现。

前述70%—20%—10%的理论究竟有什么意义呢？很简单：如果整体市场处于涨势，随便买进一些股票通常都能够获利，尤其是买进一些热门的类股。当然，这并不能保证获利。反之，如果整体市场处于跌势或横向盘整，就很难找到一些逆势上涨的股票。而不论大盘处于涨势或跌势，通过指数期权而针对整体市场进行交易，都比较容易参与。

除此之外，还有一些理由支持我们针对整体市场进行交易而不是个股。当重大经济事件发生的时候，我们通常很容易预测整体股票市场受到的影响，却很难判断个别股票的反应。举例来说，如果政府公布的报告显示经济持续成长，通货膨胀的压力不大，这属于股票市场的利多消息，但未必有利于个别股票。

另外，股价指数期权提供的杠杆效力通常超过个别股票（请参考第3章的解释）。换言之，当股价指数发生1%或2%的变化，期权价格可能出现5%或10%的变化。所以，“波动频率”的论证支持指数期权的交易。虽然市场中随时都有一些个股出现重大的变化，但绝大部分股票基本上都处在横向走势。基于财务杠杆效果的缘故，指数期权的价格波动程度更容易提供投机的交易机会。

市场参与者与期权运用

金融市场由三种参与者构成：投资者、投机者与做市商（market makers）。对于这三类参与者，期权都是非常重要的交易工具，虽然他们运用的交易方法各不相同。

如同《期权与股票投资者》（*Options for the Stock Investor*，McGraw－Hill，1996）一书解释的，投资者通过期权可以增加投资替代策略的选择范围，提供更多的风险/报酬结构。该书讨论的策略也适用于股价指数期权。在不使用杠杆扩张信用的情况下，指数期权具有保险或提升收益的选择功能，显然不同于传统的股票投资组合。

投机者在许多方面不同于投资者。首先，投资者追求股票所有权提供的长期效益，投机者则希望在短期的价格波动中获利。另外，这两类参与者在投资时间上虽然没有绝对的差异，但投资者通常投资至少6个月以上，甚至长达数年。反之，投机者持有的时间可能只有几个钟头，通常不会超过几个星期。

关于投资者与投机者之间的差异还包括：财务杠杆的使用、不同的投资策略以及绩效衡量标准。投机者普遍采用保证金交易，利用保证金扩张信用，创造更高的获利潜能以及更高的潜在损失风险。可是，保守的投资者通常都尽可能避免保证金交易。在投资策略方面，投资者通常只采用在看多行情或横盘看多时投资的策略，因为他们主要希望通过股票所有权获利。关于期权操作，投资者基本上多采用收益提升策略（卖出已持有股票上的看涨期权）或避险策略（购买所持有股票上的看跌期权）。而投机者则希望从股价的涨势与跌势两个方面中都能获利，所用策略也更具多样性。关于操作绩效衡量，投资者通常是以市场表现为基准，但投机者则不理会市场走势方向，而专注于绝对的获利目标。不论在多头或空头市场，投机者都试图通过杠杆操作赚取高额的报酬。高额的获利目标是投机者承担杠杆风险的报酬。

投资者与投机者使用的分析方法也不相同。虽然这两类参与者都采用基本分析与技术分析，但投资者偏重基本分析，而投机者偏重技术分析。另外，由于大多数投资者主要是基于避险或提升收益的缘故而使用期权，他们不大像投机者一样深入了解期权的价格行为与隐含价格波动率的走势（隐含价格波动率是贯穿本书的最重要概念之一）。投机者从事交易需要拿捏精确的时间因素，投资者对于行情发展的时间因素比较不重视。

最后，投资者与投机者的心态也不同。虽然他们都相信“直觉”、“自律规范”或“有赢有输”的理念，但实际意义对他们来说则不大相同，主要是因为他们的持有期间、分析方法与运用策略不同。表1摘要显示投资者与投机者之间的差异。

表1　投资者与投机者的决策

	投机者	投资者
获利方法	短期价格波动	长期持有股票
投资时期	最少：几个小时	最少：几个月
	最多：几个星期	最多：数年
是否运用杠杆	运用	不运用
交易策略	偏多、偏空、中性	偏多与中性
	由简单到极复杂	简单
分析方法	比较重视技术分析	比较重视基本分析
预测的性质	时间与基础资产价格预测比较明确	关于经济基本面的一般性预测

本书宗旨

本书是针对指数期权交易者而写，具体的目标有五点：第一，解释期权的价格行为，作为交易决策的基础。第二，从交易的角度解释风险策略。第三，说明各种策略，由最单纯到复杂的结构，充分显示指数期权具备的弹性。第四，解释 OP - EVAL 3™的使用方法，这是本书提供的一套期权定价与绘图软件，借以分析期权价格，设定获利目标，协助执行交易决策。第五，讨论期权交易的相关心理。这是最困难的部分：除了根据预测市场情况挑选策略之外，交易者还必须培养适当的心理素质。

本书总共分为五篇，分别处理前述五个目标，协助你成为一位精明的指数期权交易者。

本书大纲

第 I 篇是“基本概念与策略”。第 1 章“股价指数期权基本概念”，介绍指数期权的定义、合约细则与运作机制。如果读者已经熟悉指数期权，可以考虑跳过本章；可是，个股期权交易者必须熟悉指数期权特有的现金结算制度，尤其是美式期权。第 2 章“基本及高级策略的盈亏结构图”，解释各种策略具有的获利潜能与潜在风险。该章首先介绍一些基本策略的盈亏结构，但也讨论其他高级或复杂策略的风险/报酬关系。第 3 章“期权定价及其影响因素”，解释期权的短期价格行为。有经验的读者可以省略本章，但初学者必须熟悉本章的内容之后才能理解之后讨论的复杂策略。

每位期权交易者都必须彻底掌握第 II 篇“期权价格行为与价格波动率”的内容。了解期权价格变动的理由与方式，解释与评估期权的价格行为，这都是期权交易的必要技巧。缺乏这些技巧，就不可能针对行情预测拟定适当的交易策略。第 4 章“期权定价与策略绘图”，解释 OP—EVAL 3™电脑软件的使用方法。通过这套软件，你可以绘制各种策略的盈亏结构图，研究期权的价格行为，评估期权的理论价值，预测特定行情状况下的期权价格。第 5 章“风险衡量：希腊字母”，继续延续第 3 章讨论的期权价格行为，界定 delta、gamma、vega 与 theta 的意义，解释如何运用这些风险衡量值评估期权理论价值。请注意，第 5 章的内容涉及一些技术性问题，初学者或许应该阅读本书稍后的章节，然后再回头详细阅读本章。第 6 章“价格波动率”，尝试解释这个主题经常碰到的疑问。许多交易者认为，价格波动率是一种非常难以理解的概念。价格波动率虽然是一个统计名词，具有严格的数学定义，但为了让一般人了解价格波动率的意义，本章准备从策略上着手讨论。第 6 章首先介绍价格波动率的四种定义，说明这些定义与期权定价/交易决策之间的关系。另外，我们也提到一些较复杂的策略，例如，价格波动率偏度。第 7 章“期货价格的重要性”，讨论股票市场/期权市场/期货市场之间的互动关系，解释某个市场的供、需条件如何影响另外两个市场的价格行为。指数期权往往很难决定基础股价指数的价格，这是它不同于个别股票期权的特点之一。如果交易者了解期货价格，就知道如何处理这个问题。第 7 章的宗旨是让场外交易者更了解不同市场之间的互动关系，借以掌握潜在的机会或避开潜在的陷阱。

第 III 篇“交易策略”解释几种常用的交易策略，讨论交易计划、策略选择与策略追踪的一些问题。第 8 章“做多期权”，专门讨论购买期权的策略，另外解释交易资本的管理、OP－EVAL 3™的使用。第 9 章“做空期权”解释包括空头期权在内的各种策略在市场预测、交易计划、资本管理与风险追踪方面的差异。第 10 章到第 13 章分别讨论垂直价差组合、跨式与宽跨式组合、比率价差组合以及跨期组合。这几章都首先介绍策略的定义，说明策略的运用机制，然后讨论 delta、gamma、vega 与 theta 值，评估策略的短期价格行为。最后则提供一些例子。第 14 章“个案研究”，讨论三个例子，包括交易者预期的行情发展，如何分析与挑选可行策略。

第 IV 篇“头寸管理”强调指数期权操作上的弹性。为了更好地利用这方面的弹性，交易者必须熟悉各种策略的风险/报酬结构，根据市场情况的演变，把既有头寸调整为更恰当的策略结构。本篇说明如何通过所谓“管理风险”的两步骤交易过程，把既有头寸更改为复杂的策略。如同第 15 章“获利头寸的管理方法”解释的，即使初始策略进行得非常顺利，但行情预测还是可能发生变化；在这种情况下，已经获利的头寸也需要调整。同样地，如同第 16 章“亏损头寸的管理方法”解释的，对于已经发生损失的初始策略，你不一定需要认赔出场，或继续持有头寸而祈祷行情出现变化。

第 V 篇“交易心理”探讨一些非常重要而经常被忽略的主观性问题。

第 17 章“适当的交易心态”，讨论交易者的心理规范、资本管理方法、获利与认赔时机，以及进行交易的频率。另外，我们也讨论每笔交易进行之前、之中与之后都必须提出与回答的问题。这些主题对于初学者或老练玩家都很重要，因为这是培养系统性思考与行动的方法。而且，这套方法可以协助交易者达到下列目标：不论行情上涨或下跌，在各种市场情况下，你都能持续提升交易绩效。

第Ⅰ篇

基本概念与策略

第1章

股价指数期权基本概念

简　介

交易老手或许十分熟悉期权的基本定义与策略，但数种常用的术语在股价指数期权的领域内具有不同的意义。因此，本章首先要厘清一些个股期权与股价指数期权之间的重要差异。

其次，本章打算提供一份清单，列举目前可供交易的股价指数期权，以及这些合约的标的指数与报价代码。即使是有经验的玩家也未必充分了解目前可供交易的股价指数期权，这些合约涵盖数种大盘指数与行业指数。

基本定义

看涨期权（call options）的持有人，有权利在某特定日期（称为到期日（expiration date））之前，按照固定的价格（称为履约价格（strike price）），买进某种标的资产。看跌期权（put options）的持有人，有权利在某特定日期之前，按照固定的价格，卖出某种标的资产。期权买方（或持有人），只享有买进或卖出标的资产的权利，但没有义务买进或卖出。反之，期权卖方（或销售者）一旦收到行权通知，则必须履行期权合约义务。我们可以通过简单的方式来说明：期权持有人居于主动地位，他可以执行（exercise）期权。相反，期权销售者居于被动地位，他只能接受指派（assigned）。当看涨期权的销售者接受指派，他有义务交割标的资产（换言之，按照履约价格卖出标的资产给期权买方)。当看跌期权的销售者接受指派，他有义务接受标的资产的交割（换言之，按照履约价格向期权买方购买标的资产)。

标的资产为股价指数

股价指数是衡量一群股票整体绩效的一致性基准。即使两个股价指数的成分股完全相同，如果指数的计算方法不同，还是会产生不同的价格行为。股价指数的计算方法包括：价格加权（price weighting)、市值加权（market capitalization weighting)、修正等量金额加权（modified equal - dollar weighting）与总市值（aggregate market value）等。本书不准备讨论股价指数的计算方法，事实上，对于股价指数期权交易者来说，实在没有必要了解股价指数的精确计算方法。可是，交易者必须熟悉标的指数的行为，因为两种指数在相同市场情况下可能会有截然不同的反应。举例来说，某种指数可能经常发生 5 点的走势，另一种指数则很罕见。绝对不要误以为所有的股价指数都有相同的行为。

股价指数期权不存在实际可供交割的标的资产，这点与个股期权不同。虽然某些指数提供期货合约，许多共同基金也尝试复制主要股价指数的表现，但这些交易工具都不能用来交割期权头寸，即使标的股价指数完全相同。价内（in - the - money）的指数期权一律采用现金结算。

在现金结算（cash settlement）制度下，执行看涨期权可以取得现金而不是一篮子股票，接受指派的看涨期权销售者必须支付现金而不是交割一篮子股票。执行看跌期权可以取得现金而不是交割一篮子股票，接受指派的看跌期权销售者必须支付现金而不是接受一篮子股票的交割。我们稍后会详细解释现金结算的程序。

股价指数期权

如果买方决定执行指数期权，他可以取得现金，后者等于期权的价内点数——如果处于价内状态的话——乘以指数乘数（index multiplier)；接受指派的期权销售者则必须支付等量的现金。

到期日与履约价格

到期日（expiration date）是期权终止存在的日期。期权持有人必须在到期日之前执行期权赋予合约的权利，否则过期无效。一般来说，到期月份的第三个星期五是期权可以执行的最后一天。为了让经纪商有时间进行必要的调整，实际的到期日是第三个星期五之后的星期六。某些期权（例如，季末到期的指数期权）在不同的日期到期，但这属于少数的例外。

原则上，履约价格（strike price）是期权标的资产换手的价格。举例来说，让我们考虑“XYZ2 月份 50 看涨期权”的个股期权；买方有权利在 2 月份到期之前，按照每股$ 50 购买 100 股的 XYZ。由于股价指数期权采用现金结算，不是实际交割基础证券，所以履约价格只是一个参考水准，借以决定该期权处于价内、价平或价外状态（这三个名词请参考下一节的解释）。

价内/价平/价外

不论股价指数期权或个股期权，这三个名词的定义都相同。处于价内（in – the – money）状态的指数看涨期权，是指当时的指数水平高于看涨期权履约价格；处于价外（out – of – the – money）状态的指数看涨期权，是指当时的指数水平低于看涨期权履约价格。对于看跌期权来说，前述的关系刚好相反。处于价内状态的指数看跌期权，是指当时的指数水平低于看跌期权履约价格；处于价外状态的指数看跌期权，是指当时的指数水平高于看跌期权履约价格。价平（at – the – money）期权是指当时的指数水平等于（或约略等于）履约价格。图 1 – 1 把看涨期权的价值表示为根本股价指数的函数，说明价内、价平与价外的状态。标的指数愈高，看涨期权愈有价值。图1 – 2 把看跌期权的价值表示为根本股价指数的函数，说明价内、价平与价外的状态。标的指数愈低，看跌期权愈有价值。

内在价值与时间价值

期权的权利金（即期权的价格，premium）由两部分构成：内在价值

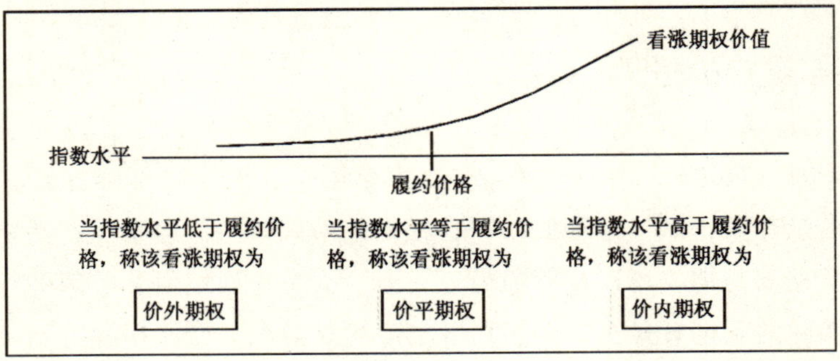

图 1-1　看涨期权：价内/价平/价外

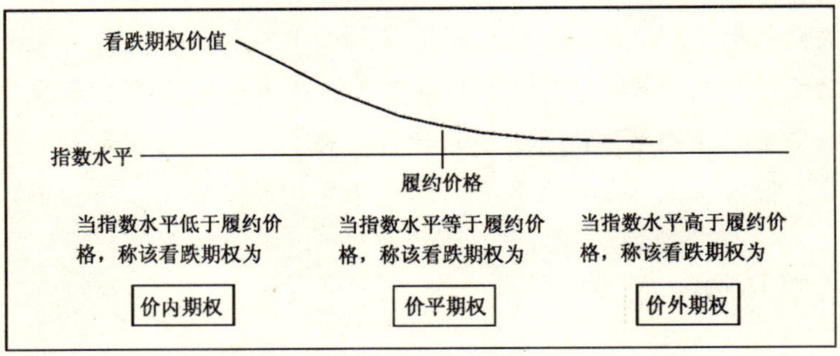

图 1-2　看跌期权：价内/价平/价外

(intrinsic value) 与时间价值 (time value)。对于股价指数期权来说，这些名词的意义与个股期权相同。看涨期权的内在价值等于股价指数高于履约价格的部分；看跌期权的内在价值等于股价指数低于履约价格的部分。时间价值即是期权总价格扣除内在价值的部分。图 1-3 说明期权内在价值与时间价值的概念。

乘数：股价指数与期货

关于股价期权的报价，权利金$ 3 或以下的期权，每档价格跳动是$ 1/16,权利金$ 3 以上的期权，每档价格跳动是$ 1/8。另外，如同个股期权一样，权利金报价是以每股为单位。每口指数期权的实际成本必须把权利金报价乘以指数乘数 (index multiplier)。除了少数例外情况，美国市场挂牌指数期权的乘数都是$ 100。

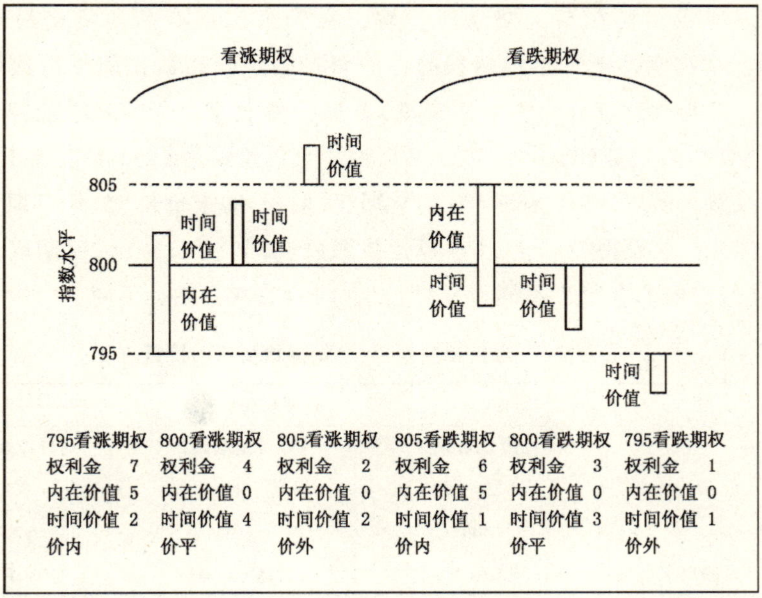

图 1－3　价内—价平—价外看涨/看跌期权的内在价值与时间价值

以通用汽车（GM）的看涨期权为例，如果 GM 1 月份 50 看涨期权的报价是$ 2，这代表每股看涨期权的价格为$ 2，购买 1 张看涨期权的价格是$ 200，再加上佣金与其他交易成本。换言之，虽然股票或看涨期权的报价都是以每股为单位，但每张股票或看涨期权都代表 100 股，所以实际的购买成本必须把每股价格乘以 100 股。

现在，让我们考虑 S&P 100 指数（即 OEX）。如果 OEX 1 月份 800 看涨期权的报价是 12，则买进这口看涨期权的成本是$ 1 200；换言之，权利金报价还必须乘以$ 100。这也是为什么有些人认为 OEX 指数期权类似于写在高价股上的期权。

不妨想想看！有前述的例子中，通用汽车每股的价格为$ 50，50 看涨期权的权利金为$ 2，相当于每口看涨期权为$ 200。如果 OEX 指数为 800，相当于价格$ 800 的股票，800 看涨期权的权利金为$ 12，每口看涨期权为$ 1 200。所以，某些人把 OEX 指数视为一般股票也不无道理，虽然指数期权与个股之间还是有很大的差异。

几乎所有现货股价指数期权的乘数都是$ 100，这些挂牌期权的主管机构都是证券交易管理委员会（SEC）。可是，写在指数期货上的期权的乘数则不同，这些期权在期货交易所挂牌，主管机构是商品期货交易委员会(CFTC)。请注意，现货指数期权的标的资产是现货指数，期货指数期权的标的资产是指数期货合约。举例来说，芝加哥商业交易所(CME)挂牌的S&P 500期货合约乘数是$ 250(换言之，某口期货合约价值为$ 250乘以S&P 500期货指数读数)；所以，如果S&P 500期货期权(期权)的报价是15，每口期权的成本是$ 3 750。这是把权利金15乘以指数乘数$ 250。表1－1说明期权的标的资产不同，它们的乘数也不同，每口期权合约的成本自然也不同。

表1－1　　股票期权/现货指数期权/期货指数期权的价值

	期权类型		
	股票期权	现货指数期权	期货指数期权
报　价	$ 15/每股	15	15
乘　数	100	$ 100	$ 250
每口合约成本	$ 15 × 100	15 × $ 100	15 × $ 250

附注：股票期权和现货股价指数期权总共在四个交易所挂牌，包括：美国证券交易所、芝加哥期权交易所、费城证券交易所与太平洋证券交易所，主管机构都是证券交易管理委员会（SEC）。股价指数期货期权则是在期货交易所挂牌，主管机构是商品期货交易委员会（CFTC）。

执行与指派：股票期权

个别股票期权的标的资产就是股票，执行股票期权将造成股票交易。执行1张股票看涨期权，必须支付履约价格乘以100股，加上佣金，然后取得100股标的股票。每执行1张股票看涨期权，将取得100股的多头头寸，除非执行者持有对应的股票空头头寸；在后者的情况下，股票多头与空头头寸相互冲销，没有任何剩余头寸。

执行1张股票看跌期权，必须交割100股标的股票，然后取得履约价格乘以100股的价款，扣除佣金。如果看跌期权买方并未持有对应数量的股票，执行看跌期权将造成股票空头头寸。反之，如果他持有对应数量的标的股票，执行看跌期权所造成的股票空头头寸刚好与原先的股票多头头寸相互冲销，没有剩余任何头寸。

结论：对于个别股票期权，如果持有人执行/销售者被指派，将造成标的股票的交易，凡是没有经过避险的期权头寸将被标的股票的头寸所取代。

执行与指派：现金结算的指数期权

现金结算（cash settlement）意味着期权执行者取得现金，被指派的销售者支付现金，换手的金额相当于期权内在价值乘以指数乘数。结算之后，该期权的买/卖双方都没有剩余头寸。

结论：对于股价指数期权，如果持有人执行/销售者被指派，不会造成标的资产的交易，双方只是通过现金结算标的指数与履约价格之间的差额，既有的期权头寸也不复存在。

在执行/指派的情况下，表 1－2 比较个股期权与指数期权的不同影响。

表 1－2　　执行与指派：个股期权与指数期权的比较

	个股期权			
	买进看涨期权	销售看涨期权	买进看跌期权	销售看跌期权
起始交易	买进股票看涨期权 支付现金	销售股票看涨期权 取得现金	买进股票看跌期权 支付现金	销售股票看跌期权 取得现金
头　寸	看涨期权多头头寸	看涨期权空头头寸	看跌期权多头头寸	看跌期权空头头寸
事　件	执行	被指派	执行	被指派
事件结果	按照履约价格 买进股票 支付现金	按照履约价格 卖出股票 收取现金	按照履约价格 卖出股票 收取现金	按照履约价格 买进股票 支付现金
最后头寸	1. 股票多头头寸 如果原先没有股票空头头寸 2. 空仓 如果原先持有对等数量的股票空头头寸	1. 股票空头头寸 如果原先没有股票多头头寸 2. 空仓 如果原先持有对等数量的股票多头头寸	1. 股票空头头寸 如果原先没有股票多头头寸 2. 空仓 如果原先持有对等数量的股票多头头寸	1. 股票多头头寸 如果原先没有股票空头头寸 2. 空仓 如果原先持有对等数量的股票空头头寸
	股价指数期权			
	买进看涨期权	销售看涨期权	买进看跌期权	销售看跌期权
起始交易	买进股指看涨期权 支付现金	销售股指看涨期权 取得现金	买进股指看跌期权 支付现金	销售股指看跌期权 取得现金

续表

	股价指数期权			
	买进看涨期权	销售看涨期权	买进看跌期权	销售看跌期权
头　寸	看涨期权多头头寸	看涨期权空头头寸	看跌期权多头头寸	看跌期权空头头寸
事　件	执行	被指派	执行	被指派
事件结果	取得价内部分的现金	支付价内部分的现金	取得价内部分的现金	支付价内部分的现金
最后头寸	现金：没有剩余 风险头寸（盈亏取决于当初购买看涨期权的成本）	现金：没有剩余 风险头寸（盈亏取决于当初销售看涨期权的成本）	现金：没有剩余 风险头寸（盈亏取决于当初购买看跌期权的成本）	现金：没有剩余 风险头寸（盈亏取决于当初销售看跌期权的成本）

美式与欧式指数期权的比较

美式与欧式指数期权存在几个方面的差异：允许执行的时间；决定到期结算指数的方法；是否能够被复制对冲。

执行时间

美式期权（American - style options）可以在到期之前随时执行，所以销售者必须留意提早指派的可能性。提早执行美式指数期权，流程与美式股票期权相同，提交相应的执行通知书。

欧式期权（European - style options）只可以在到期的前一日执行，所以销售者不可能被提早指派。

由于美国境内挂牌的个股期权都属于美式，所以个股期权的交易者不需关心欧式期权的特质。可是，对于指数期权则非如此，因为美国境内挂牌的指数期权有些属于美式，有些属于欧式。所以，指数期权的交易者必须了解这两类期权的差异，而且要在策略上作特定的安排。

随机指派　不论标的资产是个股或指数，如果持有者想提早执行美式期权，销售者都是通过随机程序接受指派。指派的程序大致如下：期权持有人把执行的意愿通知经纪商，经纪商再转告期权清算公司（Options Clearing Corporation，OCC），后者是专门负责美国境内挂牌期权的清算机构，担保期权销售者履行合约义务。OCC 通过随机方式，挑选一家持有该期权空头头寸的经纪商，然后这家经纪商又通过随机或先进先出的方式，指派某位持有该期权空头头寸的客户接受指派。请注意，期权持有人虽然是在交易时段内发出执行通知，但期权销售者是在次日市场开盘之前才得知自己被指派。我们稍后会举例说明这方面的细节。

在期权到期日的执行/指派程序则不同。不论是欧式或美式期权，当期权到期的时候，OCC 会采取自动执行(automatic exercise)的程序：换言之，凡是到期处于价内状态的期权，OCC 都会自动执行(指派)该期权的多头(空头)头寸，贷记(借记)相关经纪商的账户，后者又贷(借记)客户的账户。

提早执行的理由　基于某些理由，美式期权可能被提早执行。交易者提早执行美式个股期权，通常都是为了从事股利套利，提早执行的时间都是在股票即将发放股利之前。关于美式指数期权，通常只有专业交易者才会提早执行，他们通过提早执行而尝试在股价指数期货与股价指数期权之间进行套利。这些套利行为已经超出本书准备讨论的范围，但我们可以提出一项结论：唯有即将到期，而且价内程度很深的指数期权，才会发生提早执行的情况。

凡是提早执行或指派的期权，就如同一般买卖期权一样，必须支付正常的交易佣金。所以，提早执行并不是规避佣金或其他交易规费的手段。

如何决定到期结算指数

到期结算指数（index settlement value at expiration）是指期权到期进行结算的标的指数水平。这个到期结算指数显然很重要，因为必须通过这项指数与履约价格才能决定期权处于价内还是价外状态，并且根据期权价内程度计算买/卖双方必须换手的结算金额。讨论到期结算指数的两种决定方式之前，首先说明每天的结算指数。

每天的结算指数（index's daily settlement value)，实际上就是每天收盘指数，类似于股票的收盘价。股票市场每天收盘之后，指数就利用成分股的收盘价计算收盘指数。

可是，当期权到期，结算指数有两种计算方法：第一种方法是利用期权最后交易日的指数成分股收盘价计算结算指数；第二种方法是利用最后交易日次日的指数成分股开盘价计算结算指数。

下午结算（P.M.settlement） 这种方法非常单纯，相当于每天的结算指数。换言之，根据当天的指数成分股收盘价计算结算指数。到期期权就是根据这个结算指数水平计算价内与价外程度，价内期权进行现金结算，价外期权过期没有价值。

上午结算（A.M.settlement） 这种方法是利用期权最后交易日次日的指数成分股开盘价计算结算指数。采用这种方法的期权最后交易日通常是星期四，所以决定结算指数水平的股价是星期五的开盘价。当天的所有指数成分股都决定开盘价之后，就能够计算结算指数。前文曾经提到，到期期权完全采用自动执行的程序，所以价内期权的持有人不需担心忘掉执行。

利用开盘指数计算的结算指数都有自己的报价代码。举例来说，S&P 500指数期权（SPX）的到期现货结算指数代码为SET。请注意，当市场开盘之后，结算指数可能要拖几个钟头，因为必须等到所有的指数成分股都决定开盘价。

何谓“有保护的”?

所谓有保护的销售个别股票的看涨期权（covered call writing)，是指销售者除了持有看涨期权的空头头寸之外，必须另外持有：(1）标的股票多头头寸，或（2）履约价格较低的看涨期权，或（3）履约价格相同而到期时间更长的看涨期权。同理，有保护的销售个别股票的看跌期权（covered put writing)，要求销售者除了持有看跌期权的空头头寸之外，必须另外持有：(1）标的股票空头头寸，或（2）履约价格较高的看跌期权，或（3）履约价格相同而到期时间更长的看跌期权。

总之，万一所销售的看涨期权被提早执行，已保护的销售者必须已经拥有可供交割的股票，或执行手头上既有的看涨期权取得所需要的股票。同理，如果所销售的看跌期权被提早执行，已保护的销售者必须已经拥有接受交割的股票空头头寸，或执行手头上既有的看跌期权取得所需要的股票空头头寸。已保护的销售头寸不会承担隔夜价格风险，因为手头上既有的期权或股票头寸可以完全保护所销售期权的交割或接受交割股票的义务。

销售美式现金结算指数期权 你绝对不可能有保护的销售这类的期权，因为期权采取现金结算，而且销售者必须等到买方执行期权的次日早上才知道自己被指派。请注意，即使你持有履约价格更低的指数看涨期权或履约价格更高的指数看跌期权，还是不能“保护”所销售的期权。假定你某天早上发现自己销售的期权被提早指派，即使你立即执行手头上更有价值的期权，所取得的结算现金也未必超过提早指派所必须支付的结算现金，因为执行期权取得的现金额度必须等到当天收盘才能决定，但被指派期权必须支付的现金额度已经决定于昨天收盘。所以，如果当天行情发生重大变化，收取的现金可能远低于须支付的现金。

举例来说，假定你买进 1 口 OEX 3 月份 825 看涨期权，同时销售 1 口 OEX 3 月份 835 看涨期权，前者的权利金为 14($ 1 400)，后者为 8($ 800)，这个价差组合的净成本为 6($ 600)。在 3 月份期权到期之前的星期二，假定 OEX 收盘价为 860，825 看涨期权的收盘价为 35，835 看涨期权的收盘价为 25，价格刚好都等于内在价值。星期三，你发现自己销售的 835 看涨期权被指派。

一旦 835 看涨期权被指派，这个空头头寸已经结束，必须根据星期二的收盘价 25 结算，账户借记$ 2 500。借记金额等于星期二收盘指数 860 减去履约价格 835，然后乘以指数乘数$ 100。

现在（星期三早上），你只剩下 825 看涨期权的多头头寸，价差交易中防范股价下跌的空头头寸已经不存在。虽然 825 看涨期权星期二的收盘价是 35，但你不能保证星期三的开盘价不会大跌。

如果你能够在 35 价位卖掉 825 看涨期权，整笔价差交易的获利是 4（$ 400）。825 看涨期权的买价是 14，卖价是 35，获利为 21；835 看涨期权的卖价是 8，提早执行的价格是 25，损失为 17。获利 21 减去损失 17，净获利为 4（$ 400）。

可是，万一星期二晚上发生重大的利空消息，星期三股市开盘大跌，你只能在 15 卖掉 825 看涨期权。结果，825 看涨期权的买价是 14，卖价是 15，获利为 1；扣掉 825 看涨期权的损失 17，净损失为 16（$ 1 600）。这个例子显示美式现金结算指数期权价差组合的潜在风险。

放空欧式期权 由于欧式期权不能提早执行，所以这类指数期权的价差组合风险确实有限。如果持有相同标的指数、相同到期月份而履约价格较低的看涨期权，所销售的欧式指数看涨期权就可以视为被保护的。同理，如果持有相同标的指数、相同到期月份而履约价格较高的看跌期权，所销售的欧式指数看跌期权也可以视为被保护的。

举例来说，如果你购买 SPX 9 月份 870 看跌期权，同时销售 SPX 9 月份

855 看跌期权，前者的价格为 17，后者为 7，这笔价差组合的净成本为 10（$1 000），也是你所可能发生的最大损失。由于 SPX 看跌期权属于欧式期权，不可能提早指派，你可以继续持有整个价差交易直至期权到期，也可以随时结束整个头寸。当然，你也可以结束单边头寸，继续承担剩余头寸的风险。如果你决定先卖掉多头头寸，必须取得经纪商同意，允许你持有未经保护的期权空头头寸。请注意，未经保护而销售看涨期权的风险为无限，因为股价在理论上可能无限上涨；未经保护而销售看跌期权的风险也几乎无限，虽然股价最多下跌到零。

道·琼斯指数期权

1997 年 10 月 6 日是期权交易的里程碑，因为三种最著名的道·琼斯指数开始提供期权合约。下面我们介绍有关这些产品的一些重要内容。

报价代码

道·琼斯工业指数期权的代码是 DJX，道·琼斯运输指数的代码是 DTX，道·琼斯公用事业指数的代码是 DUX。

指数的定义

DJX 指数定义为道·琼斯工业指数（DJIA）的 1/100，DTX 指数定义为道·琼斯运输指数（DJTA）的 1/10，DUX 指数则定义为全额的道·琼斯公用事业指数（DJUA）。所以，如果工业指数为 7846，DJX 为 78.46；如果运输指数为 2886.30，DTX 指数为 288.63；如果公用事业指数为 228.75，DUX 指数也是 228.75。

履约价格/到期日/报价代码

道·琼斯指数期权的到期日采用 3 月份循环。除此之外，还有最近两个月份到期的合约，以及 LEAPS（2 年的长期期权）。举例来说，如果今天是

1999 年 10 月 5 日，则有下列月份的看涨与看跌期权可供交易：1999 年 10 月、11 月与 12 月，2000 年的 3 月与 12 月，以及 2001 年 12 月。

DJX 履约价格的间距为 1.00（相当于道·琼斯工业指数 100 点）。如果目前的 DJX 为 78.46，期权履约价格是 74.00、75.00、76.00……82.00、83.00。DTX 与 DUX 的履约价格间距为 5.00，目前指数水平之上与之下都至少各有五个履约价格。

属于欧式期权

道·琼斯指数期权属于欧式期权，不能提前执行，价差组合不需担心提前指派的风险。

到期根据开盘价进行现金结算

如同其他指数期权一样，价内的道·琼斯指数期权也采用现金结算。另外，到期的时候，DJX、DTX 与 DUX 都是采用开盘价格计算结算指数。一般而言，这些期权的最后交易日是到期月份第三个星期五之前的星期四。到期指数是按照星期五指数成分股的开盘价计算。如果读者不熟悉开盘结算的程序，请阅读前文的相关说明。

表 1－3 摘要列示 DJX、DTX 与 DUX 期权的合约规格。

表 1－3　　道·琼斯指数的期权

标的指数为道·琼斯工业指数：	DJX 指数 = DJIA 的 1/100
例　子：	如果 DJIA 为 8175，DJX 为 81.75。
履约价格：	间距 1.00：79.00、80.00、81.00……
执行方式：	欧式（不得提前执行）。
最后交易日：	到期月份第三个星期五之前的星期四。
到期结算：	开盘结算：利用星期五开盘价计算结算指数。
	采用现金结算。
标的指数为道·琼斯运输指数：	DTX 指数 = DJTA 的 1/10
例　子：	如果 DJTA 为 2980，DTX 为 298.00。
履约价格：	间距 5.00：285.00、290.00、295.00……
执行方式：	欧式（不得提前执行）。

续表

最后交易日：	到期月份第三个星期五之前的星期四。
到期结算：	开盘结算：利用星期五开盘价计算结算指数。 采用现金结算。
标的指数为道·琼斯公用事业指数：	DUX 指数 = 全额的 DJUA
例　子：	如果 DJUA 为 228.50，DUX 为 228.50。
履约价格：	间距 5.00：220.00、225.00、230.00……
执行方式：	欧式（不得提前执行）。
最后交易日：	到期月份第三个星期五之前的星期四。
到期结算：	开盘结算：利用星期五开盘价计算结算指数。 采用现金结算。

其他可供交易的股价指数

很少有交易者能够全盘了解每种可供交易的股价指数期权，这些指数包括大盘指数与某类股票指数。如果你认为保健类股、零售类股或化工类股将发生重大的走势，可能都有指数期权可供交易。表 1－4 列示一些重要的大盘指数与合约规格，包括：报价代码、执行方式、结算方法、到期结算代码与挂牌交易所。表 1－5 则提供类股指数的一些资料。

表 1－4　　　　提供期权交易的重要大盘指数

指数名称	代　码	执行方式	开盘/收盘结算	到期结算代码	交易所
S&P 100	OEX	美式	收盘	—	CBOE
S&P 500	SPX	欧式	开盘	SET	CBOE
道·琼斯工业指数 (Dow Jones Industrials)	DJX	欧式	开盘	DJS	CBOE
价值线 (Value Line)	VLE	欧式	收盘	—	PHLX
纽约证交所综合指数 (NYSe Composite)	NYA	欧式	开盘	NYX	CBOE

续表

指数名称	代　码	执行方式	开盘/收盘结算	到期结算代码	交易所
纳斯达克－100 (NASDAQ－100)	NDX	欧式	开盘	NDS	CBOE
机构指数 (Institutional)	XII	欧式	开盘	XSV	AMEX
S&P 600 种小型股 (S&P Small Cap 600)	SML	欧式	开盘	XSM	CBOE
S&P 500/巴拉价值 (S&P 500/Barra Value)	SVX	欧式	开盘	SVS	CBOE
S&P 500/巴拉成长 (S&P 500/Barra Growth)	SGX	欧式	开盘	SGS	CBOE

表 1－5　　提供期权交易的类股指数

指数名称	代　码	执行方式	开盘/收盘结算	到期结算代码	交易所
道·琼斯运输 (Dow Jones Transport)	DTX	欧洲	开盘	DNS	CBOE
道·琼斯公用事业 (Dow Jones Utilities)	DUX	欧洲	开盘	DUS	CBOE
汽　车 (Automotive)	AUX	欧洲	开盘	AXS	CBOE
S&P 银行 (S&P Banks)	BIX	欧洲	开盘	BBS	CBOE
生物科技 (Biotechnology)	BTK	欧洲	开盘	BTS	AMEX
S&P 化学 (S&P Chemical)	CEX	欧洲	开盘	CXS	CBOE
摩根斯坦利消费 (Morgan Stanley Consumer)	CMR	欧洲	开盘	CMO	AMEX

续表

指数名称	代　码	执行方式	开盘/收盘结算	到期结算代码	交易所
摩根斯坦利循环（Morgan Stanley Cyclical）	CYC	欧洲	开盘	CYO	AMEX
制　药（Pharmaceutical）	DRG	欧洲	开盘	DRO	AMEX
CBOE 游戏（CBOE Gaming）	GAX	欧洲	开盘	GXS	CBOE
高盛多媒体（Goldman Sachs Multimedia）	GIP	欧洲	开盘	GPZ	CBOE
超级大型股（Super Cap）	HIX	欧洲	开盘	HFX	PHLX
香港地区（Hong Kong）	HKO	欧洲	开盘	—	AMEX
S&P 保险（S&P Insurance）	IUX	欧洲	开盘	IUS	CBOE
日　本（Japan）	JPN	欧洲	开盘	JPV	AMEX
摩根斯坦利高科技（Morgan Stanley High Technology）	MSH	欧洲	开盘	MHV	AMEX
网　络（Networking）	NWX	欧洲	开盘	NVW	AMEX
电话类股（Phone Sector）	PNX	欧洲	开盘	POX	PHLX
PSE 科技（PSE Technology）	PSE	欧洲	开盘	PTO	PSE
半导体（Semiconductor）	SOX	美国	收盘	—	PHLX
半导体（Semiconductor）	SXE	欧洲	开盘	SX	PHLX

续表

指数名称	代　码	执行方式	开盘/收盘结算	到期结算代码	交易所
S&P 运输（S&P Transportation）	TRX	欧洲	开盘	TRS	CBOE
CBOE 科技（CBOE Technology）	TXX	欧洲	开盘	TTS	CBOE
公用事业（Utility）	UTY	欧洲	收盘	—	PHLX
黄金/白银（Gold/Silver）	XAU	美国	收盘	—	PHLX
电脑科技（Computer Technology）	XCI	欧洲	收盘	—	AMEX
天然瓦斯（Natural Gas）	SNG	欧洲	开盘	NGV	AMEX
CBOE 石油（CBOE Oil）	OIX	欧洲	开盘	OXS	CBOE
AMEX 石油（AMEX Oil）	XOI	美国	收盘	—	AMEX

说明：CBOE（芝加哥期权交易所）；AMEX（美国证交所）；PHLX（费城证交所）；PSE（太平洋证交所）。

本章小结

虽然个股期权与指数期权的术语大体上相同，但还是有一些技术性差异。第一，美国挂牌的指数期权采用现金结算。价内期权到期结算的时候，持有人可以取得价内金额，销售者必须支付这笔金额。所谓价内金额，即是结算指数与期权履约价格之间的差值乘以指数的乘数。

美国境内挂牌的价内指数期权包括美式与欧式，美式期权到期之前随时都可以执行，欧式只能在到期日执行。

由于存在提前执行的可能性，现金结算美式指数期权的空头头寸不能由标的指数的期权多头头寸平仓，这点与美式个股期权不同，后者的空头头寸能够由对应的期权多头头寸或适当的标的股票头寸平仓。

当期权到期时，收盘结算是利用最后交易日指数成分股收盘价计算结算指数水平。采用收盘结算的期权，最后交易日通常是到期月份的第三个星期五。开盘结算是利用最后交易日次日早上开盘价计算结算指数水平。采用开盘结算的期权，最后交易日通常是到期月份第三个星期五之前的星期四。目前，在美国境内挂牌的指数期权都适用到期自动执行的规定，所以期权持有人不需担心最后交易日的执行问题。指数期权的标的交易对象包括数种大盘指数与类股指数。

第2章

基本及高级策略的盈亏结构图

简　介

作为一种交易工具，期权的策略弹性较大；对于某种特定行情的预测，可以拟定多种的期权策略。本章准备通过各种策略结构图形说明这方面的弹性。某种策略的到期盈亏结构图可以显示该策略的最大潜在风险、最大潜在获利与损益平衡点。可是，这类的到期盈亏结构图并不能解答所有的策略问题，例如，到期之前某特定期间的策略绩效。虽说如此，交易者还是应该了解期权策略的到期盈亏结构图。

本章准备由浅入深地介绍 22 种不同的期权策略，但这些内容并不代表所有可能的策略组合。期权策略结构只受限于交易者的想象力。

读者或许在其他的地方见过这些策略盈亏结构图，但“见过”与“亲自绘制”之间还是有差异的。对于任何特定的策略，如果能够实际绘制盈亏结构图，才代表你真正了解了策略的潜在风险/报酬结构。本章讨论的许多策略必须在保证金账户中操作，需要存入保证金，但我们不打算谈论这些因素或其他交易费用等。

绘制图形

绘制期权策略的到期盈亏结构图，涉及六个步骤。由于本书是针对有经验的期权交易者撰写，所以我们只简单说明相关的程序。如果读者希望了解详细的绘图方法，请参考《股票期权投资》（*Options for the Stock Investor*, McGraw－Hill，1996）和第2章。或者你可以向芝加哥期权交易所（CBOE）的期权协会（Options Institute）免费索取“*Teach Yourself to Draw Basic to Advanced Option Strategies*”（《由基本到高级的期权策略绘图自修手册》），电话：1－800－OPTIONS 或 312－786－7760。

绘制到期盈亏结构图的六个步骤如下：

第一步：完整描述所进行的交易。

举例来说，一个完整的记录应该是“以 $2^{1/2}$ 做多1口 OEX 1999年6月份720看涨期权”。

如果只记录“做多1口看涨期权”，信息量显然不足以绘制结构图。

第二步：标示盈亏结构图的坐标刻度。

图形坐标是由横轴（X轴）与纵轴（Y轴）构成。横轴代表标的指数的读数，必须有足够的长度，划分为适当的刻度。纵轴代表期权头寸的盈亏金额，也必须有足够的长度，划分为适当的刻度。

第三步：针对可能出现的某个标的指数水平，计算对应的期权到期价值。

期权到期价值等于内在价值，内在价值可能是正数或零（不可能是负数，因为期权持有人只拥有执行的权利，没有执行的义务）。举例来说，如果到期指数为727，720看涨期权的到期价值是7，720看跌期权的到期价值是0。如果某个策略是由数个期权构成，需要加总单个期权的到期价值。

第四步：计算投资策略的盈亏。

对于你所购买的期权，到期获利等于期权到期价值减去当初的购买成本（如果计算结果为负数，代表亏损），但不考虑任何的交易佣金或其他成本。换言之，在第三步中，你假定可能发生的某个到期指数，计算对应的期权到期价值，然后在第四步中扣除当初的购买成本，如此可以得到该到期指数对应的盈亏数据。举例来说，假定到期指数是727，720看涨期权的到期价值是7，扣除当初的购买成本 $2^{1/2}$，到期获利是 $4^{1/2}$（或$450）。同理，对于你所做空的期权，到期获利等于当初的做空权利金减去期权到期价值（如果计算结果为负数，代表亏损），同样不考虑任何交易佣金或其他成本。举例来说，假定你当初做空725看跌期权，权利金为 $3^{1/4}$。如果到期指数是727，由于725看跌期权的到期价值是0，当初的做空权利金是 $3^{1/4}$，到期获利是

$3^{1/4}$（或$ 325）。

第五步：在图形上，标示某特定到期指数水平的盈亏结果。

在横轴上标示该特定的到期指数，在纵轴上标示盈亏结果，这两者对应的坐标位置就代表期权在该特定到期指数的到期盈亏。举例来说，如果到期指数是 727，期权获利是 3，就在横轴的 727 位置，向上衡量 3 单位的金额，标上一个小点。

第六步：针对每个可能发生的到期指数水平，重复第三至第五步骤。

计算每个到期指数对应的盈亏结果，分别标示它们的坐标，然后连接出完整的到期盈亏结构。

22 种策略

以下图形显示每种策略的盈亏结构图；折线部分代表到期的盈亏，曲线部分代表到期之前的盈亏。如果其他定价因素维持不变——包括：标的指数、履约价格、股息发放率、价格波动率与利率（请参考第 3 章的说明）——随着时间的变化，曲线将逐渐收敛到折线。每个策略说明包括：例子；最大潜在获利；最大潜在损失；损益平衡点；适用的市场情况；时间变化的影响；价格波动率的影响；关于策略实用性的评论以及后文细节讨论的章数与标题。

【译者按语：（1）后文评估最大潜在获利或亏损，经常提到“有限”、“无限”与“几乎无限”，前两者完全按照字面意义解释，所谓“几乎无限”代表标的股价指数跌到零的情况。（2）某些策略同时涉及购买与做空期权，究竟如何判断该策略为做多或做空呢？如果某种策略通常会发生权利金“净支出”，则称为“做多”（long）；如果某种策略通常会发生权利金“净收入”，则称为“做空”（short）。然而，图 2－1 与图 2－2 则根据所合成的标的指数多头或空头头寸来决定“做多”或“做空”，不过做多合成的标的指数通常还是会发生权利金净支出，做空合成的标的指数通常会发生权利金净收入（因为价外程度相同的看涨期权权利金应该高于看跌期权）。】

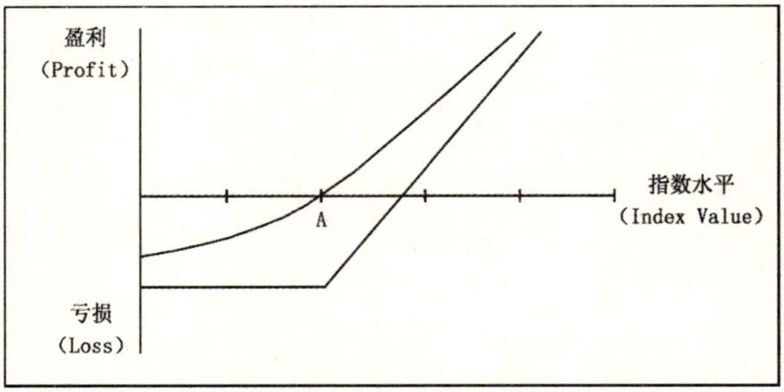

图 2-1 做多 看涨期权（long call）

例　　子：	做多 1 口看涨期权，履约价格为 A。
最大潜在获利：	无限。
最大潜在损失：	有限，当初支付的权利金。
到期损益平衡点：	履约价格 A 加上权利金成本。
适用的市场情况：	很多。
时间变化的影响：	负面。如果其他定价参数维持不变，期权价值随着时间变化而减少。
价格波动率增加的影响：	正面。如果其他定价参数维持不变，期权价值随着价格波动率增加而增加。
评　　论：	如果你认为标的指数长期之内会走高，价格波动率偏低而随后可能维持不变或提高，就适合采用这种策略。成功与否取决于三方面的预测：标的指数的走势幅度、该走势发生的时间与价格波动率的变动。请参考第 8 章“做多期权”。

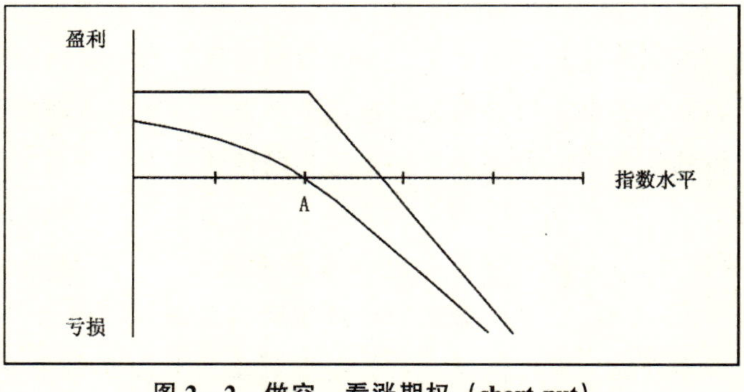

图 2-2 做空 看涨期权（short put）

例　　子：	做空 1 口看涨期权，履约价格为 A。
最大潜在获利：	有限，最多是当初收取的权利金。
最大潜在损失：	无限。
到期损益平衡点：	履约价格 A 加上权利金成本。
适用的市场情况：	很中性或稍微偏空。
时间变化的影响：	正面。如果其他定价参数维持不变，期权价值随着时间变化而减少。
价格波动率增加的影响：	负面。如果其他定价参数维持不变，期权价值随着价格波动率增加而增加。
评　　论：	唯有擅长管理风险的交易者才适用这种策略。如果你认为标的指数短期之内将在目前水平盘整或稍微下跌，而且预期价格波动率维持不变或下降，就适合采用这种策略。成功与否取决于三方面的预测：标的指数的走势幅度、该走势发生的时间与价格波动率的变动。请参考第 9 章“做空期权”。

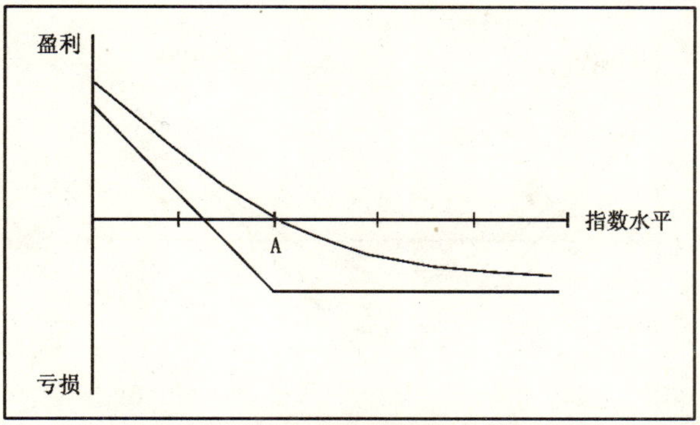

图 2-3 做多 看跌期权（long put）

例　　子：做多 1 口看跌期权，履约价格为 A。
最大潜在获利：几乎无限。如果指数下跌为零，获利为履约价格减去权利金成本。
最大潜在损失：有限，当初支付的权利金。
到期损益平衡点：履约价格 A 减去权利金成本。
适用的市场情况：看空。
时间变化的影响：负面。如果其他定价参数维持不变，期权价值随着时间变化而减少。
价格波动率增加的影响：正面。如果其他定价参数维持不变，期权价值随着价格波动率增加而增加。
评　　论：如果你认为标的指数短期之内会走低，而且预测价格波动率维持不变或提高，就适合采用这种策略。成功与否取决于三方面的预测：标的指数的走势幅度、该走势发生的时间与价格波动率的变动。请参考第 8 章“做多期权”。

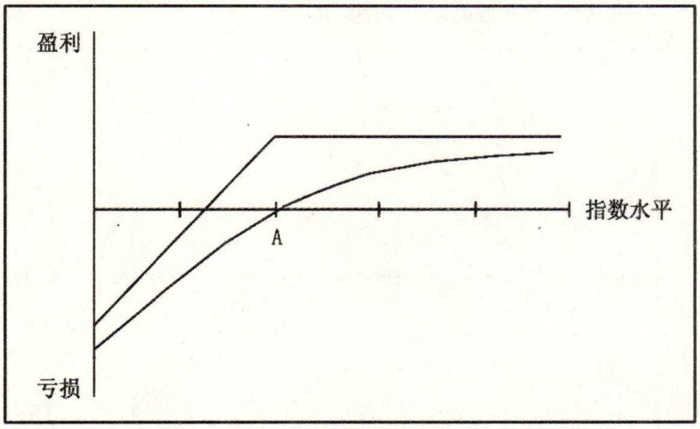

图 2-4 做空 看跌期权（short put）

例　　子：做空 1 口看跌期权，履约价格为 A。
最大潜在获利：有限。最多是当初收取的权利金。
最大潜在损失：几乎无限。如果指数下跌为零，亏损履约价格减去权利金收入。
到期损益平衡点：履约价格 A 减去权利金成本。
适用的市场情况：中性或稍微偏多。
时间变化的影响：正面。如果其他定价参数维持不变，期权价值随着时间变化而减少。
价格波动率增加的影响：负面。如果其他定价参数维持不变，期权价值随着价格波动率增加而增加。
评　　论：唯有擅长管理风险的交易者才适用这种策略。如果你认为标的指数短期之内将在目前水平盘整或稍微下跌，而且预期价格波动率维持不变或下降，就适合采用这种策略。成功与否取决于三方面的预测：标的指数的走势幅度、该走势发生的时间与价格波动率的变动。请参考第 9 章“做空期权”。

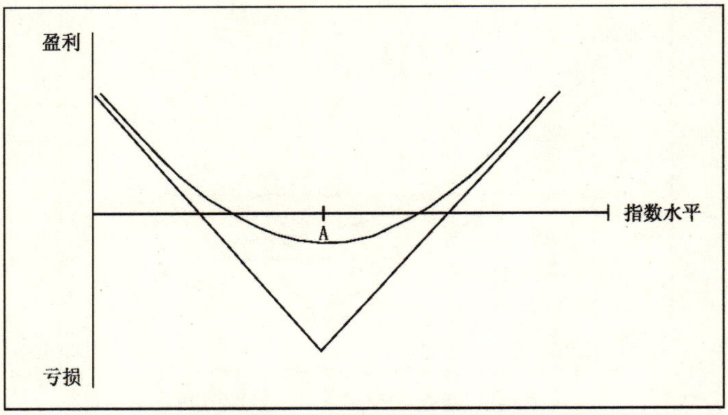

图 2-5 做多跨式价差组合（long straddle）

例　　子：做多 1 口看涨期权与 1 口看跌期权，履约价格为 A。
最大潜在获利：价格上涨的获利潜能无限。价格下跌的获利潜能几乎无限。
最大潜在损失：有限，当初支付的权利金。
到期损益平衡点：两点：履约价格 A 加上总权利金，履约价格 A 减去总权利金。
适用的市场情况：重大价格走势，不论涨跌（价格波动率大幅上升）。
时间变化的影响：双重负面。如果其他定价参数维持不变，期权价值随着时间变化而减少。
价格波动率增加的影响：双重正面。如果其他定价参数维持不变，期权价值随着价格波动率增加而增加。
评　　论：跨式价差组合的概念虽然简单，但执行上很困难，必须留意三部分行情变动（价格/时间/价格波动率）对于整体头寸的影响。请参考第 11 章“跨式价差组合与宽跨式价差组合”。

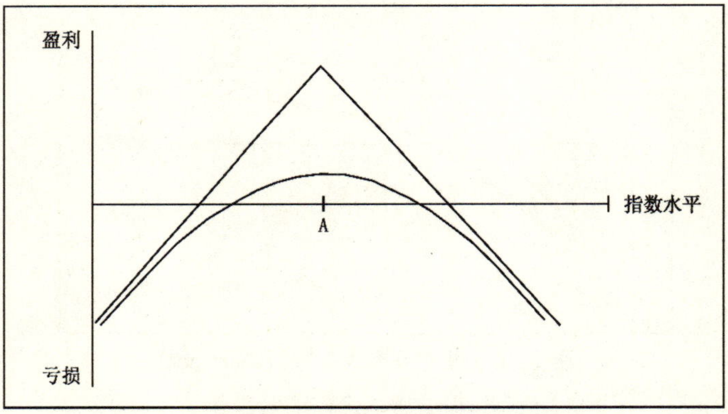

图 2-6 做空跨式价差组合（short straddle）

例　　子：做空 1 口看涨期权与 1 口看跌期权，履约价格为 A。
最大潜在获利：有限，最多是当初收取的权利金。
最大潜在损失：价格上涨的风险无限。价格下跌的风险几乎无限。
到期损益平衡点：两点：履约价格 A 加上总权利金，履约价格 A 减去总权利金。
适用的市场情况：行情维持不变（价格波动率显著下降）。
时间变化的影响：双重正面。如果其他定价参数维持不变，期权价值随着时间变化而减少。
价格波动率增加的影响：双重负面。如果其他定价参数维持不变，期权价值随着价格波动率增加而增加。
评　　论：唯有擅长管理风险的交易者才适用这种策略。如果你认为标的指数短期之内将在目前水平盘整，而且预期价格波动率维持不变或下降，就适合采用这种策略。请参考第 11 章“跨式与宽跨式价差组合”。

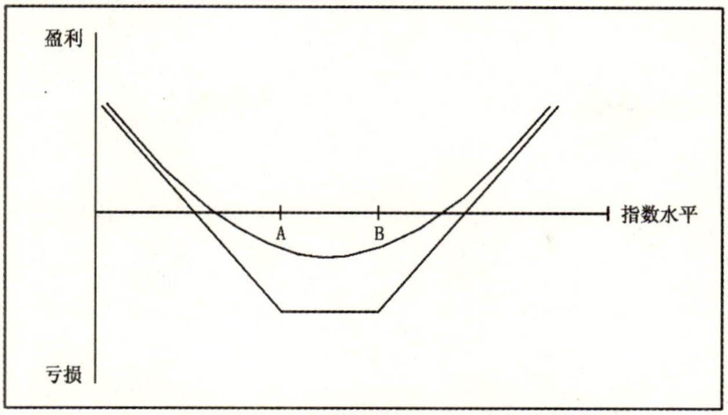

图 2－7　做多宽跨式价差组合（long strangle）

例　　子：　做多 1 口看涨期权，履约价格为 B。
　　　　　　做多 1 口看跌期权，履约价格为 A。
最大潜在获利：价格上涨的获利潜能无限。价格下跌的获利潜能几乎无限。
最大潜在损失：有限，当初支付的权利金。
到期损益平衡点：两点：履约价格 B 加上总权利金，履约价格 A 减去总权利金成本。
适用的市场情况：重大价格走势，不论涨跌（价格波动率大幅上升）。
时间变化的影响：双重负面。如果其他定价参数维持不变，期权价值随着时间变化而减少。
价格波动率增加的影响：双重正面。如果其他定价参数维持不变，期权价值随着价格波动率增加而增加。
评　　论：必须留意三部分行情变动（价格/时间/价格波动率）对于整体头寸的影响。做多宽跨式价差组合未必优于做多对等的跨式价差组合。这两种策略各有利弊。宽跨式价差组合的做多成本较低，但损益平衡点拉得比较开。请参考第 11 章“跨式与宽跨式价差组合”。

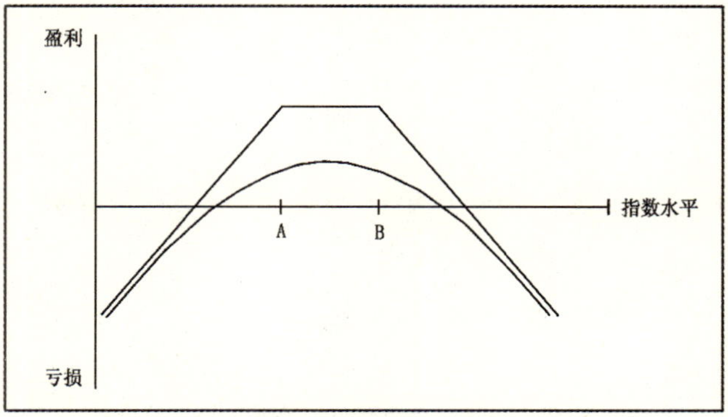

图 2－8　做空宽跨式价差组合（short strangle）

例　　子：　做空 1 口看涨期权，履约价格为 B。
　　　　　　做空 1 口看跌期权，履约价格为 A。
最大潜在获利：有限，当初支付的权利金。
最大潜在损失：价格上涨的风险无限。价格下跌的风险几乎无限。
到期损益平衡点：两点：履约价格 B 加上总权利金，履约价格 A 减去总权利金收入。
适用的市场情况：价格维持不变（价格波动率显著下降）。
时间变化的影响：双重正面。如果其他定价参数维持不变，期权价值随着时间变化而减少。
价格波动率增加的影响：双重负面。如果其他定价参数维持不变，期权价值随着价格波动率增加而增加。
评　　论：唯有擅长管理风险的交易者才适用这种策略。如果你认为标的指数短期之内将在目前水平盘整，而且预期价格波动率维持不变或下降，就适合采用这种策略。做空宽跨式价差组合未必优于做空对等的跨式价差组合，这两种策略各有利弊。宽跨式价差组合的损益平衡点拉得比较开，但权利金收入较低，请参考第 11 章“跨式与宽跨式价差组合”。

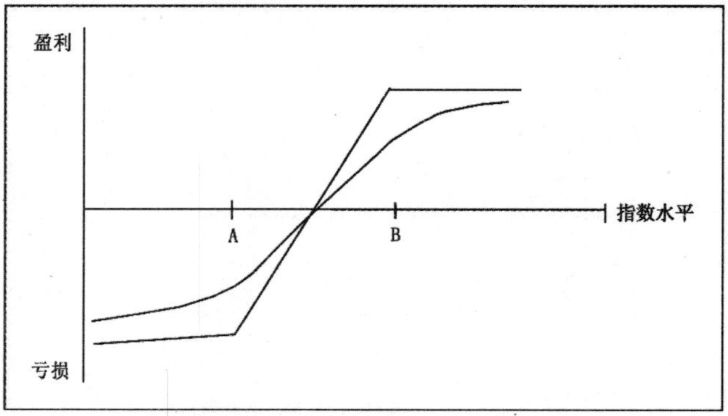

图 2-9　做多看涨期权价差组合（long call spread）

例　　子：做多 1 口看涨期权，履约价格为 A。
做多 1 口看跌期权，履约价格为 B。
最大潜在获利：履约价格间距减去权利金净支出。
最大潜在损失：有限，当初支付的净权利金。
到期损益平衡点：履约价格 A 加上权利金净成本。
适用的市场情况：看多。
时间变化的影响：负面。但优于单纯购买 1 口履约价格 A 的看涨期权。
价格波动率增加的影响：稍微正面。如果其他定价参数维持不变，价差组合价值随着价格波动率增加而增加。
评　　论：如果你认为标的指数短期之内会走高，但希望降低最大潜在风险/减少时间耗损与价格波动率下降的负面影响，就适合采用这种策略。可是，这个策略的获利潜能也有限。如果采用美式期权架构的价差组合，必须留意空头看涨期权提前指派的风险。请参考第 10 章“垂直价差组合”。

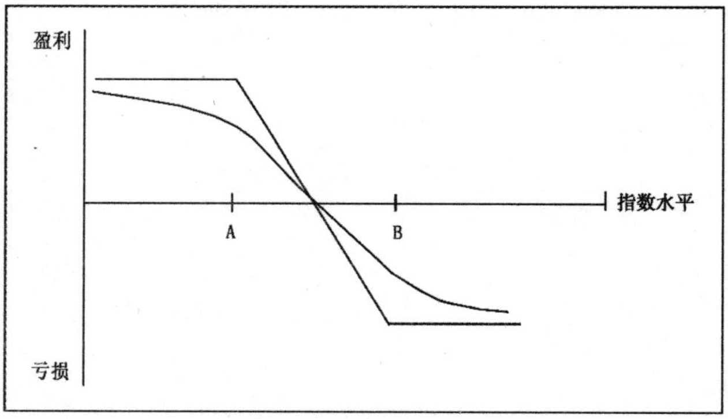

图 2-10　做空看涨期权价差组合（short put spread）

例　　子：做空 1 口看涨期权，履约价格为 A。
做多 1 口看涨期权，履约价格为 B。
最大潜在获利：有限，当初收取的净权利金。
最大潜在损失：履约价格间距减去权利金净收入。
到期损益平衡点：履约价格 A 加上权利金净收入。
适用的市场情况：中性或稍微偏空。
时间变化的影响：正面。但差于单纯做空 1 口履约价格 A 的看涨期权。
价格波动率增加的影响：稍微负面。如果其他定价参数维持不变，价差组合价值随着价格波动率增加而增加。
评　　论：如果你认为标的指数短期之内处于横向盘整，但希望降低价格波动率上升的风险，就适合采用这种策略。可是，这个策略的获利潜能也有限。价格波动率下降带来的效益也不大。如果采用美式期权架构的价差组合，必须留意空头看涨期权提前指派的风险。请参考第 10 章的“垂直价差组合”。

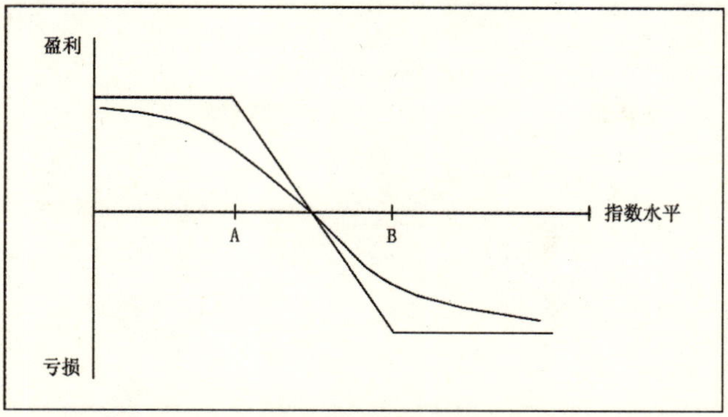

图 2-11　做多看跌期权价差组合（long put spread）

例　　子：　做多 1 口看跌期权，履约价格为 B。
　　　　　　做空 1 口看跌期权，履约价格为 A。
最大潜在获利：履约价格间距减去权利金净支出。
最大潜在损失：有限，当初支付的净权利金。
到期损益平衡点：履约价格 B 减去权利金净成本。
适用的市场情况：看空。
时间变化的影响：负面。但优于单纯购买 1 口履约价格 B 的看跌期权。
价格波动率增加的影响：稍微正面。如果其他定价参数维持不变，价差组合价值随着价格波动率增加而增加。
评　　论：如果你认为标的指数短期之内会走低，但希望降低最大潜在风险/减少时间耗损与价格波动率下降的负面影响，就适合采用这种策略。可是，这个策略的获利潜能也有限。如果采用美式期权架构的价差组合，必须留意空头看跌期权提前指派的风险。请参考第 10 章“垂直价差组合”。

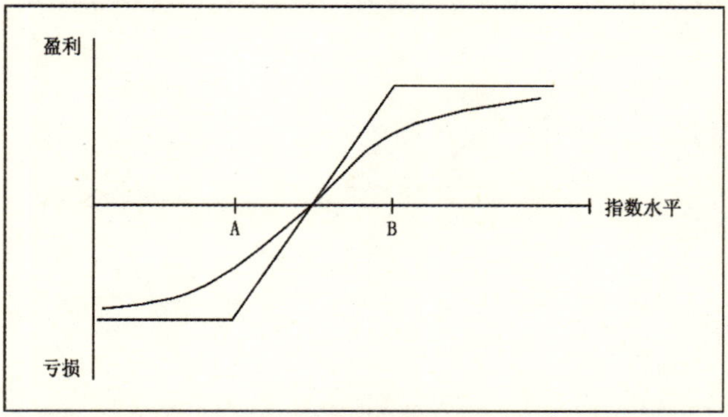

图 2-12　做空看跌期权价差组合（short put spread）

例　　子：　做空 1 口看跌期权，履约价格为 B。
　　　　　　做多 1 口看跌期权，履约价格为 A。
最大潜在获利：有限，当初支付的净权利金。
最大潜在损失：履约价格间距减去权利金净支出。
到期损益平衡点：履约价格 B 减去权利金净成本。
适用的市场情况：中性或稍微偏多。
时间变化的影响：正面。但差于单纯购买 1 口履约价格 B 的看跌期权。
价格波动率增加的影响：稍微负面。如果其他定价参数维持不变，价差组合价值随着价格波动率增加而增加。
评　　论：如果你认为标的指数短期之内会走高，但希望降低最大潜在风险/减少时间耗损与价格波动率下降的负面影响，就适合采用这种策略。可是，这个策略的获利潜能也有限。如果采用美式期权架构的价差组合，必须留意空头看跌期权提前指派的风险。请参考第 10 章“垂直价差组合”。

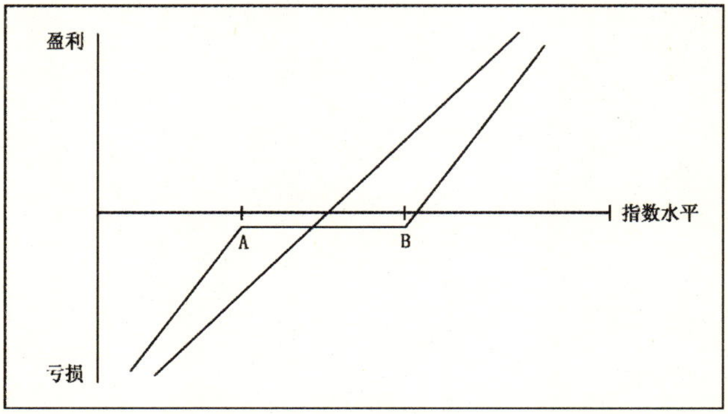

图 2－13 两个履约价格合成标的指数多头头寸（long split－strike synthetic）

例　　子：	做多 1 口看涨期权，履约价格为 B。 做空 1 口看跌期权，履约价格为 A。
最大潜在获利：	无限。
最大潜在损失：	来自于做空看跌期权几乎无限的风险（参考策略 4）。
到期损益平衡点：	履约价格 B 加上权利金净成本（或履约价格 A 减去权利金净收入）。
适用的市场情况：	看多。
时间变化的影响：	中性，做空看跌期权与做多看涨期权的时间耗损可以相互冲销。
价格波动率增加的影响：	中性，理由与时间变化的影响一样。
评　　论：	由于策略中涉及未平仓的空头看跌期权，只适合擅长管理风险的交易者。如果交易者看涨标的指数的短期走势，但希望减少投资现金，并且降低上端的损益平衡点，就适合这种策略。可是，相对于直接做多标的指数，上端的损益平衡点也提高。请注意，在这个期权策略中，虽然发生权利金支出，但实际承担的风险（非常可观）并不局限为权利金支出。

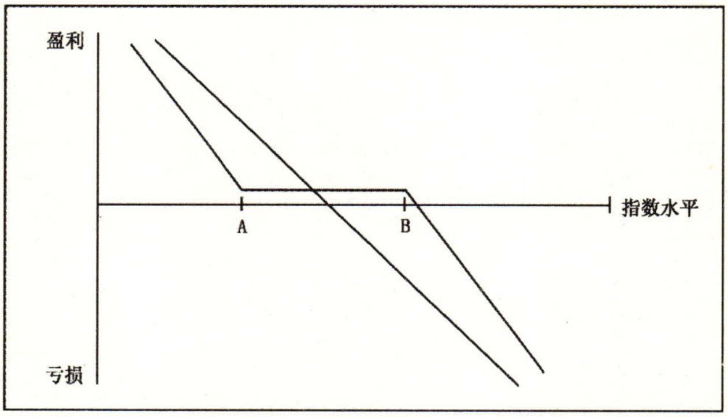

图 2－14 两个履约价格合成的标的指数空头头寸（short split－strike synthetic）

例　　子：	做空 1 口看涨期权，履约价格为 B。 做多 1 口看跌期权，履约价格为 A。
最大潜在获利：	来自于做多看跌期权几乎无限的获利（参考策略 3）
最大潜在损失：	无限，来自于做空看涨期权（参考策略 2）。
到期损益平衡点：	履约价格 B 加上权利金净收入（或履约价格 A 减去权利金净成本）。
适用的市场情况：	看空。
时间变化的影响：	中性，做空看涨期权与购买看跌期权的时间耗损可以相互冲销。
价格波动率增加的影响：	中性，理由与时间变化的影响一样。
评　　论：	由于策略中涉及未平仓的空头看涨期权，只适合擅长管理风险的交易者。如果交易者看跌标的指数的短期走势，但希望减少投资现金，并且提高上端的损益平衡点，就适合这种策略。可是，相对于直接做空标的指数，下端的损益平衡点也下降。请注意，在这个期权策略中，虽然发生权利金收入，但实际承担的风险（非常可观）并不局限为权利金收入。

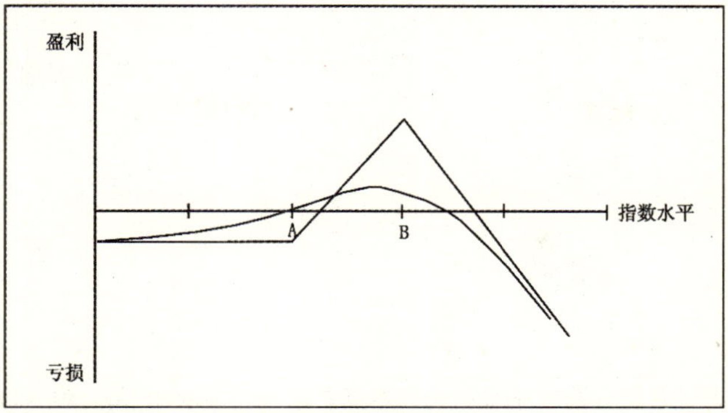

图 2 – 15　看涨期权的比率垂直价差组合（ratio vertical spread with calls）

例　　子：做多 1 口看涨期权，履约价格为 A。
做空 2 口看涨期权，履约价格为 B。
最大潜在获利：局限为履约价格减去权利金净支出（如果发生权利金净支出的话）。
最大潜在损失：行情上涨的风险无限，行情下跌的风险有限。
到期损益平衡点：两点：履约价格 A 加上权利金净支出，履约价格 B 加上最大获利潜能。
适用的市场情况：中性乃至稍微偏多，预料到期指数在履约价格 B 附近。
时间变化的影响：稍微不利，如果其他定价参数维持不变，比率垂直价差组合的价值随着时间变化而增加。
价格波动率增加的影响：稍微有利，如果其他定价参数维持不变，比率垂直价差组合的价值随着价格波动率上升而增加。
评　　论：由于策略中涉及未平仓的空头 1 口看涨期权，只适合擅长管理风险的交易者。这个策略的目标是希望在中性行情下赚取时间耗损的利益。可是，唯有当期权非常接近到期日，时间价值才会明显耗损，所以，采取行动之前，需要利用 OP – EVAL3™之类的电脑软件对价格行为进行评估。

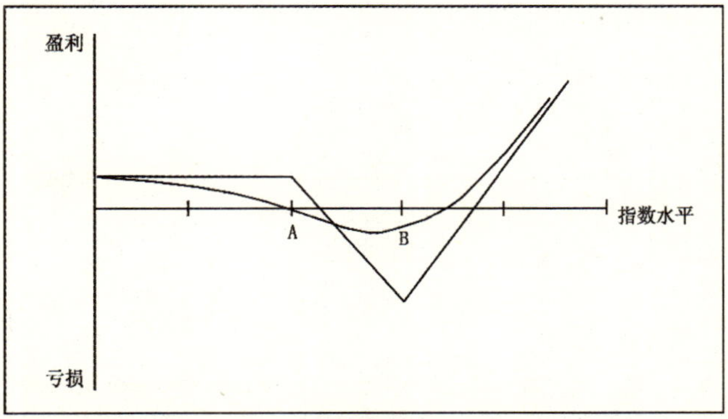

图 2 – 16　看涨期权的比率价格波动率价差组合（ratio volatility spread with calls）

例　　子：做空 1 口看涨期权，履约价格为 A。
做多 2 口看涨期权，履约价格为 B。
最大潜在获利：行情上涨的获利潜能无限，行情下跌的获利潜能有限。
最大潜在损失：局限为履约价格间距减去权利金净收入（如果发生权利金净收入的话）。
到期损益平衡点：两点：履约价格 A 加上权利金净收入，履约价格 B 加上最大潜在风险。
适用的市场情况：非常看好后市，预料到期指数高于上端损益平衡点。
时间变化的影响：稍微不利，如果其他定价参数维持不变，价差组合价值随着时间变化而下降。
价格波动率增加的影响：有利，如果其他定价参数维持不变，价差组合价值随着价格波动率上升而增加。
评　　论：虽然风险有限（不包括提前执行的风险），但交易者需要预先了解可能的最大损失。这个策略的目标是希望在看好行情的状况下，减少现金投资金额，并且降低时间耗损的负面影响。相对于单纯做多履约价格 A 的看涨期权，这个策略的上端损益平衡点较高。采取行动之前，需要利用 OP – EVAL 3™之类的电脑软件对价格行为进行评估。

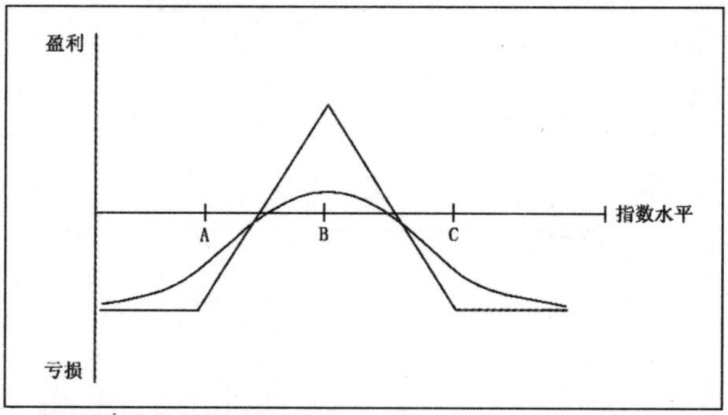

图 2-17 做多看涨期权的蝶式价差组合（long butterfly spread with calls）

例　　子：　做多 1 口看涨期权，履约价格为 A。
做空 2 口看涨期权，履约价格为 B。
做多 1 口看涨期权，履约价格为 C。

最大潜在获利：　局限为履约价格 A 与 B 的间距减去权利金净支出。

最大潜在损失：　局限为权利金净支出（对于欧式期权）。

到期损益平衡点：　两点：履约价格 A 加上权利金净支出，履约价格 C 减去权利金净支出。

适用的市场情况：　中性，预料到期指数在履约价格 B 附近。

时间变化的影响：　中性乃至稍微有利，如果其他定价参数维持不变，蝶式价差组合的价值随着时间变化而增加。

价格波动率增加的影响：　负面。如果其他定价参数维持不变，蝶式价差组合的价值随着价格波动率上升而减少。

评　　论：　对于场外交易者来说，这个策略的可行性不高，主要是因为其中涉及多笔交易，佣金偏高。可是，对于已经获利的期权多头头寸，可以考虑转换为这个策略（参考第 15 章）。由于时间耗损唯有在到期前不久才会趋于明显，所以采取行动之前需要研究价格行为。

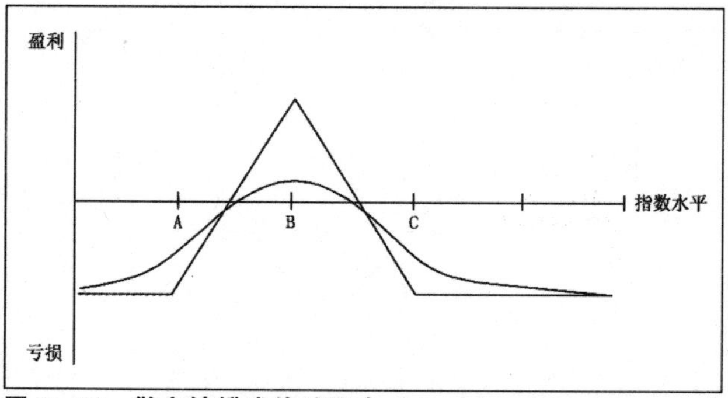

图 2-18 做空铁蝶式价差组合（short iron butterfly spread）

例　　子：　做多 1 口看跌期权，履约价格为 A。
做空 1 口看跌期权，履约价格为 B。
做空 1 口看涨期权，履约价格为 B。
做多 1 口看涨期权，履约价格为 C。

最大潜在获利：　局限为权利金净收入。

最大潜在损失：　局限为履约价格 A 与 B 的间距减去权利金净收入（对于欧式期权）。

到期损益平衡点：　两点：履约价格 B 加上权利金净收入，履约价格 B 减去权利金净收入。

适用的市场情况：　中性，预料到期指数在履约价格 B 附近。

时间变化的影响：　中性乃至稍微有利，如果其他定价参数维持不变，铁蝶式价差组合的价值随着价格波动率上升而增加。

价格波动率增加的影响：　稍微不利。如果其他定价参数维持不变，铁蝶式价差组合的价值随着时间变化而减少。

评　　论：　对于场外交易者来说，这个策略的可行性不高，主要是因为其中涉及四笔交易，佣金偏高。由于时间耗损唯有在到期前不久才会趋于明显，所以采取行动之前需要研究价格行为。

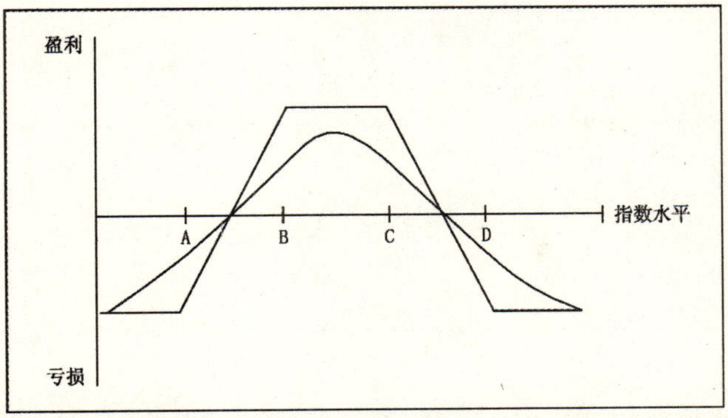

图 2－19　做多看涨期权的鹰式价差组合（long condor spread with calls）

例　　子：　做多 1 口看涨期权，履约价格为 A。
做空 1 口看涨期权，履约价格为 B。
做空 1 口看涨期权，履约价格为 C。
做多 1 口看涨期权，履约价格为 D。

最大潜在获利：局限为履约价格 A 与 B 的间距减去权利金净支出。

最大潜在损失：局限为权利金净支出（对于欧式期权）。

到期损益平衡点：两点：履约价格 A 加上权利金净支出，履约价格 D 减去权利金净支出。

适用的市场情况：中性，预料到期指数介于价格 B 与 C 之间。

时间变化的影响：中性乃至稍微有利，如果其他定价参数维持不变，鹰式价差交易的价值随着时间变化而增加。

价格波动率增加的影响：稍微负面。如果其他定价参数维持不变，鹰式价差组合的价值随着价格波动率上升而减少。

评　　论：对于场外交易者来说，这个策略的可行性不高，主要是因为其中涉及四笔交易，佣金偏高。可是，对于已经获利的期权多头头寸，可以考虑转换为这个策略（参考第 15 章）。由于时间耗损唯有在到期前不久才会趋于明显，所以采取行动之前需要利用 OP－EVAL 3™之类的电脑软件研究价格行为。

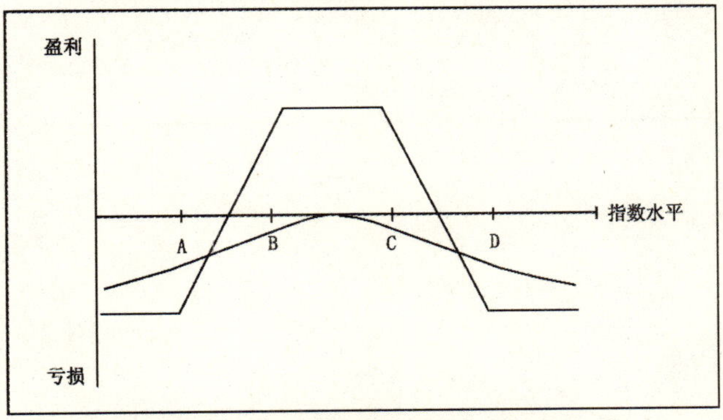

图 2－20　做空铁鹰式价差组合（short iron condor）

例　　子：　做多 1 口看跌期权，履约价格为 A。
做空 1 口看跌期权，履约价格为 B。
做空 1 口看涨期权，履约价格为 C。
做多 1 口看涨期权，履约价格为 D。

最大潜在获利：局限为权利金净收入。

最大潜在损失：局限为履约价格 A 与 B 的间距减去权利金净收入（对于欧式期权）。

到期损益平衡点：两点：履约价格 B 减去权利金净收入，履约价格 C 加上权利金净收入。

适用的市场情况：中性，预料到期指数在履约价格 B 与 C 之间。

时间变化的影响：中性乃至稍微有利，如果其他定价参数维持不变，铁鹰式价差组合的价值随着时间变化而下降。

价格波动率增加的影响：稍微负面。如果其他定价参数维持不变，铁鹰式价差组合的价值随着价格波动率上升而增加。

评　　论：　对于场外交易者来说，这个策略的可行性不高，主要是因为其中涉及四笔交易，佣金偏高。由于时间耗损唯有在到期前不久才会趋于明显，所以采取行动之前需要研究价格行为。

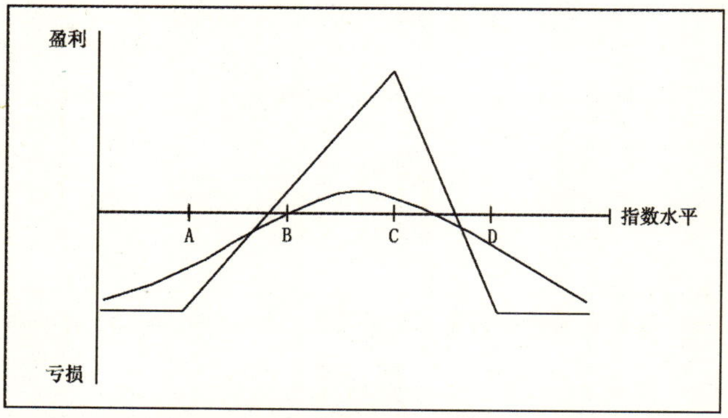

图 2－21　做多看涨期权的圣诞树价差组合（long Christmas tree spread）形态 1

例　　子：　做多 1 口看涨期权，履约价格为 A。
做空 3 口看涨期权，履约价格为 C。
做多 2 口看涨期权，履约价格为 D。

最大潜在获利：　局限为履约价格 A 与 C 的间距减去权利金净支出。

最大潜在损失：　局限为权利金净支出（对于欧式期权）。

到期损益平衡点：　两点：履约价格 A 加上权利金净支出，履约价格 D 减去一半的权利金净支出。

适用的市场情况：　中性，预料到期指数在履约价格 C 附近。

时间变化的影响：　中性乃至稍微有利，如果其他定价参数维持不变，圣诞树价差组合的价值随着时间变化而增加。

价格波动率增加的影响：　稍微负面。如果其他定价参数维持不变，圣诞树价差组合的价值随着价格波动率上升而减少。

评　　论：　对于场外交易者来说，这个策略的可行性不高，主要是因为其中涉及多笔交易，佣金偏高。可是，对于已经获利的期权多头头寸，可以考虑转换为这个策略（参考第 15 章）。由于时间耗损唯有在到期前不久才会趋于明显，所以采取行动之前需要研究价格行为。

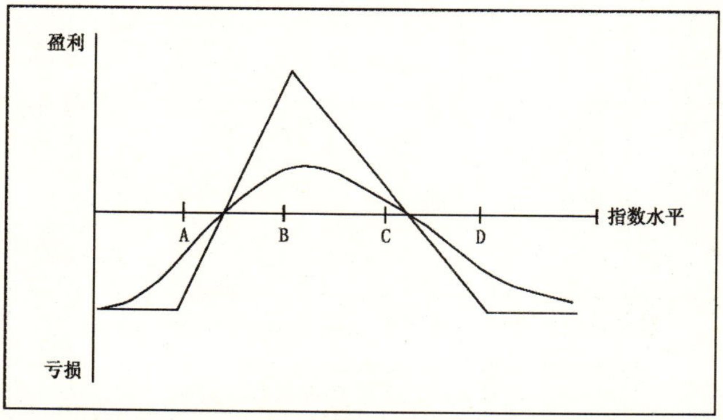

图 2－22　做多看涨期权的圣诞树价差组合（long Christmas tree spread）形态 2

例　　子：　做多 2 口看涨期权，履约价格为 A。
做空 3 口看涨期权，履约价格为 C。
做多 1 口看涨期权，履约价格为 D。

最大潜在获利：　局限为两倍的履约价格 A 与 B 的间距减去权利金净支出。

最大潜在损失：　局限为权利金净支出（对于欧式期权）。

到期损益平衡点：　两点：履约价格 A 加上一半的权利金净支出，履约价格 D 减去权利金净支

	出。
适用的市场情况：	中性，预料到期指数在履约价格 B 附近。
时间变化的影响：	中性乃至稍微有利，如果其他定价参数维持不变，圣诞树价差组合的价值随着时间变化而增加。
价格波动率增加的影响：	稍微负面。如果其他定价参数维持不变，圣诞树价差组合的价值随着价格波动率上升而减少。
评　　论：	对于场外交易者来说，这个策略的可行性不高，主要是因为其中涉及多笔交易，佣金偏高。可是，对于已经获利的期权多头头寸，可以考虑转换为这个策略（参考第 15 章）。由于时间耗损唯有在到期前不久才会趋于明显，所以采取行动之前需要研究价格行为。

本章小结

具备实际绘制盈亏结构图的能力，才代表你真正了解期权策略的运作。绘制图形涉及六个步骤。第一，完整描述所进行的交易。第二，标示盈亏结构图的坐标刻度。第三，针对可能出现的某个标的指数，计算对应的期权价值。第四，计算策略的盈亏。第五，在图形上，标示某特定到期指数的盈亏结果。第六，针对每个可能发生的到期指数水平，重复第三至第五步骤。

虽然本章只列示 22 种策略，但还有许多其他的可能性。期权策略只受限于交易者的想象力。

第3章

期权定价及其影响因素

简　介

本章准备由两个部分解释期权的价值。第一，说明期权与保险之间的类似的性质。第二，讨论期权价值如何受到各种定价因素的影响。本章讨论的基本概念有助于了解与运用第 4 章的电脑软件 OP – EVAL 3™。

期权与保险

期权就是一种保险单，在保单到期之前，只要符合某些条件，持有人就可以获得付款。如果不符合付款条件，保单就过期没有价值。

保险单与看跌期权之间的类似性质或许最容易了解。如果承保资产受损，投保人就能获得理赔；同理，如果标的资产价值下跌，看跌期权的价值就上升。在合约到期之前，如果标的资产价值不低于履约价格，看跌期权就过期没有价值。

保险单与看涨期权之间的关系或许不是非常明显。看涨期权相当于是保证参与标的资产价格涨势的保险单。看涨期权提供做多的权利，不是做空的权利。看跌期权可以防范标的行情下跌的风险，看涨期权可以防范不能参与标的行情上涨的风险。虽然看跌期权防范的风险是“实际损失”，看涨期权防范的风险是“机会损失”，但两者都提供保险的功能。

保费的定价因素

保险公司通过五个定价因素计算保费（premium）。以汽车保险为例子，第一要考虑的是汽车的价值。假定其他条件相同，汽车的价值愈高，保费也愈高。第二要考虑的是保险扣除额。扣减额愈高，保费愈低。第三要考虑的是保单的到期时间。保单的合约期间愈长，保费愈高。第四要考虑的是利率。保险公司会运用保费进行投资，所以利率水平也会影响保费高低。第五要考虑的是风险水平。对于汽车保险来说，影响风险水平的因素很多，包括驾驶人的年龄、驾驶记录、性别、汽车停泊的场所、每年行驶的里程数……等。假定其他条件相同，风险愈高，保费也愈高。

保险精算师把这五项要考虑的因素套入适当的数学公式，就可以计算某特定保单的保费。

期权权利金的定价因素

对应前述保费的五个定价因素，期权权利金（premium）的定价要考虑的是：标的资产价格、履约价格、到期时间、利率水平、股利与价格波动率。

对于股价指数期权来说，标的资产价格就是股价指数水平。股价指数愈高，相当于标的资产价格愈高。假定其他条件相同，股价指数水平愈高，看涨期权的价值愈高，看跌期权的价值愈低。

期权的履约价格对应保险的保险扣除额。扣减额是投保人必须自行承担的风险。举例来说，如果某个保单的保险扣除额为$ 1 500，则标的资产的损失不超过$ 1 500，保险公司不需理赔。这个概念也同样适合于期权。价外期权相当于随保资产损失不超过扣减额的保单：如果标的指数最终小于看涨期权或大于看跌期权的履约价格，执行期权不能带来任何经济利益。价平（at – the – money）期权相当于是保险扣除额等于预期损失的保单。

【译者按语：这里原书作者在概念上略有偏差，无论到期期权是价内、价外还是价平，在期权合同设立时总是要设置一个履约价格，这就相当于在保险合同设立时设置了保险扣除额。在到期日，标的价格水平相当于资产损失，而期权合同的价值就是标的价格水平与履约价格的差同零之间的最大值，保险合同也是一样。因此，说价平期权是没有设定保险扣除额的保单是不合适的。】

到期时间对于期权权利金与保险费的影响完全相同。到期时间愈长，保险费愈高，期权权利金也愈高。这个概念表面上看起来很明显，但时间变动对于期权价值的影响则很微妙。第5章“风险衡量：希腊字母”将会深入讨论权利金时间耗损的问题，但此处先强调一点：时间变化与权利金时间耗损之间并不属于线性关系；换言之，时间每经过一天，权利金的下降程度并不固定，取决于“所经过的一天”发生在合约期间的哪个时段（假定其他定价因素维持不变）。

利率变动对于看涨与看跌期权价值会造成不同的影响。如果利率上升，看涨期权的价值也上升，但看跌期权的价值下降。我们不准备深入讨论利率变动对于期权价值的影响；事实上也不必要讨论，因为利率变动对于短期期权的影响非常有限，不会显著影响短期交易决策。可是，相同的结论不适用于长期期权。

股利对于期权价值的影响刚好与利率相反。股利上升，通常会造成看涨期权的价值下跌，看跌期权的价值上涨。非常幸运地，股利对于期权的影响通常不大，交易者不需要过分关心这方面的问题。

最后，价格波动率（volatility）对于期权价值的影响类似于风险对于保险费的影响。所以，如同风险提高会造成保险费增加一样，价格波动率上升也会造成期权价值上涨。请注意，价格波动率是相对复杂的概念，如果你过去没有接触过这个概念，恐怕要耐心琢磨。第6章与本书其他章节都会深入讨论价格波动率。

表3－1摘要列示了保险费与期权权利金之间的关系。

表3－1　　　　保险费与期权权利金的定价因素

	保险单	期　权
	资产价值	指数水平
	保险扣除额	履约价格
	到期期间	到期期间
	利　率	利　率
	风　险	价格波动率
	=保险费	=权利金

期权的理论价值可以通过一些定价模型（例如，布莱克—斯科尔斯（Black - Scholes）定价公式）计算，但其中涉及复杂的数学概念。本书不准备推演这些数学定价模型，有兴趣的读者可以参考：《期权市场》（*Option Markets*, John C. Cox and Mark Rubenstein, Prentice Hall, Upper Saddle River, NJ, 1985）与《期权、期货与其他衍生性产品》（*Options*, *Futures*, *and Other Derivatives*, 3rd edition, John C. Hull, Prentice Hall, Upper Saddle River, NJ, 1997）。表 3 - 2 到表 3 - 8 内的期权价值四舍五入到小数后下第二位，而不是四舍五入到最近的 1/8 或 1/4，主要是为了清晰起见。

以下准备讨论一些例子来说明某种定价因素对于期权价值的影响。此处采用比较静态的角度；换言之，当我们考虑某种定价因素发生变动时，假定其他定价因素都维持不变。动态的例子将在后续章节内讨论。

定价因素对于期权价值的影响

表 3 - 2 显示六个定价因素的数值，然后通过定价模型计算看涨与看跌期权的理论价值。在这个例子中，指数水平为 800，履约价格为 800，股息发放率为 2%，价格波动率为 15%，利率为 5%，期权还有 30 天到期。800 看涨期权的理论价值为 14.69，800 看跌期权为 12.72。

表 3 - 2　　Black - Scholes 定价公式：定价因素与期权理论价值

定价因素	
指数水平	800
履约价格	800
股息发放率	2.0%
价格波动率	15.0%
利　率	5.0%
到期天数	30
理论价值	
800 看涨期权价值	14.69
800 看跌期权价值	12.72

这个例子显示一个重要的现象，价平看涨期权的价值高于价平看跌期

权，主要是因为做空者规避看涨与看跌期权风险的资金成本必须由看涨期权的持有人承担，而不是由看跌期权的持有人承担。【译者按语：这里需要进一步解释。价平时，看涨期权价格高于看跌期权价格是因为：复制看涨期权时需要借入资金做多 delta 份标的资产，而复制看跌期权则只要做空 delta 份标的资产即可。因此复制看涨期权需要多承担借入资金的利息成本，而复制看跌期权则要承担股息发放率的成本，这里利率大于股息发放率，因而看涨期权价格略高。还是同样的例子，如果股息发放率为 5%，利率为 2%，则情况刚好相反，800 看涨期权的理论价值为 12.72，800 看跌期权为 14.69。】接下来将讨论每种定价因素的变动对于期权理论价值的影响。

标的指数水平变动

表 3－3 显示标的指数上升对于看涨与看跌期权理论价值的影响。如果指数由 800 上升到 801，800 看涨期权的价值增加为 15.23，800 看跌期权的价值下降为 12.26。此处有两点特别值得留意：

第一，不论 800 看涨期权或 800 看跌期权，权利金的变动量都小于指数变动量。如果其他定价因素维持不变，期权价值的变动量小于标的指数变动量。在这个例子中，标的指数上升 1 点，800 看涨期权价值上升 0.54 点，800 看跌期权价值下降 0.46 点。衡量标的资产价格变动量与期权价值变动量之间的关系的指标，称为 delta 值，我们将在第 5 章详细讨论这个希腊字母的意义。

表 3－3　　标的指数上涨的影响

	初始值	变动为	
定价因素			
指数水平	800	801	←当标的指数上涨
履约价格	800	800	
股息发放率	2.0%	2.0%	
价格波动率	15.0%	15.0%	
利　率	5.0%	5.0%	
到期天数	30	30	
理论价值			
800 看涨期权　价值	14.69	15.23	←看涨期权价值上升
800 看跌期权　价值	12.72	12.26	←看跌期权价值下降

第二，标的指数发生 1 点的变动之后，看涨与看跌期权时间价值之间的差距维持不变。当标的指数为 800，800 看涨期权与 800 看跌期权的时间价值分别为 14.69 与 12.72，差距为 1.97。当标的指数上升为 801，800 看涨期权的时间价值为 14.23（权利金 15.23 减去内在价值 1.00），800 看跌期权的时间价值为 12.26，两者的差距还是 1.97。

履约价格的变动

如同本章最初的说明，履约价格变动类似于变动保险单的保险扣除额。当标的指数为 800，800 看涨期权与 800 看跌期权都处于价平状态。把履约价格调高为 805，800 看涨期权的价外为 5 点，理论价值下降；可是，805 看跌期权的价内为 5 点，理论价值上升。表 3－4 说明了履约价格变动的影响(假定其他定价因素维持不变)。

表 3－4　　履约价格上升的影响

	初始值	变动为	
定价因素			
指数水平	800	800	
履约价格	800	805	←当履约价格上升
股息发放率	2.0%	2.0%	
价格波动率	15.0%	15.0%	
利　率	5.0%	5.0%	
到期天数	30	30	
理论价值			
800 看涨期权　价值	14.69	12.27	←看涨期权价值下降
800 看跌期权　价值	12.72	15.29	←看跌期权价值上升

股息发放率的变动

相对于其他定价因素的变动，股息发放率与利率变动对于期权理论价值的影响非常有限。表 3－5 显示股息发放率变动的影响。当股息发放率由

2%上升为3%，800看涨期权的价值下降；反之，800看跌期权的价值上升。为什么？因为股利提高之后，持有标的证券的吸引力也相对提高，所以看涨期权的价值下降，看跌期权的价值上升。

表3-5　　股息利率上升的影响

	初始值	变动为	
定价因素			
指数水平	800	800	
履约价格	800	800	
股息发放率	2.0%	3.0%	←当股息发放率上升
价格波动率	15.0%	15.0%	
利　率	5.0%	5.0%	
到期天数	30	30	
理论价值			
800看涨期权　价值	14.69	14.34	←看涨期权价值下降
800看跌期权　价值	12.72	13.03	←看跌期权价值上升

价格波动率的变动

价格波动率对于期权价值的影响，相当于风险对于保险费的影响。由于风险提高将造成保险费提高，价格波动率增加也应该造成期权价值增加。表3-6的数据可以验证这方面的推理。当价格波动率由15%上升为16%，800看涨期权与800看跌期权的价值都上升，所以价格波动率与权利金之间维持正向的变动关系。

另外，当价格波动率发生变动，看涨与看跌期权的时间价值关系并没有变动。请比较两个期权的新价值（完全代表时间价值），800看涨期权还是较800看跌期权高出1.97。

期权价值对于价格波动率变动的敏感性，称为vega，请参考第5章的讨论。价格波动率本身是第6章的内容主题。至于价格波动率与vega，则是贯穿本书的重要概念；本章稍后会开始介绍价格波动率的基本概念。

表 3-6　价格波动率上升的影响

	初始值	变动为	
定价因素			
指数水平	800	800	
履约价格	800	800	
股息发放率	2.0%	2.0%	
价格波动率	15.0%	16.0%	←当价格波动率上升
利　率	5.0%	5.0%	
到期天数	30	30	
理论价值			
800 看涨期权　价值	14.69	15.60	←看涨期权价值上升
800 看跌期权　价值	12.72	13.63	←看跌期权价值上升

利率的变动

利率变动对于看涨期权价值有正面影响，对于看跌期权价格有负面影响。如同表 3-7 显示的，利率上升 1%，800 看涨期权的价值上升 0.44，800 看跌期权的价值下降 0.31。利率虽然可能在短期之内发生 1% 的变动，但毕竟属于罕见的现象。所以，股价指数短期期权的交易者或许应该留意利率变动的影响，但没有必要过度担心。可是，对于长期期权来说，利率变动的影响就非常显著了。

表 3-7　利率上升的影响

	初始值	变动为	
定价因素			
指数水平	800	800	
履约价格	800	800	
股息发放率	2.0%	2.0%	
价格波动率	15.0%	15.0%	
利　率	5.0%	6.0%	←当利率上升
到期天数	30	30	
理论价值			
800 看涨期权　价值	14.69	15.03	←看涨期权价值上升
800 看跌期权　价值	12.72	12.41	←看跌期权价值下降

到期天数的变动

请参考表3-8，当到期天数由30天增加为45天，800看涨期权与800看跌期权的价值的增加。期权价值对于到期天数变动的敏感性，称为theta，我们准备在第5章详细讨论相关的概念。而现在，我们希望强调表3-8的两个重要现象。

第一，虽然到期天数由30天增加为45天，增加幅度为50%（而且其他定价因素维持不变），但看涨期权的价值只增加24%（由14.69增加为18.25），看跌期权的价值只增加20%（由12.72增加为15.30）。这称为"时间耗损的非线性关系"；换言之，时间变动所造成的期权价值变动，在百分率上不等于时间的变动量。第5章会深入探讨这个问题。

表3-8　　到期天数增加的影响

	初始值	变动为	
定价因素			
指数水平	800	800	
履约价格	800	800	
股息发放率	2.0%	2.0%	
价格波动率	15.0%	15.0%	
利　率	5.0%	5.0%	
到期天数	30	45	←当到期天数增加
理论价值			
800看涨期权　价值	14.69	18.25	←看涨期权价值上升
800看跌期权　价值	12.72	15.30	←看跌期权价值上升

第二，让我们观察看涨与看跌期权时间价值变动的关系。到期天数为30，800看涨期权与800看跌期权的时间价值差距是1.97（14.69-12.72）；到期天数为45，两个期权的时间价值差距是2.95（18.25-15.30），几乎增加50%，相当于到期天数的增加程度。时间价值的差距增加，可以由前文讨论的资本成本（利率与股息发放率）解释。相对于看跌期权的时间价值，到期天数变动对于看涨期权时间价值的影响程度较大（假定其他定价因素维

持不变)。到期天数愈长或愈短，看涨与看跌期权的时间价值差距也愈大或愈小。

价格波动率的概念

价格波动率可以说是最常用、也最不为人所了解的期权术语。简单来说，价格波动率代表了期权标的资产的价格走势幅度（movement）：对于股票与期货交易者来说，这不是容易掌握的概念，因为他们习惯由方向的角度思考，不是价格走势幅度。举例来说，10%的价格涨幅与10%的价格跌幅，代表相同的价格波动率。可是，如果你持有标的资产，10%的价格涨幅是"好事"，10%的价格跌幅则是"坏事"。

我们可以由概念或数学角度描述价格走势幅度。"很大的走势幅度"与"很小的走势幅度"属于概念的描述，"35%的价格波动率"与"25%的价格波动率"则属于数学的描述。不幸地，这两种描述方法都有一些缺点。"很大"与"很小"显然不够精确，"35%"与"25%"对于那些患有数学恐惧症的人则缺乏意义。期权交易者应该通过直觉的角度熟悉一些数学用语，但不需要太关心数学本身。换言之，期权交易者应该考虑：对于我所交易的期权，标的指数的"正常"价格波动率是多少？目前的实际价格波动率如何？我预期的未来水平又如何？

累积一些经验之后，你就可以"感受"价格波动率25%或35%的意义，即使你不知道精确的数学定义。让我们举个例子来说明。当你评估一只新股票，首先考虑的问题可能是：这只股票的市盈率（P/E ratio）是多少？答案可能是12、17或33倍，但计算过程可能采用上个会计年度的实际盈利、最近12个月的实际盈利或未来12个月的预期盈利。所以，你所在意的不是精确的数据，而是主观的评估。然后，配合其他的主观评估——例如，该公司的历史市盈率、所属产业的平均市盈率与整体市场的平均市盈率——你决定是否进行投资。同理，期权交易者对于价格波动率也应该培养类似的概念化的理解。本书接下来会介绍如何运用 OP－EVAL 3™估计期权市场价格所蕴含的标的指数价格波动率——即所谓的隐含价格波动率（implied volatility），这是由主观角度了解价格波动率的重要步骤。

表 3－9 摘要列出了个别定价因素对于看涨与看跌期权价值的影响。正

向影响代表期权价值与定价因素的变动方向相同，反向影响代表期权价值与定价因素的变动方向相反。

表 3-9　　　　个别定价因素对于期权价值的影响

定价因素	看涨期权价值	看跌期权价值
标的指数	正　向	反　向
履约价格	反　向	正　向
股　利	反　向	正　向
价格波动率	正　向	正　向
利　率	正　向	反　向
到期时间	正　向	正　向

说明：正向影响代表期权价值与定价因素的变动方向相同，例如，某定价因素上升，期权价值也上升。反向影响代表期权价值与定价因素的变动方向相反，例如，某定价因素上升，期权价值也下降。

本章小结

期权具备保险的功能，所以具有价值。看跌期权可以防范标的资产价格下跌的风险，看涨期权可以防范标的资产价格上涨的风险。精算师计算保险费所考虑的定价因子，对应 Black - Scholes 模型计算期权理论价值所考虑的定价因素。

保险费考虑的资产价值，对应股价指数期权的标的指数水平。保险的保险扣除额，对应期权的履约价格。两者考虑的时间因素相同。保险考虑的利率，对应期权考虑的利率与股利。最后，保险的风险因子，对应期权的价格波动率。

价格波动率代表标的指数的价格走势幅度，期权交易者必须由主观的角度掌握价格波动率的数据意义（例如，20%或30%）。换言之，交易者应该尝试回答下列问题：标的指数的“正常”价格波动率是多少？目前的实际价格波动率如何？我预期的未来水平又如何？

第 II 篇

期权价格行为与价格波动率

第4章

期权定价与策略绘图

简 介

电脑软件的功能在于协助分析，而不是用来代替决策程序。第 2 章的盈亏结构图虽然可以利用手工绘制，但理论价值的计算还是得依赖电脑，而本书采用的电脑软件 OP - EVAL 3™可以同时完成这些功能。本章将解释如何安装及操作该程序，后续章节则利用这套软件分析各种市场情况下的可行策略。

安装与启动 OP - EVAL 3™

本书附上一张 $3^{1/2}$英寸的磁碟片，标示为“OP - EVAL 3™ Setup Disk”。【译者按语：中译本不附磁碟片，请到下列网址下载该软件资料：http://arcsite.com.tw/ipc；或用上网卡到中国财政经济出版社网站下载该软件。】这套软件适用于 Windows 3.1 或 Windows 95 以上的作业系统。安装程序虽然非常简单，万一你对于电脑不熟悉的话，或许可以请朋友帮忙。一旦安装完成之后，使用的方法很简单。

安装与启动程序如下：

1. 在硬盘中开一个新资料夹，设定适当的名称。
2. 由网址：http://arcsite.com.tw/ipc 下载软件到资料夹。
3. 利用鼠标点资料夹内的设定“Setup”。

启动软件之后，在最初几页可以看到 Disclaimers 与 Disclosures，其中包括这个软件的一些重要信息，请详细阅读。唯有完全了解这套（或任何一套）软件的限制之后，才能够制定合理的决策。如果你只依赖直觉，恐怕没有办法顺利进行任何金融交易，更不要提期权之类的复杂交易工具。阅读相关的说明之后，如果你接受所有的条件，请按“Y”。如果你没有阅读这些说明，或你需要重新阅读，或基于任何理由而不希望继续，请按“N”，退出该软件。如你希望重新启动该软件，请按上面所述重新操作。

常见问题

请熟悉“Help”（帮助）的功能，其中包含这套软件的相关信息，包括操作方法与名词定义在内。

经常使用电脑的人士可能希望知道 OP - EVAL 3™的绘图功能。绘图功能只适用于 Four Option Analysis（四个期权分析）。请在工具栏上选 Four Option Analysis，然后按照本章的说明输入头寸的资料，选择工具栏上的 Graph（制图），就会显示头寸的图形。除了 Four Option Analysis 之外，都不能执行制图功能。

虽然大多数期权的标的股价指数本身都不提供交易，但还是可以绘制标的指数头寸的图形。这项功能只是为了提高分析能力。绘制标的指数头寸的图形，请挑选 Four Option Analysis，把 Option 1（期权 1）的履约价格设定为 0（0.000），把 Option Type（期权形式）设定为看涨期权，然后 Option 1 就会变为 Underlying（标的指数）。在 Underlying 栏的 Quantity 行输入非零的数量，然后选择工具栏的 Graph。

接下来，我们准备讨论 OP - EVAL 3™的操作。即使你非常熟悉电脑软件的操作，还是应该阅读以下的说明，才能充分了解这套软件的完整功能。

看涨/看跌期权定价页

阅读 Disclaimers and Disclosures，按下“Y”之后，你会看到图 4 - 1 的画面。这就是看涨/看跌期权定价页面，属于三个计算页面中的第一个。只要在 Inputs To Formula（模型定价因素）栏中输入：标的价格（Price of Underling）、期权履约价格（Strike）、标的指数股息发放率（Dividend Yield）、价格波动率

(Volatility)、利率(Interest Rate)与到期天数(Days To Expiration),右侧的 Option Estimation(期权估计)栏中就会分别显示前述定价因素之下的看涨与看跌期权的重要估计参数,包括:理论价值(Price)、Delta 值、Gamma 值、7 - Day Theta 值、Vega 值与 Rho 值。后续章节将解释如何运用这些信息来分析期权价格以及在特定情况下如何调整对这些期权价格的估计,但本章将只讨论看涨/看跌期权定价页以及本程序的其他方面的使用方法。

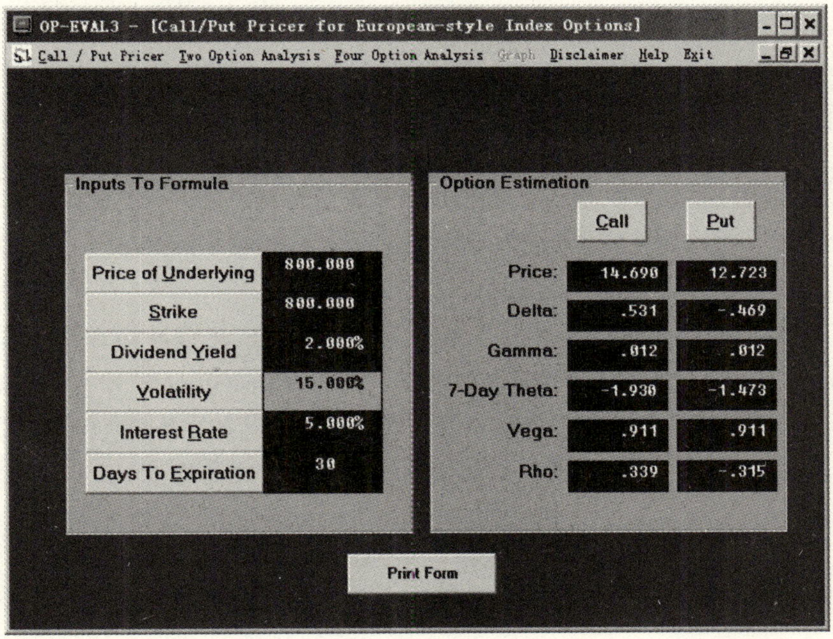

图 4 - 1　OP - EVAL 3™的看涨/看跌期权定价页面

在看涨/看跌期权定价页面移动光标

你可以通过鼠标或键盘方向键,激活要选中的方格。运用方向键(↓或→),你可以从 Inputs to Formula(模型定价因素)栏向下移动,接着移动到 Call Price(看涨期权价格),再移到 Put Price(看跌期权价格),然后又循环到最初的 Price of Underlying(标的指数价格)。在看涨与看跌期权栏的所有方格中,除了 Call Price 与 Put Price 两个方格之外,其他的方格只显示计算结果,你不能直接改变其中的数据。你也可以通过↑与←的方向键做反向的操作。

熟悉这个页面的移动与计算之后，请把光标移到 Price of Underling，留意预设值是否与图 4－1 相同：Price of Underlying 为 800.00，Strike 为 800.00……等。根据这些输入变量的值，OP－EVAL 3™计算 800 看涨期权的理论价值为 14.690，显示在 Call Price 内。

改变标的指数价格

在 Price of Underlying 内，你可以输入任何介于 0.001 到 99，999.999 的数据。如果你输入整数（例如，805），OP－EVAL 3™自动设定小数点后三位数字都是零。这个时候，当你按下 ENTER 键或通过方向键移到其他方格，则 Price of Underlying 就会显示 805.000，所有的输出结果也会重新计算。

现在，你可以在输入变量的方格中填入其他数据，观察 OP－EVAL 3™如何根据新的输入变量计算新的输出结果。

如同第 7 章“期货价格的重要性”所解释的，使用者必须在 Price of Underlying 中输入的数据。在某些情况下，Price of Underlying 中并不适合填入当时的指数水平。如果股价指数期货市场的供、需状况导致期货价格远高于或远低于理论价值，指数期权的价格也可能远高于或远低于 OP－EVAL 3™中的数据。一旦发生这种状况，使用者应该根据第 7 章的解释来调整 Price of Underlying 的数据，而且也必须谨慎解释 OP－EVAL 3™所提供的信息。

改变履约价格

在美国，股价指数期权的履约价格间距大多是 5 点：900、905、910……等。可是，道·琼斯工业指数期权的履约价格间距是 1 点，例如：80.00、81.00……等。关于履约价格的设定，OP－EVAL 3™的弹性很大，可以设定为 0 到 99，999.999 之间的任何数据，所以适合评估许多不同产品为标的的期权的价值。

改变股息发放率

虽然股利付款发生在不连续的时间上，但 OP－EVAL 3™采用的 Black－

Scholes 模型假定股息在时间上连续支付，均匀分配于整个年度。这是软件说明（Disclaimers）提到的限制之一。由于证券价值评估过程中涉及现金流的折现程序，前述假设可能造成 OP－EVAL 3™理论价值与实际市场价格之间的分歧。可是，这项假设并不会显著影响 OP－EVAL 3™的分析功能。当然，我们也可以根据股价指数成分股支付的股利金额与支付时间调整软件，但这会变得非常复杂。幸运的是，不论从哪个角度来说，前述的简化假定都不会造成任何重大的问题。

关于如何设定 Dividend Yield，你可以参考《华尔街日报》与《投资者商务日报》（*Investor's Business Daily*）或《拜伦杂志》（*Barron's*）每个星期一刊登的关于指数股息发放率的数据。

改变价格波动率

价格波动率衡量期权标的资产价格的变动程度，细节请参考第 6 章。假定其他定价因素维持不变，标的指数价格可能的变化区间愈大（也就是价格波动率愈大），期权的理论价值愈高。习惯上，价格波动率表示为百分比的格式：OP－EVAL 3™的预设值是 15.000（15%）。当你把光标移到 Volatility，就可以填入任何介于 0.000 到 999.999 的数据。如果其他输入变量都采用预设值（见图 4－1），但价格波动率改变为 16%，按下 ENTER 键之后，看涨期权价格与看跌期权价格分别会显示为 15.601 与 13.634（见图 4－2），读者不妨随意变更价格波动率的数据来体会期权价值所受到的影响。

改变利率

利率相当于资金成本，是股票或股价指数期权的定价因素之一。OP－EVAL 3™的预设值为 5.000（5%）。读者不妨尝试改变利率的数值；期权理论价值受到利率变动的影响非常有限，这个现象符合第 3 章的讨论。

改变到期天数

第 3 章曾经提到时间对于期权价值的影响。表 3－8 显示期权时间价值

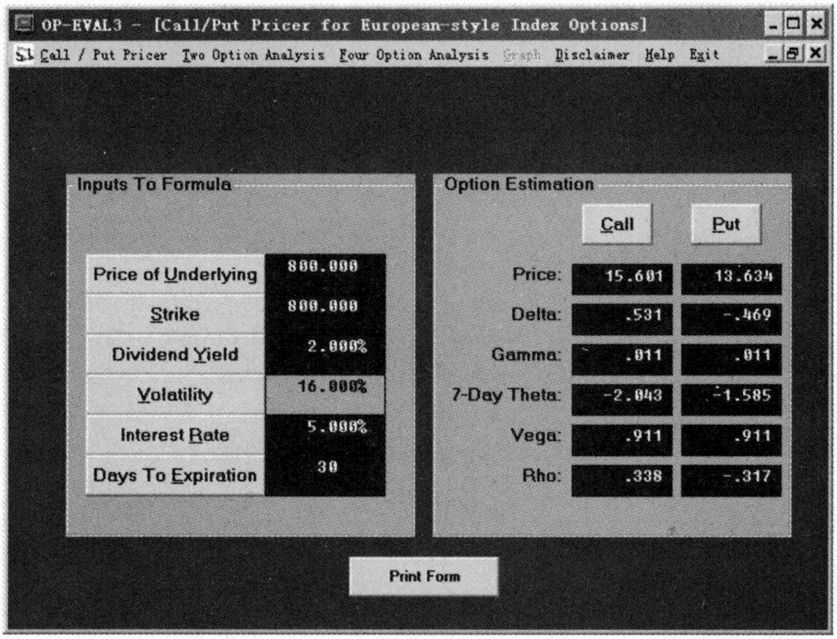

图 4-2 看涨/看跌期权定价页面：价格波动率改为 16%

如何随着到期日接近而耗损。

OP-EVAL 3™的到期天数预设值为 30。到期天数是指日历天数，而不是交易天数；在交易时段之内，到期天数必须包括当天，市场收盘之后，到期天数不包含当天。另外，请注意，虽然到期日是最后交易日的次日，但此处把最后交易日视为到期天数的最后一天。对于美式指数期权来说（例如：OEX），最后交易日是到期月份第三个星期五。对于欧式指数期权来说（例如：SPX、DJX 与 XMI），最后交易日提早一天，到期月份第三个星期五之前的星期四。

虽然期权清算公司（OCC）会自动执行所有到期价内的期权，但交易者还是必须了解经纪公司对于美式期权设定的提前执行程序与截止时间。即使你认为自己绝对不会提前执行期权，但还是应该花点时间了解相关的程序。不需要知道而知道，并不会造成伤害；但是应该知道而不知道，代价往往会很高。

改变看涨与看跌期权价格，计算隐含价格波动率

根据输入变量的预设值，看涨期权价格的读数为 14.690（见图 4－1）。如果把看涨期权价格数据更改为 16，然后按下 ENTER 键，除了看涨期权 Price 改变为 16 之外，Volatility 也会出现变动，数据由原来的 15.000 变为 16.438（见图4－3）。这是看涨期权价格 16 所隐含的价格波动率，详细的讨论请参考第 6 章。

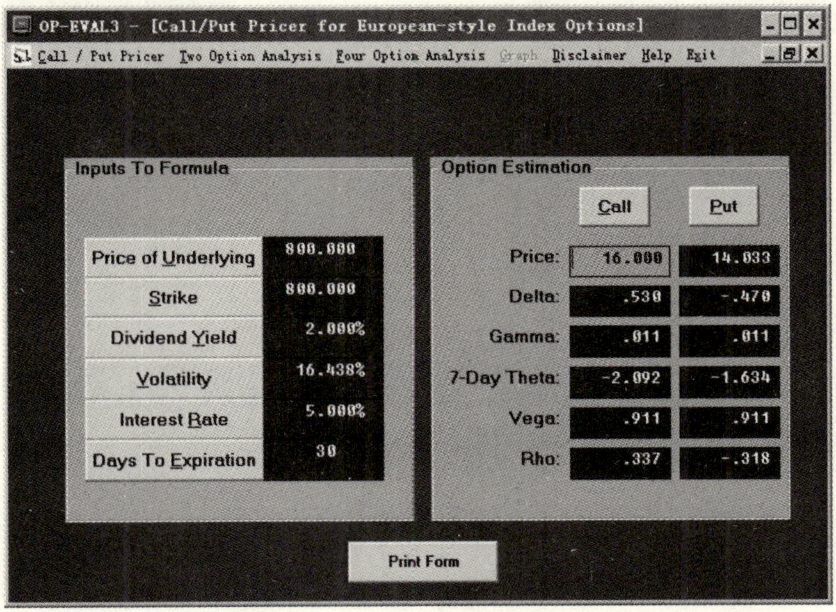

图 4－3　看涨期权价格 16 隐含的价格波动率

更改看涨期权价格的价格数据之后，OP－EVAL 3^{TM}不仅会重新计算价格波动率，也会根据新的价格波动率数据，计算新的看跌期权价格与其他输出结果。

同理，如果改变看跌期权价格，OP－EVAL 3^{TM}也会计算隐含价格波动率，以及对应的看涨期权价格与其他输出结果。

两个期权分析页面

两个期权分析页面（Two Option Analysis）用来分析由两个期权构成的头寸。在显示屏上端工具栏挑选 Two Option Analysis，即可显示图 4－4 的视窗。

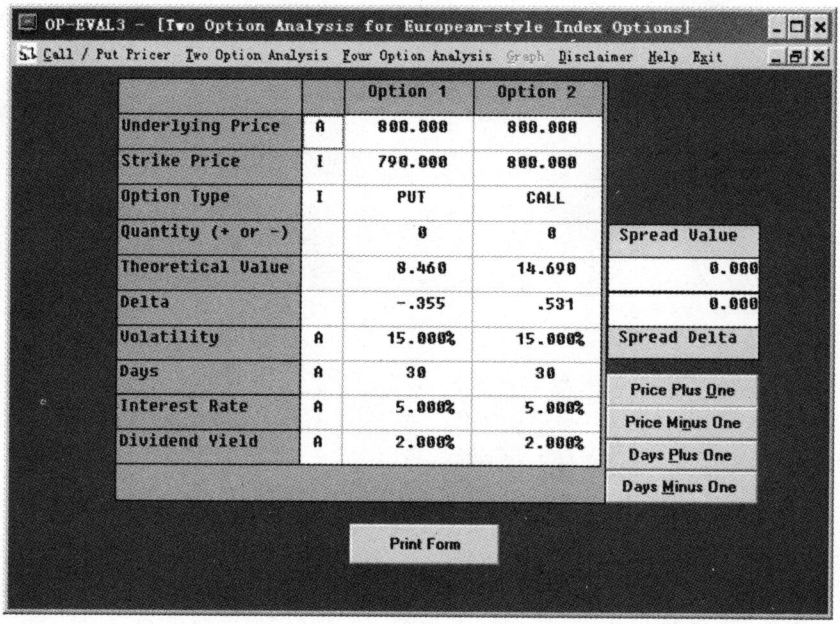

图 4－4　两个期权分析页面与预设值

这个页面的操作方法类似于看涨/看跌期权定价页面。利用鼠标或键盘方向键，可以在方格之间移动。改变输入变量的数据，按下 ENTER 键，OP－EVAL 3™就会重新计算，以下说明看涨/看跌期权定价页面中没有的功能。

A 与 I 的设定

利用 A 与 I 的功能，可以在相同或不同价格波动率之下，或在相同或不同到期天数之下，分析两个期权。另外，像这样也可以分析只有看涨期权或只有看跌期权构成的价差组合头寸，或是由看涨与看跌期权构成的头寸。

A 代表整行数据都设定为相同（Alike），只要改变某个方格的数据，包括该方格的整行方格都会改变为相同的数据。举例来说，图 4-4 显示 Two Option Analysis 页面的预设值，只要你改变 Option 1（第一个期权）的标的价格，则 Option 2 的标的价格也会作相同的变动。同理，如果你改变 Option 2 的价格波动率，Option 1 的价格波动率也会出现相同变动。

I 代表整行数据个别设定（Individually）。如果你更改某个方格的数据，并不会影响同行其他方格的数据。请参考图 4-4，如果改变 Option 1 的履约价格，Option 2 的履约价格不受影响。

使用者可以通过两种方法更改 A 与 I 的设定：利用鼠标右键或直接由键盘更改。

改变期权种类

所谓期权种类（option type）是指看涨或看跌期权而言。通过鼠标右键，可以把期权种类更改为看涨或看跌期权。你只要把光标移到所指定的看涨或看跌期权方格，按鼠标右键，就可以把看涨期权改变为看跌期权，或把看跌期权改变为看涨期权。如果该行设定为 A，前述更改会变动该行所有的方格；如果该行设定为 I，前述更改只会变动该方格。

分析一个虚构的价差组合

虽然两个期权分析页面可以用来分析比率价差组合或同时涉及看涨与看跌期权的头寸，但最常用的还是只涉及看涨或看跌期权的一比一垂直价差组合。举例来说，就是做多 1 口 750 看涨期权，再同时做空 1 口 760 看涨期权。两个看涨期权的标的指数与到期时间都相同。这个价差组合的盈亏结构请参考图 2-9，相关性分析则参考图 4-5。

标准的输入变量

分析这个虚构的 750—760 看涨期权价差组合，首先在两个期权分析页面输入标准的变量值：标的价格、履约价格、价格波动率、到期天数、利率与股息发放率（见图 4-5）。

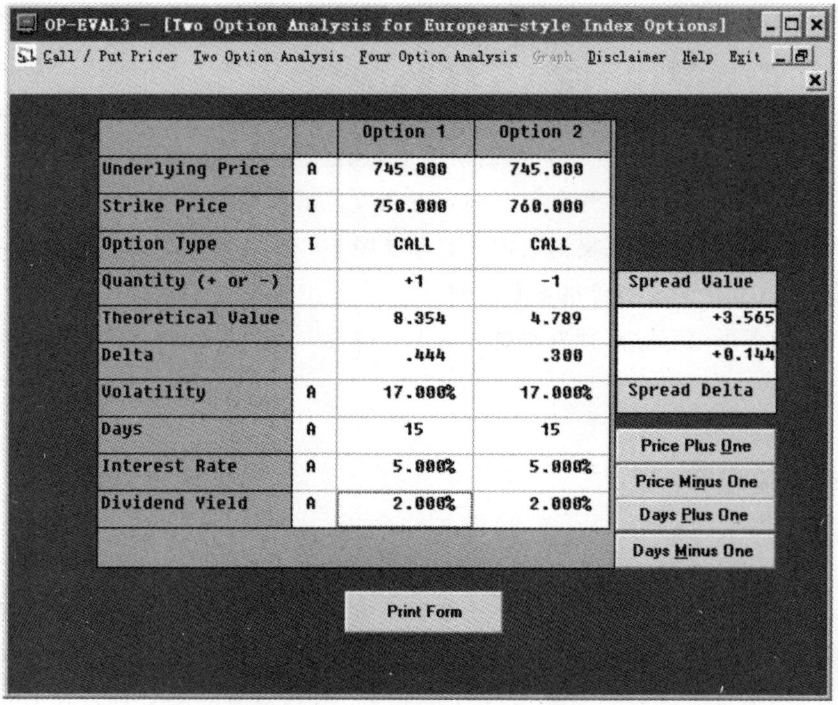

图 4－5　虚构的 750—760 看涨期权价差组合

数　量

其次，在数量（Quantity）输入头寸的期权数量。在图 4－5 中，＋1 代表 Option 1（750 看涨期权）的数量为做多 1 口，－1 代表 Option 2（760 看涨期权）的数量为做空 1 口。所以，整体头寸是在 8.345 做多 1 口 750 看涨期权，在 4.789 做空 1 口 760 看涨期权。

价差组合的价值

图 4－5 显示的 750—760 看涨期权价差组合头寸，我们很容易计算价差，只要用 750 看涨期权的价值 8.354 减去 760 看涨期权的价值 4.789，就可以得出净价差 3.565。可是，对于某些复杂的头寸，恐怕还是让电脑进行运算比较方便。Spread Value（价差组合的价值）方格显示在两个期权分析页面

的右侧。

正数的价差代表借差（debit）换言之，建立该头寸需要支付权利金净成本（不考虑交易佣金）。在目前这个例子中，做多 750 看涨期权的成本是 8.354，做空 760 看涨期权的权利金收益是 4.789。所以，净成本是 3.565，交易账户需要借记$ 356.50，价差组合的价值方格中显示正号。

负数的价差代表贷差（credit）；换言之，建立该头寸可以取得权利金净收益。某些交易者称此为“做空价差组合”。举例来说，做空 750 看涨期权/做多 760 看涨期权，前者的权利金收益是 8.354，后者的权利金成本是 4.789。在这个情况下，数量的 Option 1 为 - 1，Option 2 为 + 1，分别代表“做空”与“做多”。这个头寸的价差组合的价值为 - 3.565，代表贷记的净收入。

价差 Delta 值

价差 Delta 值（Spread Delta）方格显示“头寸 delta 值”。头寸 delta 值是 Option 1 与 Option 2 delta 值的和。个别期权的 delta 值衡量标的资产价格变动 1 点所造成的期权价值变动量（假定其他定价因素维持不变）。价差 delta 值衡量标的资产价格变动 1 点所造成的价差组合的价值变动量（假定其他定价因素维持不变）。图 4 - 5 显示的 Spread Delta 为 + 0.144：即标的指数上涨 1 点，价差组合的价值增加 0.144 点；标的指数下跌 1 点，价差组合的价值减少 0.144 点。

其他按钮

两个期权分析页面的右下侧，有四个指令按钮：Price Plus One（价格增加 1 点）、Price Minus One（价格减少 1 点）、Days Plus One（时间增加 1 天）与 Days Minus One（时间减少 1 天）。显然地，按下“Price Plus One”，标的价格行的所有价格都会增加 1 点，然后重新计算期权价值、期权 delta 值、价差组合的价值与价差 Delta 值。这四个按键的功能也相同，或是标的价格增加/减少 1 点，或是到期天数增加/减少 1 天，然后重新运算。

运用这四个按键，很容易估计标的价格或/与到期时间变动所造成的头寸价值变动。举例来说，假定交易者希望知道标的指数在2天之内上涨5点对于750—760看涨期权价差组合的影响。在这种情况下，按下“Price Plus One”5次（标的指数由745变为750），再按下“Days Minus One”2次（到期时间由15天变为13天），结果会使价差读数增加到4.246。

改变理论价值，估计隐含价格波动率

在两个期权分析页面内，理论价值行（Theoretical Value）的方格相当于看涨/看跌期权定价页面内的看涨或看跌期权价格。正常情况下，理论价值方格显示计算结果，但也可以在这些方格内输入期权的市场价格，按下ENTER。结果，价格波动率方格将显示期权市场价格隐含的价格波动率。另外，请注意，价格波动率的设定为I。这意味着某一栏期权计算的隐含价格波动率不会影响另一栏的期权数值，即使价格波动率设定为A也是如此。

四个期权分析页面

图4-6显示四个期权分析页面。乍看之下，这个页面的复杂程度有些令人难以接受，但实际上只不过是两个期权分析页面的简单延伸。这个页面可以用来分析与绘图，包括：1到4个期权的头寸，或1个标的指数与0到3个期权的头寸。有关A、I、看涨与看跌期权的设定，或价差组合的价值，价差Delta值，价格/时间的加1或减1按钮，操作方法完全都与两个期权分析页面相同。

绘制盈亏结构图

我们稍早曾经提到，盈亏结构图有助于了解与分析期权策略。请注意，只有四个期权分析页面具备绘图的功能，使用者很容易绘制本书中所显示的一些结构图。

由四个期权，或由一个标的资产与三个期权构成的头寸，都可以利用OP-EVAL 3™绘制盈亏结构图。绘图涉及三个步骤，让我们举例说明绘图的步骤：做多780—790—800看涨期权蝶式价差组合，指数为790，价格波

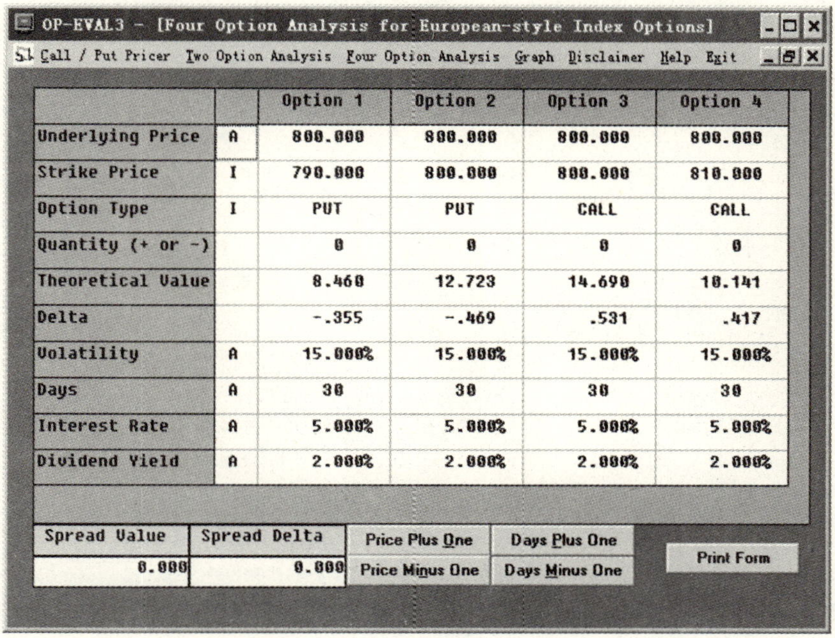
OP-EVAL3 - [Four Option Analysis for European-style Index Options]

Call / Put Pricer Two Option Analysis Four Option Analysis Graph Disclaimer Help Exit

		Option 1	Option 2	Option 3	Option 4
Underlying Price	A	800.000	800.000	800.000	800.000
Strike Price	I	790.000	800.000	800.000	810.000
Option Type	I	PUT	PUT	CALL	CALL
Quantity (+ or -)		0	0	0	0
Theoretical Value		8.460	12.723	14.690	10.141
Delta		-.355	-.469	.531	.417
Volatility	A	15.000%	15.000%	15.000%	15.000%
Days	A	30	30	30	30
Interest Rate	A	5.000%	5.000%	5.000%	5.000%
Dividend Yield	A	2.000%	2.000%	2.000%	2.000%

Spread Value	Spread Delta
0.000	0.000

Price Plus One Days Plus One Price Minus One Days Minus One Print Form

图 4－6　四个期权分析页面

动率为17%，到期时间为 10 天，利率为 5%，股息发放率为 2%。分析过程中，不考虑佣金、其他交易成本、保证金与做空美式期权提前执行的风险。

第一步：计算期权价值。首先在四个期权分析页面填入标准的输入值。就目前的例子来说，在 Option 1 的标的价格方格输入 790，按下 ENTER 键，整行方格都改变为 790，这是因为 A 的设定。其次，在 Option 1、Option 2 与 Option 3 的履约价格方格中分别填入 780、790 与 800。在期权种类行（Option Type），把 I 更改为 A，然后把 Option 1 的形态从看跌期权改为看涨期权，期权种类行的所有方格都改变为看涨期权。最后，把 Option 1 的价格波动率（Volatility）改为 17，把到期天数（Days）改为 10，利率（Interest Rate）改为 5，股息发放率（Dividend Yields）改为 2。完成前述的输入动作之后，按下 ENTER 键，其他栏位的输入值也会变动（因为 A 设定的缘故）。这个时候，四个期权分析页面的视窗变化为图 4－7。目前头寸（780—790—800 看涨期权蝶式价差组合做多头寸）的三个内含期权都会显示理论价值的读数，你不需要理会 Option4 栏位的数据，因为这不是目前头寸的构成期权。接下来，考虑第二步。

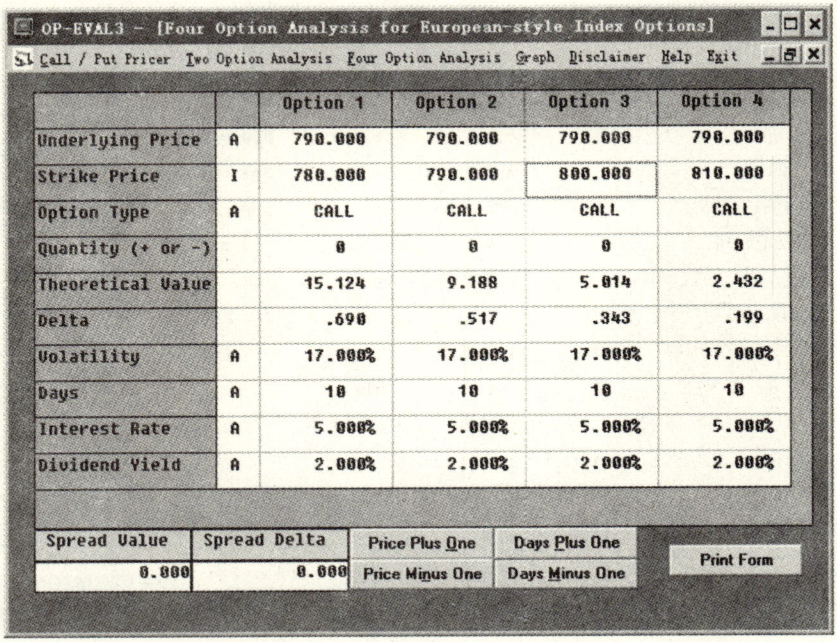

		Option 1	Option 2	Option 3	Option 4
Underlying Price	A	790.000	790.000	790.000	790.000
Strike Price	I	780.000	790.000	800.000	810.000
Option Type	A	CALL	CALL	CALL	CALL
Quantity (+ or -)		0	0	0	0
Theoretical Value		15.124	9.188	5.014	2.432
Delta		.690	.517	.343	.199
Volatility	A	17.000%	17.000%	17.000%	17.000%
Days	A	10	10	10	10
Interest Rate	A	5.000%	5.000%	5.000%	5.000%
Dividend Yield	A	2.000%	2.000%	2.000%	2.000%

图 4-7　780—790—800 看涨期权蝶式价差组合做多头寸：输入变量

第二步： 输入数量，建立头寸。绘制头寸的图形，数量（Quantity）必须填入非零的数据。数据之前的“+/-”符号分析代表“做多/卖出”。所以，第二步是在数量行中填入适当的数据。

做多 780—790—800 看涨期权蝶式价差组合，相当于同时做多 1 口 780 看涨期权/做空 2 口 790 看涨期权/做多 1 口 800 看涨期权。所以，分别在 Option 1 与 Option 3 的数量格内填入 +1，在 Option 2 的数量格内填入 -2。四个期权分析页面的视窗演变为图 4-8。

第三步： 绘制图形。核对图 4-8 内的资料，确定数据完全正确。如果所有的资料都正确无误，就可以绘制图形。你只需要用鼠标点一下视窗上方工具栏的“制图”（Graph），就会显示图 4-9 的图形。

图形页面

图形页面显示三条曲线。这三条曲线是分别根据三个不同时间绘制的头寸盈亏结构：到期日，到期时间变化一半与目前。第一条是期权到期的折

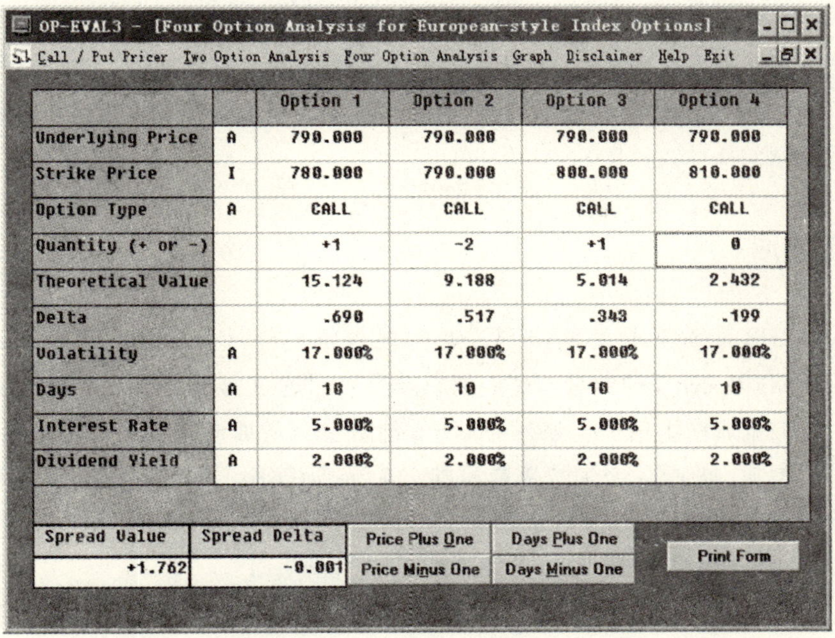

		Option 1	Option 2	Option 3	Option 4
Underlying Price	A	790.000	790.000	790.000	790.000
Strike Price	I	780.000	790.000	800.000	810.000
Option Type	A	CALL	CALL	CALL	CALL
Quantity (+ or -)		+1	-2	+1	0
Theoretical Value		15.124	9.188	5.014	2.432
Delta		.690	.517	.343	.199
Volatility	A	17.000%	17.000%	17.000%	17.000%
Days	A	10	10	10	10
Interest Rate	A	5.000%	5.000%	5.000%	5.000%
Dividend Yield	A	2.000%	2.000%	2.000%	2.000%

Spread Value	Spread Delta
+1.762	-0.001

图 4－8　填入数量之后的四个期权分析页面

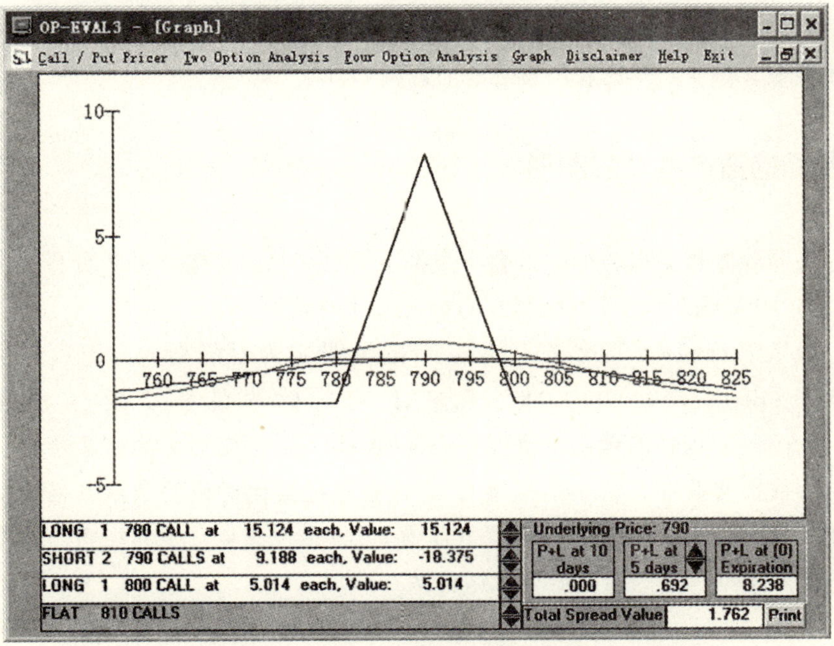

图 4－9　盈亏结构图：780—790—800 看涨期权蝶式价差组合头寸

线。第二条（中间位置，红色）是到期天数经过一半的头寸盈亏结构图；换言之，这条曲线反映的时间，是四个期权分析页面到期天数行（Days）所填数据经过一半的时候。第三条（蓝色）是根据四个期权分析页面到期天数行读数绘制的头寸盈亏图。

更改图形

在图形页面下侧的左半部，有四列数据，包括：Option 1、Option 2、Option 3 与 Option 4 的数量。这些期权数量可以通过向上与向下的箭头钮调整。按向上或向下箭头，该列 Option 1 的数量就增加或减少 1 口（请注意，所谓“增加/减少”，必须考虑数量的“+/-”符号，负号数量将因为增加而绝对数量减少，例如：-2 增加 1 口，将变为 -1；经过调整之后，整个 Option 1 头寸也会变化，OP-EVAL 3™自动重新绘图。

在图 4-9 中，如果按一下 790 看涨期权右侧的向上箭头钮，原来做空 2 口 790 看涨期权将变成做空 1 口 790 看涨期权。就整体头寸来说，原来是做多 1 口 780 看涨期权/做空 2 口 790 看涨期权/做多 1 口 800 看涨期权，调整之后的头寸是做多 1 口 780 看涨期权/做空 1 口 790 看涨期权/做多 1 口 800 看涨期权。图 4-10 代表调整之后的新图形。

绘制标的资产头寸的图形

大部分股指期权的标的指数本身都不提供交易。可是，基于分析上的目的，OP-EVAL 3™也可以绘制标的指数头寸的图形。

如果把 Option 1 的形态（Option Type）设定为看涨期权，把履约价格（Strike Price）设定为 0.000，该栏上端的标题将改变为标的指数（Underlying），该栏的理论价值（Theoretical Value）也变为标的指数价格。在标的指数栏的数量（Quantity）填入 +1，而且把其他栏位的数量方格设定为 0，然后点一下工具栏的“Graph”（制图），将出现图 4-11 的视窗。这个图形是做多 1 单位标的指数的盈亏结构图。

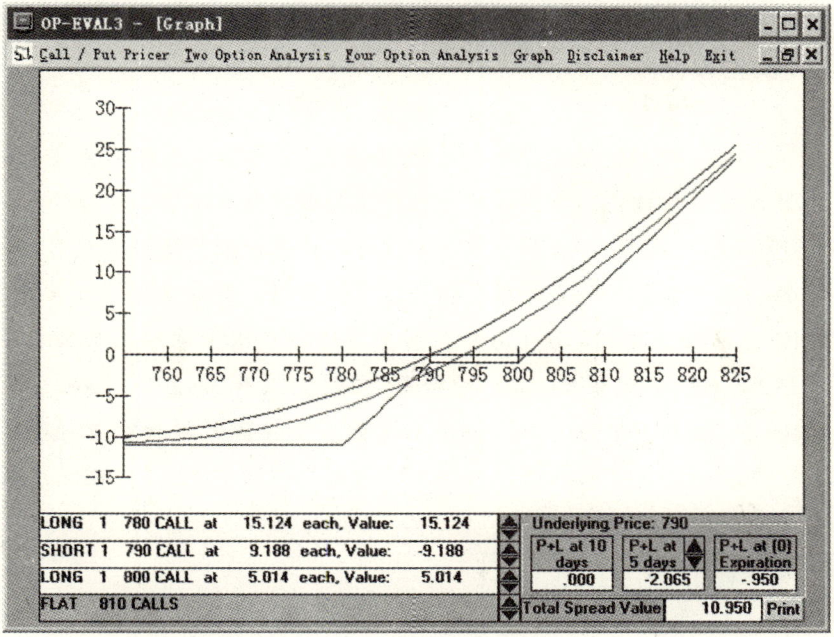

图 4-10　改变图形：按一下 790 看涨期权右侧的向上箭头钮

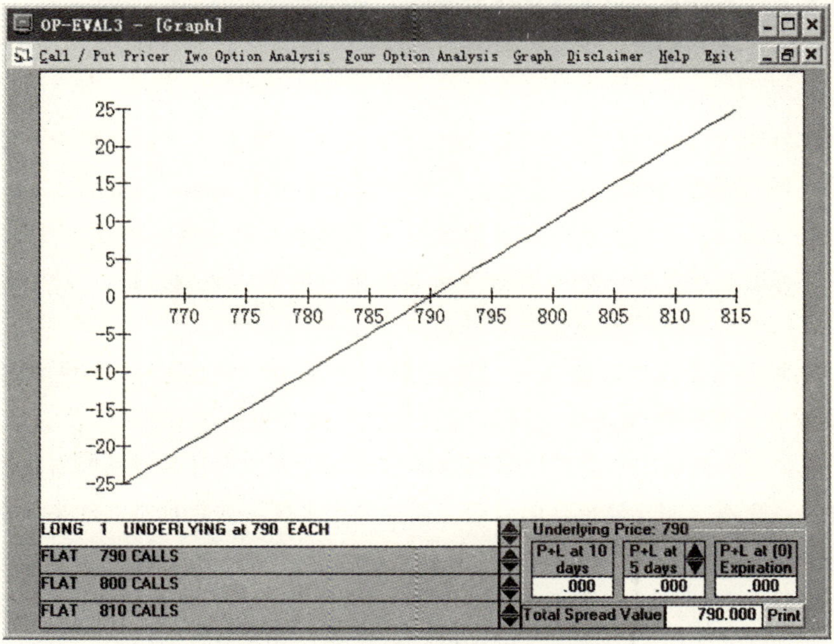

图 4-11　做多标的指数的盈亏结构图

乘数必须相互吻合

OP－EVAL 3™假定所有期权的乘数都是1，使得期权头寸能够在“每单位”的基础上进行评估与绘图。就个别股票与股票期权来说，这相当于采用“每股”为单位。所以，“数量”的设定，务必注意标的指数与期权之间的单位——换言之，乘数——必须相互吻合。举例来说，假定某个头寸涉及SPX与SPDRS的期权，SPX是在CBOE交易的S&P 500指数期权，乘数为100，SPDRS是在AMEX交易的S&P指数存托凭证（Standard & Poor's Index Depository Receipts），乘数为10。这个头寸就不能直接采用OP－EVAL 3™分析绘图。对于真正1:1的关系，每口SPX指数期权需要10口SPDRS。

本章小结

类似如OP－EVAL 3™的电脑软件，主要是提供计算与绘图的功能，协助交易者进行分析，但不能取代实际的决策过程。

电脑软件安装完毕之后，不要急于进行操作，务必谨慎而彻底地阅读相关的说明。

在看涨/看跌期权定价页面，输入相同的定价因素，可以计算个别看涨与看跌期权的理论价值，以及它们的风险衡量值：deltas、gammas、thetas、vegas与rhos。关于这些风险衡量值的意义，请参考第5章。由预设值开始，使用者可以利用鼠标或电脑键盘调整六个定价因素的数值。按下ENTER键之后，OP－EVAL 3™会重新进行计算。

如果使用者改变看涨期权、看跌期权或理论价值的数据，OP－EVAL 3™会重新计算价格波动率，这就是所谓的“隐含价格波动率”。在看涨/看跌期权定价页面，定价软件会根据新的价格波动率数据计算看涨与看跌期权的价格。在两个期权分析页面与四个期权分析页面，如果价格波动率设定为I（不是A），则只有相关期权的价值会重新计算，不影响其他的期权。

绘图功能只能够在四个期权分析页面进行操作。图形的曲线总共有三条，分别代表不同时间的盈亏结构图：折线部分是到期日的图形，中间（红线）代表“到期天数”所设定的天数经过一半时的图形，这部分图形可以通过图形页面下半部右侧的箭头钮调整“时间”，第三条（蓝线）代表距离到期日为“到期天数”的那一天（也就是现在）的图形。

把 Option 1 的期权种类设定为看涨期权，履约价格设定为 0.000，就可以绘制标的指数头寸的图形。虽然大部分期权的标的指数都不提供交易，但这部分绘图功能还是有助于分析。OP - EVAL 3™假定所有乘数为 1。

读者实际运用 OP - EVAL 3™之前，最好多加练习；如果不熟悉这套软件的结构，可能输入错误的资料。可是，一旦熟悉 OP - EVAL 3™的环境与逻辑之后，将发现它是指数期权不可或缺的分析工具。

第5章 风险衡量：希腊字母

简 介

本章的宗旨是解释一些特殊的分析工具，使得交易者能够分析、了解与预测期权价格如何受到某种定价因素的影响。假定其他定价因素维持不变，我们虽然知道标的指数上涨会造成看涨期权的价值上升，看跌期权的价值下降，但通过某种更精确的估计量来衡量标的指数与期权价值之间的变动关系，能够提供更大的帮助。根据这些估计量，我们可以针对某种行情预测，选择适当的交易策略。

本章准备介绍期权的五种“估计量”或风险衡量参数：delta、gamma、theta、vega与rho，通常称为“希腊字母”。每个估计量都代表某种定价因素发生变动所造成的期权理论价值的变动量（假定其他定价因素维持不变）。如果你对于标的指数的行情有特定的看法，这些风险衡量可以协助你估计某特定策略的潜在盈亏。

在内容安排方面，本章将首先定义每种风险衡量的意义，解释定价因素与期权价值之间存在的正向或反向的变动关系。其次，我们讨论标的指数/到期时间的变动如何影响每种风险衡量。最后，我们解释头寸的风险衡量。请注意，头寸的风险衡量不同于个股期权的风险衡量。

本章内容偏重技术层面，缺乏交易经验的读者或许应该跳过本章，或结束第Ⅲ篇“交易策略”之后再回头阅读本章。在你先阅读第Ⅲ篇时，会疑惑期权价格为什么会存在某些特殊行为，而读过第Ⅲ篇的一些例子之后，你就能够体会到本章内容在期权决策程序中所扮演的重要角色了。

DELTA

第 3 章曾经提到，期权的理论价值是六种定价因素的函数，标的资产价格是其中之一。由数学角度来说，delta 定义为期权价值对于标的资产价格的一阶偏导数。某些读者对于这个定义或许觉得很明确，另一些读者可能觉得难以理解。Delta 的数学定义并不重要，重点是了解其中的涵义。Delta 衡量在其他定价因素维持不变的条件下，标的资产每单位价格变动所造成的期权价值变动量。换言之，delta 是衡量标的指数上涨或下跌 1 点所造成的期权价值上涨或下跌的量。

如同稍后的说明，标的资产价格每变动 1 单位，价平期权的价值变动量相对较大，价内期权的变动量相对较小，价外期权的变动量更小。

举例来说，假定标的指数为 800，履约价格为 800，股息发放率为 2%，价格波动率为 15%，利率为 5%，到期时间为 30。OP－EVAL 3™看涨/看跌期权定价页面显示，800 看涨期权的价值为 14.690，delta 值为＋0.531，看跌期权的价值为 12.723，delta 值为－0.469（见表 5－1）。

> **DELAT**
>
> 标的资产变动所造成的期权价格变动估计量。

如果标的指数由 800 上升为 801（其他定价因素维持不变），800 看涨期权的 delta 值估计期权价格上涨 0.531 而成为 15.221；800 看跌期权的 delta 值估计期权价格下跌 0.469 而成为 12.254。这两个 delta 值估计的期权价值变动量虽然非常接近，但不完全精确（见表 5－1）。如果其他定价因素维持不变，标的指数由 800 上升为 801，800 看涨期权的价值上涨 0.537 而成为 15.227，800 看跌期权的价值下跌 0.462 而成为 12.261。稍后，当我们讨论期权 gamma 值的时候，将解释为什么 delta 值估计的期权价值变动量与实际变动量之间有差异。可是，首先让我们观察 delta 的一些性质。

看涨期权的 delta 值为正数

在表 5－1 中，800 看涨期权的 delta 值为正数，意味着标的指数与看涨期权理论价值之间存在正向的变动关系；换言之，如果标的指数上涨，800看涨期权的价值也上升，如果标的指数下跌，800看涨期权的价值也下降。请注意，个股期权delta值的+/-符号，可能不同于头寸期权的delta符号，稍后我们会对其进行讨论。

表5-1　期权delta值

	起　始	指数变动之后的期权价值
定价指数		
指数水平	800 →	801
履约价格	800	
股息发放率	2.0%	
价格波动率	15.0%	
利　率	5.0%	
到期天数	30	
理论价值		
800看涨期权价值	14.690 →	15.227
800看涨期权delta值	+0.531	
800看跌期权价值	12.723 →	12.261
800看跌期权delta价值	-0.469	

看跌期权的delta值为负数

在表5-1中，800看跌期权的delta值为负数，意味着标的指数与看跌期权理论价值之间存在反向的变动关系；换言之，如果标的指数上涨，800看跌期权的价值下降；如果标的指数下跌，800看跌期权的价值上升。

利用OP-EVAL 3™计算delta值

OP-EVAL 3™中delta值显示在三个页面，格式有两种。“看涨/看跌期权页面”在期权理论价值之下显示个股期权的delta值。在“两个期权分析”与“四个期权分析”的页面，delta值出现在两个地方。个股期权的delta值显示在 Delta 行。价差组合的头寸 delta 值则显示在 Spread Delta 的方格内。头寸 delta 值是整个构成头寸的期权的 delta 值之和。关于价差组合的头寸 delta 值，请参考第 10 章“垂直价差组合”。

GAMMA

> **GAMMA**
>
> 标的资产变动所造成的期权 delta 值变动估计量。

请回头见表 5－1，当指数由 800 上涨到 801，800 看涨期权的价值变动量并不完全等于 delta 值。为什么？估计变动量之所以不同于实际变动量，关键在于 delta 值也会随着标的指数的变动而变动。Gamma 衡量在其他定价因素维持不变的情况下，标的资产每单位价格变动所造成的期权 delta 值变动量。由数学角度来说，gamma 定义为期权价值对于标的资产价值的二阶偏导数。Gamma 考虑的问题是：当标的指数发生变动，我的头寸风险（换言之，delta 值）将产生什么变化？估计标的指数变动对于期权价值的影响时，同时考虑 delta 值与 gamma 值，可以提高估计的精确性。

表 5－2 显示标的指数上涨 1 点对于期权 delta 值的影响，标的指数由 800 上涨为 801，800 看涨期权的 delta 值由 +0.531 上升为 +0.543，增加数量为 0.012，刚好是期权的 gamma 值。

表 5－2　　期权 gamma 值——例 1

	起　始		指数变动的影响
定价指数			
指数水平	800	→	801
履约价格	800		
股息发放率	2.0%		
价格波动率	15.0%		
利　率	5.0%		
到期天数	30		
理论价值			
800 看涨期权价值	14.690	→	15.227
800 看涨期权 delta 值	+0.531		+0.543
800 看涨期权 gamma 值	+0.012		+0.011
800 看跌期权价值	12.723	→	12.261
800 看跌期权 delta 值	−0.469		−0.457
800 看跌期权 gamma 值	+0.012		+0.011

同理,800 看跌期权的 delta 值由 -0.469 上升为 -0.457,增加 0.012。注意,当标的指数上涨,看涨与看跌期权的 delta 值都会增加。如果读者熟悉数学演算,这个结论或许非常明显,否则必须留意 +/- 符号与数值的增/减。

在表 5-2 中，虽然看涨与看跌期权的 delta 值变动量都刚好等于 gamma 值，但某些情况并非如此，主要是由于四舍五入与 gamma 值的变动。我们发现，当标的指数上涨 1 点，800 看涨期权与 800 看跌期权的 gamma 值都由 0.012 下降为 0.011。在期权交易的世界里，没有什么是恒定不变的。

个股期权的 gamma 值都是正数，不论看涨或看跌期权都是如此。表 5-2 显示标的指数上涨的情况，表 5-3 则显示标的指数下跌对于期权 delta 值的影响：不论看涨或看跌期权，delta 值都下降。当标的指数由 800 下跌为 799，800 看涨期权的 delta 值由 +0.531 下降为 +0.520，800 看跌期权的 delta 值由 -0.469 下降为 -0.480。所以，期权标的指数与 delta 值之间存在正向的变动关系。标的指数上涨，delta 值上升；标的指数下跌，delta 值下降。

表 5-3　　期权 gamma 值——例 2

	起　　始		指数变动的影响
定价指数			
指数水平	800	→	799
履约价格	800		
股息发放率	2.0%		
价格波动率	15.0%		
利　率	5.0%		
到期天数	30		
理论价值			
800 看涨期权价值	14.690	→	14.166
800 看涨期权 delta 值	+0.531		+0.520
800 看涨期权 gamma 值	+0.012		+0.012
800 看跌期权价值	12.723	→	13.197
800 看跌期权 delta 值	-0.469		-0.480
800 看跌期权 gamma 值	+0.012		+0.012

对于标的资产相同的看涨与看跌期权，如果履约价格与到期时间也相同

（换言之，所有六个定价因素的数值都相同），则看涨与看跌期权的 gamma 值也相同。这个结论必然成立，主要是引用买权—卖权平价关系（Call - Put parity relationship）。只要标的指数、履约价格与到期时间相同，看涨与看跌期权的 delta 绝对值之和等于 + 1.00。换言之，如果看涨期权的 delta 绝对值增加某数量，看跌期权的 delta 绝对值就必须减少相同的数量，否则看涨与看跌期权的 delta 绝对值之和就不等于 + 1.00。由于看涨与看跌期权的 delta 值变动量相同，它们的 gamma 值也必须相等（因为 gamma 代表 delta 的变动量）。本书不准备深入讨论买权—看跌期权平价关系，如果读者有兴趣的话，请参考《期权：价格波动率与定价理论》（环宇出版社，Sheldon Natenberg，*Option Volatility and Pricing*，revised edition，McGraw - Hill，1995）。

VEGA

> **VEGA**
>
> 标的资产的价格波动率的变动所造成的期权价格变动估计量。

下一章会详细讨论价格波动率的概念，但此处先介绍 vega 值。vega 衡量价格波动率变动 1 个百分点所造成的期权价值变动量。由数学角度来说，vega 定义为期权价值对于标的资产价格波动率的一阶偏导数。vega 考虑的问题是：如果我持有某个期权，当标的指数价格波动率发生 1% 的变动，期权价值将增加或减少多少？

请参考表 5 - 4，当价格波动率由 15% 增加为 16%，800 看涨期权的价值由 14.690 上涨为 15.601，800 看跌期权的价值由 12.723 上涨为 13.634。800 看涨期权的 vega 值与理论价值之间细微的差别是由四舍五入造成的。

表 5 - 4　　期权 vega 值

	起　始		价格波动率变动的影响
定价指数			
指数水平	800		
履约价格	800		
股息发放率	2.0%		
价格波动率	15.0%	→	16%

续表

	起　始		价格波动率变动的影响
利　率	5.0%		
到期天数	30		
理论价值			
800 看涨期权价值	14.690	→	15.601
800 看涨期权 vega 值	+0.911		
800 看跌期权价值	12.723	→	13.634
800 看跌期权 vega 值	+0.911		

期权的 vega 值为正数

不论看涨或看跌期权，如果价格波动率上升，期权价值就上涨；价格波动率下降，期权价值就下跌。换言之，价格波动率与期权价值之间存在正向的变动关系。

凡是标的指数、履约价格与到期时间相同的看涨与看跌期权，它们的 vega 值相同，这也是根据买权—卖权平价关系。换言之，如果六个定价因素的数值都相同，价格波动率发生 1 个百分点的变动，看涨与看跌期权的理论价值变动量也相等。

如果读者熟悉希腊字母的话，就知道 vega 并不是希腊字母。我们不知道这个名称的由来，但目前已经被期权业内普遍接受。总之，期权交易者需要一个 V 开头的字，代表期权价值对于价格波动率的敏感性。可是，vega 这个字究竟是由谁发明，什么时候开始被引用，似乎没有人知道。某些数学家或作者，则采用 kappa 或 lambda 来代替 vega。读者或许会觉得奇怪，对于如此重要的概念，期权业内竟然没有统一的术语。可是，这也可以显示期权交易者必须保持高度的灵活性。

THETA

theta 衡量时间变动一单位所造成的期权价值变动量。从数学角度来说，

theta定义为期权价值对于合约到期时间的一阶偏导数。theta考虑的问题是：如果我持有某个期权，当时间变动一单位，期权价值将增加或减少多少？

THETA

到期时间变动所造成的期权价格变动估计量。

在表 5-5 中，当期权到期时间由 30 天减少为 23 天，theta 值显示期权价值的变动。800 看涨期权价值由 14.690 下降为 12.760，变动量为 -1.930，刚好等于 theta 值。800 看跌期权价值由 12.723 下降为 11.251，变动量几乎等于 theta 值 -1.473，0.001 的差异是因为四舍五入。

表 5-5　　期权 theta 值（7 天）

	起　始		时间变动的影响
定价指数			
指数水平	800		
履约价格	800		
股息发放率	2.0%		
价格波动率	15.0%		
利　率	5.0%		
到期天数	30	→	23
理论价值			
800 看涨期权价值	14.690	→	12.760
800 看涨期权 theta 值	-1.930		
800 看跌期权价值	12.723	→	11.251
800 看跌期权 theta 值	-1.473		

theta 值的定义涉及一个重要问题：何谓“一单位时间”？由数学角度来说，theta 的期权价值对于时间的偏导函数，所以“一单位时间”是指“瞬间”而言。可是，对于交易者来说，数学概念显然无助于衡量期权头寸的时间耗损。许多场内交易员采用的时间单位为一天，一般交易大众则采用 2~3 天或 2~3 周为单位，取决于个人的投资时间结构长短。所以，“单位时间”并没有统一的定义。

如果期权到期时间超过 10 天，OP-EVAL 3™计算 7 天的 theta 值，如果到期时间不超过 10 天，则计算 1 天的 theta 值。我们之所以挑选 7 天（1 天）为时间单位，主要因为它们代表非专业个人交易者的典型的时间结构长度。当然，不同定价软件对于“时间单位”的定义都不尽相同，使用者必须先了解这方面的定义。

表 5－5 显示一个重要的现象，800 看涨期权与 800 看跌期权的 theta 值并不相同。一般来说，对于标的指数、履约价格与到期时间相同的看涨与看跌期权，theta 值通常不相同，因为它们的时间价值不同。不同的时间价值在相同的期间内耗损，意味着耗损的速度不同——换言之，theta 值不同。我们虽然可以通过买权—卖权平价关系，清楚解释看涨与看跌期权之间为什么具有不同的时间价值，但基本的关键在于看涨期权的时间价值包含资金成本的部分，这是看跌期权所不具有的价值。

期权的 theta 值为负数，这一点经常造成初学者的困扰。期权价值与到期时间之间存在正向的变动关系；假定其他定价因素维持不变，到期天数愈长，期权价值愈高，到期天数愈短，期权价值愈低。所以，theta 值似乎应该是正数。可是，实际上为什么是负数呢？

习惯上，theta 值经常被设定为负数，因为持有期权的时间愈长，期权价值愈低。所以，我们是由期权持有者的立场考虑时间变化对于权利金的影响：期权愈接近到期日，价值愈低。

请注意，前述的结论——theta 值为负数——存在例外情况。虽然我们不准备深入讨论这个问题，但读者还是需要知道这种例外情况。对于价内程度极深的欧式期权，由于不能提前执行，权利金可能低于内在价值（换言之，期权的时间价值为负数）。由于到期期权的时间价值为零，所以前述期权的时间价值将随着时间变化而由负数增加为零，这意味着 theta 值为正数。

RHO

rho 衡量利率变动 1 个百分点所造成的期权价值变动量（假定其他定价因素维持不变）。rho 值考虑的问题是：如果我持有某个期权，当利率变动 1 个百分点，期权价值将增加或减少多少？在表 5－6中，当利率由5%

> **RHO**
>
> 利率变动所造成的期权价格变动估计量。

上升为 6%，800 看涨期权的价值由 14.690 上升为 15.029，价值变动量等于 rho 值 +0.339；800 看跌期权的价值由 12.723 下降为 12.408，价值变动量等于 rho 值 -0.315。

表 5-6　　期权 rho 值

	起　　始		利率变动的影响
定价指数			
指数水平	800		
履约价格	800		
股息发放率	2.0%		
价格波动率	15.0%		
利　率	5.0%	→	6%
到期天数	30		
理论价值			
800 看涨期权价值	14.690	→	15.029
800 看涨期权 rho 值	+0.339		
800 看跌期权价值	12.723	→	12.408
800 看跌期权 rho 值	-0.315		

为什么看涨期权的 rho 值为正数，看跌期权的 rho 值为负数，这也可以由买权—卖权平价关系推演，但我们不准备深入讨论这方面的理论问题。由于利率变动对于短期期权的影响非常有限，所以 rho 值对于短期交易者的重要性要低于其他风险衡量，本书基本上不考虑利率变动的影响。

风险衡量值的变动

由于风险衡量值本身就会因为市场情况的变动而变动，所以很难通过风险衡量值估计期权价值的变动。表 5-7 中显示标的指数与到期时间变动对于 800 看涨期权与 800 看跌期权理论价值与风险衡量值的影响。详细研究这份表格，就可以察觉 delta、gamma、vega 与 theta 值如何随着市场情况而变动。当交易者进行交易策略决策的时候，这方面的考虑显然非常重要。

表 5-7 价内/价平/价外期权的 delta、gamma、vega 与 theta 值

行	期权	(1) 35 天	(2) 28 天	(3) 21 天	(4) 14 天	(5) 7 天	(6) 0 天
				指数水平：820			
A	800 看涨期权	28.646	27.021	25.274	23.380	21.364	20.000
	delta	0.731	0.749	0.774	0.814	0.890	1.000
	Gamma	0.009	0.009	0.010	0.011	0.011	0.000
	Vega	0.845	0.732	0.601	0.440	0.224	0.000
	Theta（7 天）	-1.624	-1.747	-1.894	-2.016	-1.364	0.000
B	800 看跌期权	6.390	5.216	3.919	2.476	0.912	0.000
	Delta	-0.269	-0.251	-0.226	-0.186	-0.110	0.000
	Gamma	0.009	0.009	0.010	0.011	0.011	0.000
	Vega	0.845	0.732	0.601	0.440	0.224	0.000
	Theta（7 天）	-1.174	-1.299	-1.443	-1.564	-0.912	0.000
				指数水平：800			
C	800 看涨期权	15.949	14.161	12.161	9.830	6.858	0.000
	Delta	0.534	0.530	0.526	0.521	0.515	0.000
	Gamma	0.011	0.012	0.014	0.017	0.024	0.000
	Vega	0.983	0.880	0.763	0.624	0.442	0.000
	Theta（7 天）	-1.787	-2.000	-2.332	-2.972	-6.858	0.000
D	800 看跌期权	13.655	12.325	10.783	8.910	6.398	0.000
	Delta	-0.466	-0.470	-0.474	-0.479	-0.485	0.000
	Gamma	0.011	0.012	0.014	0.017	0.024	0.000
	Vega	0.983	0.880	0.763	0.624	0.442	0.000
	Theta（7 天）	-1.330	-1.542	-1.873	-2.513	-6.398	0.000
				指数水平：780			
E	800 看涨期权	7.424	5.945	4.365	2.676	0.937	0.000
	Delta	0.323	0.297	0.262	0.210	0.119	0.000
	Gamma	0.010	0.011	0.012	0.013	0.013	0.000
	Vega	0.872	0.754	0.617	0.449	0.224	0.000
	Theta（7 天）	-1.480	-1.579	-1.689	-1.739	-0.937	0.000
F	800 看跌期权	25.092	24.078	22.964	21.741	20.469	20.000
	Delta	-0.677	-0.703	-0.738	-0.790	-0.881	0.000
	Gamma	0.010	0.011	0.012	0.013	0.013	0.000
	Vega	0.872	0.754	0.617	0.449	0.224	0.000
	Theta（7 天）	-1.015	-1.114	-1.223	-1.272	-0.469	0.000

Delta 值的变动

假定其他定价因素维持不变，delta 值衡量期权价值对于标的指数变动的敏感性。关于 delta 值的变动，大体上有四个准则可供参考。由于看涨期权的 delta 值为正数，看跌期权的 delta 值为负数，所以我们准备用 delta 的绝对值来说明这四个准则。

第一个准则是有关价内、价平与价外期权的 delta 值。价内期权的 delta 绝对值大于 0.500，价平期权的 delta 绝对值大约等于 0.500，价外期权的 delta 约对值小于 0.500。

让我们利用表 5－7 来验证这项准则。A 与 B 两行的指数水平为 820，800看涨期权处于价内状态，800 看跌期权处于价外状态。

A 行显示 800 看涨期权的 delta 绝对值都大于 0.500，B 行显示 800 看跌期权的 delta 绝对值都小于 0.500。E 与 F 两行的情况刚好相反（指数水平为 780），800 看涨期权处于价外状态，delta 绝对值小于 0.500，800 看跌期权处于价内状态，delta 绝对值大于 0.500。

当标的指数为 800（第 C 与 D 行），800 看涨期权与 800 看跌期权都处于价平状态，delta 值分别为＋0.534 与－0.466，绝对值非常接近 0.500。

第二个准则是 delta 值如何随着到期时间而变动。价内期权的 delta 绝对值将随着到期日的接近而收敛为 1.00。价平期权的 delta 绝对值将随着到期日的接近而收敛为 0.500。价外期权的 delta 绝对值将随着到期日的接近而收敛为 0.00。

第三个准则关于 delta 值如何随着标的指数水平变动。不论看涨或看跌期权，delta 值（考虑＋/－符号）将随着标的指数上升而增加，随着标的指数下降而减少。请参考表 5－7 的第（1）列，当标的指数上升，800 看涨期权的 delta 值由＋0.323（第 E 行）增加为＋0.534（第 C 行），再增加为＋0.731（第 A 行），800 看跌期权的 delta 值由－0.677（第 F 行）增加为－0.466（第 D 行），再增加为－0.269（第 B 行）。请注意负数的大小关系，－0.269＞－0.466＞－0.677。读者可以利用表 5－7 任何一列的数据验证前述的结论。

第四个准则是关于看涨与看跌期权的 delta 绝对值加总和。对于合约条件完全对等的看涨与看跌期权，它们的 delta 绝对值加总和为 1.00。举例来说，当标的指数为 780，到期时间为 35 天，800 看涨期权的 delta 值为 0.323，800 看跌期权的 delta 值为 - 0.677，两个数据的绝对值加总和为 1.00。这个结论也可以通过买权—卖权平价关系解释，读者可以利用表 5 - 7 的数据验证上述关系。

Gamma 值的变动

由表 5 - 7 可以发现，价平期权的 gamma 值最大（换言之，价平期权的 delta 值对于标的指数变动的敏感性最大），gamma 值随着到期日接近而愈来愈大（换言之，期权合约期间愈短，delta 值对于标的指数变动的敏感性愈大）。这是非常重要的概念，因为这可以解释价内/价平/价外期权之间不同的价格行为。价外期权的 delta 绝对值很小，gamma 值也很小，对于标的指数变动的反应很迟钝。可是，当标的指数逼近履约价格，期权逐渐进入价平状态，权利金对于标的指数变动的敏感性愈来愈超出 delta 值显示的程度（换言之，权利金会加速上涨）。这种价格行为会让期权买方欣喜若狂，做空者则会陷入恐惧之中。

举例来说，当某交易者做多 800 看涨期权，权利金为 7.424，当时的 OEX 指数为 780，期权还有 35 天到期（表 5 - 7 的第 I 栏/第 E 行）。距离到期日还有 14 天的时候，如果 OEX 指数上升到 820（21 天之内指数上涨 40 点），800 看涨期权的价值为 23.380（第四栏/第 A 行），获利大约为 16 点。可是，经过 7 天之后，如果指数下跌到 800 点（7 天之内指数下跌 20 点），800 看涨期权的价值将是 6.858（第五栏/第 C 行）。比较这两段走势，后者的时间长度只是前者的 1/3，标的指数只不过跌掉先前涨幅的一半，结果却转盈为亏，主要是因为期权 delta 值由原来的 0.323 增加为 0.814。如果该交易者知道看涨期权的 delta 值将因为价内加深而加速上升，他可能会提早变现出场。

Vega 值的变动

表 5 - 7 的资料显示，价平期权的 vega 值最大（换言之，对于任何特定

的价格波动率变动量，价平期权受到的影响最大），vega 值随着到期日接近而下降（换言之，随着期权合约期间缩短，价格波动率变动对于权利金的影响愈来愈小）。对于表 5 – 7 任何一列，C 与 D 两行的 vega 值最大，因为 800 看涨期权与 800 看跌期权处于价平状态。

对于表 5 – 7 的任何一行，由左往右观察，期权的 vega 值愈来愈小，因为期权愈接近到期日，价格波动率变动对于期权价值的影响愈小。

Theta 值的变动

theta 值变动是很重要的概念，交易者经常误解或过度简化时间耗损对于期权价值的影响。首先提请读者注意：由于 theta 值定义为时间变化一单位所造成的期权价值变动量，通常为负数，务必留意所谓“增加/减少”或“最大/最小”的意义。

价平期权的 theta 值最小（绝对值最大）。请观察表 5 – 7 的任何一栏，第 C 行与第 D 行的 theta 绝对值最大，因为 800 看涨期权与 800 看跌期权处于价平状态。相对于价外或价内期权，价平期权的时间价值最大。所谓“时间耗损”是指权利金时间价值部分的耗损速度（换言之，权利金的内在价值部分不受时间变动影响）。如果期权的到期时间相同，由于价平期权的时间价值最大，每单位时间的时间价值耗损程度大于价内或价外期权。

随着到期日接近，价平期权的 theta 值下降（绝对值增加），到期之前最后一单位时间的 theta 值最小（绝对值最大）。请参考表 5 – 7 第 5 列的 C 与 D 两行（指数水平为 800，到期天数为 7 天），800 看涨期权与 800 看跌期权的 theta 值最小（绝对值最大），分别为 – 6.858 与 – 6.398。

价内与价外期权的 theta 值变化方式不同于价平期权。在合约期间的初期，它们的 theta 值会先下降（绝对值上升）一阵子；濒临到期之前，theta 值逐渐上升（绝对值下降）。请参考表 5 – 7 的第 A 行，800 看涨期权处于价内状态，theta 值由第 1 列的 – 1.624 下降为第 4 列的 – 2.016，然后上升为第 5 列的 – 1.364。当标的指数为 820，800 看跌期权处于价外状态，第 B 行数据显示 theta 也呈现类似的变化，由第 1 列下降到第 4 列，然后上升到第 5 列。总之，如果交易者希望对期权价值的时间耗损提出一般性结论，务必非常谨慎。

交易者如何运用 theta 数据呢？由于 theta 值是衡量期权价值的时间耗损，买方必须评估 delta 的正面效应是否能够抵消 theta 的负面效应（标的指数变动所造成的期权价值变动量，是否超过时间变化所造成的时间价值耗损）。期权做空者将因为时间耗损而受惠；所以做空者应该评估标的指数波动于哪个区间内，才足以造成期权空头头寸持平或获利。

头寸的风险衡量

所谓“头寸”，是指购买或做空期权所构成的整体头寸而言。举例来说，如果某交易者做多 10 口 OEX 800 看涨期权，他的头寸是“做多 10 口 OEX 800 看涨期权”；而如果他做多 15 口 TXX 230 看跌期权，做空 15 口 TXX 220 看跌期权，则其头寸是“做多 15 口 230 看跌期权/做空 15 口 220 看跌期权”。

对于任何期权头寸，交易者往往希望知道某种定价因素发生变动对于整体头寸的影响。头寸风险衡量值就是反映整体头寸价值对于某种定价因素发生变动的敏感性。

以下将说明头寸风险衡量的计算方法与意义，首先讨论正、负号的一些运用。

正/负符号的三种不同意义

正/负符号有三种不同的意义。如果出现在头寸的期权数量中，则代表“long”（做多）或“short”（做空）的意思。例如：“+3 口 NDX 1 月份 950 看跌期权每口价格 $12^{1/2}$”或“-15 口 XMI 11 月份 775 看涨期权每口价格 $9^{1/8}$”，正号代表“做多”，负号代表“做空”。所以，前述头寸为“做多 3 口 NDX 1 月份 950 看跌期权，单价为 $12^{1/2}$”，以及“做空 15 口 XMI 11 月份 775 看涨期权，单价为 $9^{1/8}$”。

如果出现在个股期权风险衡量值中，正号代表所考虑的自变量与应变量之间存在正向的变动关系，负号代表两个变量之间存在反向的变动关系。对于 delta，自变量是标的指数，应变量是期权价值；所以，如果我们说“某个看涨期权的 delta 值为 +0.50”，其中的“+”代表标的指数上涨造成看涨期权价值上升，标的指数下跌造成看涨期权价值下降（换言之，两个变量的变动方向相同)。反之，如果“某个看跌期权的 delta 值为 -0.32”，其中的“-”代表标的指数上涨造成看跌期权价值下降，标的指数下跌造成看跌期权价值上升（换言之，两个变量的变动方向相反）。对于 vega，如果“某个看涨期权的 vega 值为 +0.22”，其中“+”代表看涨期权价值与价格波动率之间维持正向的变动关系：价格波动率上升，看涨期权价值增加；价格波动率下降，看涨期权价值减少。

如果出现在期权头寸的风险衡量值中，正号代表头寸盈亏值与定价因素之间存在正向的变动关系，负号代表两者之间存在反向的变动关系。前述的说法有一个例外，gamma 值的正/负号界定头寸 delta 值与标的指数之间的变动方向关系。举例来说，如果“某交易者做多 3 口看涨期权的头寸 vega 值是 +2.733”,其中“+2.733”代表价格波动率上升 1 个百分点（假定其他定价因素维持不变)，这个头寸将获利 2.733 点，如果“某交易者做多 4 口看跌期权的头寸 theta 值为 -3.644”，其中的“-3.644”代表时间变化 1 单位(假定其他定价因素维持不变)，这个头寸将损失 3.644 点。

稍微练习之后，读者应该可以熟悉这三种不同的意义。以下有关头寸风险衡量值的讨论，正/负号可能代表这三种意义之中的某一种：(1) 做多或做空；(2) 正向或反向的变动关系；(3) 盈亏——取决于当时的语境。

头寸 delta 值

某个头寸的 delta 值为正数，交易者将因为标的指数的上涨而获利，因为标的指数的下跌而损失（假定其他定价因素维持不变)。做多看涨期权或做空看跌期权的头寸都有正的头寸 delta 值（参考表 5-8)。

表 5-8　　正的头寸 delta 值

头　　寸	期权头寸	×	期权 delta 值	=	头寸 delta 值
1. 做多 4 口 OEX 870 看涨期权每口价格 $9^{1/8}$	+4	×	+0.258	=	+1.032
2. 做空 6 口 NDX 940 看跌期权每口价格 $12^{1/2}$	-6	×	-0.457	=	+2.742

“头寸 1”做多 4 口 OEX 870 看涨期权，单价为 $9^{1/8}$。OEX 是 S&P 100 股价指数的代号，期权在 CBOE 进行交易。头寸 delta 值等于个股期权 delta 值

(+0.258)乘以数量4。根据头寸delta值估计，如果标的指数（OEX）上涨1点（假定其他定价因素维持不变），整体头寸的额外获利为1.032点，相当于$103.20（不考虑交易成本）。同理，如果OEX下跌1点，整体头寸的额外损失为1.032点。

“头寸2”做空6口NDX 940看跌期权，单价为$12^{1/2}$。NDX是纳斯达克100种股价指数的代号，期权在CBOE进行交易。标的头寸delta值估计，如果NDX上涨1点或下跌1点（假定其他定价因素维持不变），整体头寸的额外获利或额外损失分别都是2.742点。

做空看涨期权或做多看跌期权的头寸delta值为负数，请参考表5-9。某个头寸的delta值为负数，将因为标的指数上涨而损失，因为标的指数下跌而获利（假定其他定价因素维持不变）。“头寸1”做空9口TXX 210看涨期权，单价为$12^{1/8}$。TXX代表CBOE的科技类股指数。根据头寸delta值估计，如果TXX上涨1点（假定其他定价因素维持不变），整体头寸的额外损失是3.033点，相当于$303.30。同理，如果TXX下跌1点，整体头寸的额外获利也是3.033点。

“头寸2”做多3口DRG 450看跌期权，单价为$7^{7/8}$。DRG是制药类股指数，期权在AMEX进行交易。头寸delta值为-1.956。这些看跌期权显然处于价内状态，因为个股期权的delta值为-0.652。

表5-9　　负的头寸delta值

头　　寸	期权头寸	×	期权delta值	=	头寸delta值
1. 做空9口TXX210看涨期权每口价格$12^{1/8}$	-9	×	+0.337	=	-3.033
2. 做多3口DRG450看跌期权每口价格$7^{7/8}$	+3	×	-0.652	=	-1.956

头寸gamma值

头寸gamma值并不直接反映盈亏，而是代表标的指数变动所造成的头寸delta值变动量。如果头寸gamma值为正数，头寸delta值与标的指数之间存在正向的变动关系；头寸gamma值为负数，头寸delta值与标的指数之间存在反向的变动关系。

gamma 值为正 做多看涨期权或做多看跌期权的头寸 gamma 值为正数。举例来说，表 5－10 的“头寸 1”做多 15 口 AUX 220 看涨期权，单价为 $4^{1/8}$。AUX 是 CBOE 的汽车行业指数。这个头寸的 gamma 值为 +0.210，意味着 AUX 上涨 1 点（假定其他定价因素维持不变），头寸 delta 值上升 0.210；如果 AUX 下跌 1 点，头寸 delta 值也下降相同的数量。

表 5－10 正数的头寸 gamma 值

头　寸	期权头寸	×	期权 delta 值	=	头寸 delta 值
1. 做多 15 口 AUX 220 看涨期权每口价格 $4^{1/8}$	+15	×	+0.014	=	+0.210
2. 做多 10 口 SPX 840 看跌期权每口价格 $7^{1/2}$	+10	×	−0.012	=	+0.120

头寸 gamma 值为正数，delta 值的变动有利于头寸持有者。请回头参考表 5－2，当标的指数由 800 上涨到 801，800 看涨期权的 delta 值由 +0.531 增加为 +0.543。标的指数上升，delta 值也上升。我们知道，delta 值代表标的指数变动 1 点所造成的期权价值变动量。如果 gamma 值为正数，标的指数上升将造成 delta 值上升，使得期权价值对于标的指数变动的敏感性提高。以表5－2的例子来说，当标的指数为 800，指数上升 1 点使得 800 看涨期权的价值增加 0.531 点，当标的指数为 801，指数上升 1 点使得 800 看涨期权的价值增加 0.543 点。换言之，只要标的指数继续上升，delta 值就继续增加，使得 800 看涨期权的价值增加量愈来愈大，逐渐逼近 +1.00，这显然有利于 800 看涨期权的持有者。

可是，万一标的指数下跌呢？由于头寸 gamma 值为正数，当标的指数下跌，头寸 delta 值下降，期权头寸价值对于标的指数变动的敏感性愈来愈低；换言之，如果标的指数持续下跌，每额外下跌 1 点所造成的期权头寸损失逐渐缩小（因为 delta 值愈来愈小），显然有利于头寸持有者。请回头参考表 5－3，当标的指数由 800 下跌到 799，delta 值由 +0.531 下降到 +0.520。所以，头寸 gamma 值为正数，显然有利于期权头寸持有人；如果标的指数上涨，头寸 delta 值愈来愈大，如果标的指数下跌，头寸 delta 值愈来愈小，指数每下跌 1 点所造成的头寸额外损失愈来愈小。

接下来，让我们考虑表 5－10 的“头寸 2”，做多 10 口 SPX 840 看跌期权，单价为 $7^{1/2}$。SPX 是 CBOE 的 S&P 500 股价指数。这个头寸的 gamma 值

为 +0.120，意味着标的指数下跌 1 点，头寸 delta 值下降 0.120 点。标的指数下跌，头寸 delta 值也下降。对于这个头寸的持有人，当标的指数下跌的时候，他希望头寸 delta 值愈小愈好（请注意，这个头寸的 delta 值为负数，所以绝对值愈大愈好），头寸 delta 值为 -5.120，显然优于 -5.00。负数的头寸 delta 值愈小，意味着标的指数每额外下跌 1 点，头寸的额外获利愈来愈大。

由于头寸 gamma 值为正数，标的指数下跌会造成头寸 delta 值下降，这显然有利于看跌期权的持有人。如果标的指数持续下跌，每口看跌期权的 delta 值逐渐逼近 -1.00，10 口看跌期权的头寸 delta 值逐渐逼近 -10.00——SPX 每下跌 1 点，头寸 2 就可以额外获利 10 点。

当标的指数上涨的时候，看跌期权多头头寸的持有人也可以受惠，因为头寸 gamma 值为正数。正的头寸 gamma 值，意味着标的指数上涨使得头寸 delta 值愈来愈大（绝对值愈来愈小，个别看跌期权的 delta 值愈来愈接近 0.00），标的指数每上涨 1 点所造成的头寸额外损失愈来愈小）。

gamma 值为负　表 5-11 显示做空看涨与看跌期权的头寸，它们的头寸 gamma 值为负数。头寸 gamma 值为负数，意味着头寸 delta 值与标的指数之间存在反向的变动关系：标的指数上涨，头寸 delta 值下降；标的指数下跌，头寸 delta 值上升。

表 5-11　　负数的头寸 gamma 值

头　　寸	期权头寸	×	期权 gamma 值	=	头寸 gamma 值
1. 做空 2 口 XCI 390 看涨期权每口价格 $8^{1/4}$	-2	×	+0.009	=	-0.018
2. 做空 11 口 PSE 260 看跌期权每口价格 $4^{3/8}$	-11	×	-0.010	=	-1.110

“头寸 1”做空 2 口 XCI 390 看涨期权，单价为 $8^{1/4}$。XCI 是美国证交所（AMEX）的电脑科技类股指数。这个头寸的 gamma 值为 -0.018，当 XCI 上涨 1 点（假设其他定价因素维持不变），头寸 delta 值下降 0.018 点。同理，当 XCI 下跌 1 点，头寸 delta 值上升 0.018 点（请注意，这个头寸的 delta 值为负数）。

“头寸 2”做空 11 口 PSE 260 看跌期权，单价为 $4^{3/8}$。PSE 是太平洋证交所科技类股指数。这个头寸的 gamma 值为 -1.110，当 PSE 上涨 1 点（假设其他定价因素维持不变），头寸 delta 值下降 1.110 点，PSE 下跌 1 点，头寸 delta 值上升 1.110 点（请注意，这个头寸的 delta 值为正数）。

如果头寸 gamma 值为负数，头寸 delta 值的变动不利于头寸持有人。请参考表 5－2，假定你做空 1 口 800 看涨期权，最初的头寸 delta 值为－0.531，头寸 gamma 值为－0.012。按照风险衡量值显示，如果标的指数由 800 上升到 801，头寸 delta 值由－0.531 下降 0.012 而成为－0.543。当标的指数为 800，指数上涨 1 点的头寸损失是 0.531 点；当标的指数为 801，指数上涨 1 点的头寸损失是 0.543 点。换言之，随着指数上涨，指数每上涨 1 点所造成的头寸损失愈来愈大。

当标的指数下跌的时候，头寸 gamma 值为负数也不利于头寸持有人。请参考表 5－3，起始头寸的 delta 值为－0.531，指数由 800 下跌到 799，头寸 delta 值上升为－0.520。当标的指数为 800，指数下跌 1 点的头寸获利是 0.531 点；当标的指数为 799，指数下跌 1 点的头寸获利是 0.520。换言之，随着指数持续下跌，指数每下跌 1 点所造成的头寸获利愈来愈小。

接下来考虑看跌期权的空头头寸。请参考表 5－3，假定某交易者做空 1 口 800 看跌期权，按照风险衡量值的计算，当指数由 800 下跌到 799，损失是 0.469 点（头寸 delta 值为 0.469），当指数由 799 下跌到 798，额外损失是 0.480 点（头寸 delta 值为 0.480）——头寸 gamma 值为负数，意味着标的指数下跌将造成头寸 delta 值上升。换言之，随着指数持续下跌，指数每下跌 1 点所造成的头寸损失愈来愈大（因为每口看跌期权空头头寸的 delta 值逐渐逼近＋1.00）。

如果标的指数上涨，看跌期权空头头寸的 delta 值愈来愈小（因为头寸 gamma 值为负数）。换言之，随着指数持续上涨，指数每上涨 1 点所造成的头寸获利愈来愈小（因为每口看跌期权空头头寸的 delta 值逐渐逼近 0.00）。

头寸 vega 值

头寸 vega 值为正数，头寸持有人将因为价格波动率上升而受惠（假定其他定价因素维持不变）。不论购买看涨或看跌期权，头寸 vega 值都是正数(见表 5－12)。“头寸 1”做多 5 口 SOX 300 看涨期权，单价为 $6^{1/8}$。SOX 是费城证交所的半导体类股指数。这个头寸的 vega 值为＋1.375，价格波动率上升 1 个百分点，头寸价值就增加 1.375 点，相当于$137.50。

表 5－12　　正数的头寸 vega 值

头　　寸	期权头寸	×	期权 vega 值	=	头寸 vega 值
1. 购买 5 口 SOX 300 看涨期权每口价格 $6^{1/8}$	+5	×	+0.0275	=	+1.375
2. 购买 20 口 MSH 410 看跌期权每口价格 $6^{1/2}$	+20	×	−0.1294	=	+3.880

头寸 vega 值为负数，将因为价格波动率上升而受损（假定其他定价因素维持不变）。不论看涨或看跌期权，头寸 vega 值都是负数（见表 5－13）。“头寸 1”做空 20 口 JPN 205 看涨期权，单价为 $4^{5/8}$。JPN 是美国证交所的日本股价指数。这个头寸的 vega 值为－4.460，价格波动率上升 1 个百分点，头寸价值就减少 4.460 点，相当于$ 446.00，价格波动率下降 1 个百分点，头寸价值就增加 4.460 点。

表 5－13　　负数的头寸 vega 值

头　　寸	期权头寸	×	期权 vega 值	=	头寸 vega 值
1. 做空 20 口 JPN 205 看涨期权每口价格 $4^{5/8}$	−20	×	+0.223	=	−4.460
2. 做空 6 口 NWX 290 看跌期权每口价格 $6^{1/2}$	−6	×	−0.293	=	−1.758

头寸 theta 值

头寸 theta 值衡量时间变化一单位所造成的头寸价值变动量（假定其他定价因素维持不变）。由于期权价值随着时间变化而耗损，只要其他定价因素维持不变，期权空头头寸的价值将因为时间变化而增加，所以这些头寸的 theta 值为正数。请参考表 5－14，“头寸 1”做空 5 口 SML 170 看涨期权，单价为 3。SML 代表 S&P 600 种小型股指数，期权在 CBOE 挂牌。这个头寸的 theta 值为＋6.555，意味着时间变化 1 单位，头寸价值增加$ 655.50（假定其他定价因素维持不变）。OP－EVAL 3™把每单位时间设定为 7 个日历天数。

表 5－14　　正数的头寸 theta 值

头　　寸	期权头寸	×	期权 vega 值	=	头寸 vega 值
1. 做空 5 口 SML 170 看涨期权每口价格 3	−5	×	−1.311	=	+6.555
2. 做空 50 口 XII 990 看跌期权每口价格 $16^{3/8}$	−50	×	−1.127	=	+56.350

"头寸 2"做空 50 口 XII 900 看跌期权，单价为 $16^{3/8}$。XII 代表机构指数，期权在美国证交所挂牌。这个头寸的 theta 值为 +56.350，意味着时间变化 1 单位，头寸价值增加$ 5 635。

头寸 theta 值为负数，头寸价值将随着时间变化而减少（假定其他定价因素维持不变）。表 5－15 显示两种期权的多头头寸，一是做多 15 口 VLE 770 看涨期权，单价为 $9^{1/4}$；一是做多 8 口 BIX 550 看跌期权，单价为 $8^{1/2}$。VLE 代表价值线股价指数，期权在费城证交所挂牌；BIX 代表 S&P 银行类股指数，期权在 CBOE 挂牌。"头寸 1"的 theta 值为 －21.480，意味着时间变化 1 单位，将造成头寸价值减少 21.48 点，或$ 2 148.00。"头寸 2"的 theta 值为 －8.728，意味着时间变化 1 单位，将造成头寸价值减少 8.728 点。

表 5－15　　负数的头寸 theta 值

头　寸	期权头寸	×	期权 vega 值	=	头寸 vega 值
1. 购买 15 口 VLE 770 看涨期权每口价格 $9^{1/4}$	－20	×	+0.223	=	－21.480
2. 购买 8 口 BIX 550 看跌期权每口价格 $8^{1/2}$	－6	×	+0.293	=	－8.728

摘要：头寸风险衡量

表 5－16 摘要显示期权多/空头寸的正/负风险衡量值。看涨期权多头头寸的 delta 值为正数，gamma 值为正数，vega 值为正数，theta 值为负数。看涨期权空头头寸的 delta 值为负数，gamma 值为负数，vega 值为负数，theta 值为正数。看跌期权多头头寸的 delta 值为负数，gamma 值为正数，vega 值为正数，theta 值为负数。看跌期权空头头寸的 delta 值为正数，gamma 值为负数，vega 值为负数，theta 值为正数。表 5－16 的任何两行都没有完全相同的正/负符号。每种期权头寸对于各定价因素——此处只考虑标的指数、价格波动率与到期时间——的变动都有特殊的敏感性。乍看之下，这些正/负符号或许颇为复杂，但经过一些练习，交易者就能体会风险衡量对于期权策略评估的帮助。

表 5－16　　摘要：头寸风险衡量

头　寸	Delta 标的资产 价格变动	Gamma Delta 变动	Vega 价格波动率 变动	Theta 到期时间 变动
做多看涨期权	+	+	+	－
做空看跌期权	－	－	－	+
做多看跌期权	－	+	+	－
做空看跌期权	+	－	－	+

说明：＋ 表示假定其他定价因素不变，头寸价值将因为某特定定价因素上升（或时间变化 1 单位）而增加，因为定价因素下降（或到期时间增加 1 单位）而减少。

－ 表示假定其他定价因素不变，头寸价值将因为某特定定价因素上升（或时间变化 1 单位）而减少，因为定价因素下降（或到期时间增加 1 单位）而增加。

本章小结

交易者可以通过希腊字母代表的风险衡量值，估计定价因素发生变动所造成的期权头寸价值变动量。Delta 值衡量标的资产价格变动 1 单位所造成的期权价值变动量。Gamma 值衡量标的资产价格变动 1 单位所造成的期权 delta 值变动量。Vega 值衡量标的资产价格变动率变动 1 个百分点所造成的期权价值变动量。Theta 值衡量时间变化 1 单位所造成的期权价值变动量。交易者运用电脑套装软件计算 theta 值，必须了解“单位时间”的定义。

只要任何定价因素发生变动，风险衡量值也会发生变动，这使得期权价格行为更难估计。价内期权的 delta 绝对值大于 +0.500，并且随着到期时间缩短而逐渐逼近 +1.00。价平期权的 delta 绝对值为 +0.500 左右，纵使期权即将到期也是如此。价外期权的 delta 绝对值小于 +0.500，并且随着到期时间缩短而逐渐逼近 0。价平期权的 gamma 值最大，并且会随着到期时间缩短而增加。价平期权的 vega 值最大，并且会随着到期时间缩短而减少。价平期权的 theta 值最小（绝对值最大）。随着时间变化，价平、价内与价外期权的 theta 值各有不同的行为。

在本章的讨论过程中，正/负符号具有三种不同的意义，完全取决于当时的状况。对于交易头寸的期权数量来说，“+/－”符号代表“做多/卖出”。对于个股期权的风险衡量值，“+/-”符号代表定价因素与期权理论价值之间的“正向/反向”变动关系。对于期权整体头寸的风险衡量值，“+/-”符号代表定价因素与期权头寸价值之间的“正向/反向”变动关系。

如果头寸 gamma 值为正数，标的指数与期权 delta 值之间存在正向的变动关系：指数上涨，delta 值增加；指数下跌，delta 值减少。购买看涨或看跌期权的头寸，gamma 值为正数。如果头寸 gamma 值为负数，标的指数与期权 delta 值之间存在反向的变动关系：指数上涨，delta 值减少；指数下跌，delta 值增加。做空看涨或看跌期权的头寸，gamma 值为负数。

如果头寸 vega 值为正数，价格波动率上升，头寸价值增加；价格波动率下降，头寸价值减少。购买看涨或看跌期权的头寸，vega 值为正数。如果头寸 vega 值为负数，价格波动率上升，头寸价值减少；价格波动率下降，头寸价值增加。做空看涨或看跌期权的头寸，vega 值为负数。

做多看涨或看跌期权的头寸，theta 值为负数，因为时间变化将造成头寸价值减少（假定其他定价因素维持不变）。做空看涨或看跌期权的头寸，theta 值为正数，因为时间变化将造成头寸价值增加。

稍微经过练习之后，读者应该可以熟悉期权风险衡量值的意义。这方面的技巧非常重要，有助于交易者针对未来的市场情况演变拟定适当的期权策略。

第6章 价格波动率

简 介

期权交易者必须了解价格波动率（volatility）的意义，以及价格波动率如何影响交易决策。我们不准备讨论价格波动率的数学计算公式。就概念上来说，价格波动率是指标的资产价格的波动程度，但可以由四种角度来衡量，所以经常造成困惑。虽说如此，我们还是应该花一点时间来研究价格波动率，因为这是拟定期权交易策略的关键之一。

本章打算讨论四种价格波动率：历史价格波动率（historical volatility，包括两种计算方法）、未来价格波动率（future volatility）、预期价格波动率（expected volatility）与隐含价格波动率的计算方法。另外，我们也准备讨论CBOE提供的价格波动率指数（Volatility Index，VIX），并介绍这项指数的用途。最后，我们说明价格波动率偏度（volatility skew）的概念。

价格波动率的定义

就股票价格或股价指数而言，价格波动率是衡量价格波动的百分比，不考虑变动的方向。换言之，某个指数由200上升到202，另一个指数由100上升到101，两者的价格波动率都是1%。另外，价格上涨1%与价格下跌1%，两者都是变动1%，价格波动率相等。

掌握价格波动率概念的难处之一，是交易者经常把某个方向的价格波动视为“好”或“坏”。举例来说，如果交易者建立偏多的头寸，就认为价格上涨是好事，价格下跌是坏事。同理，如果交易者建立偏空的头寸，看法刚好相反。如果你始终由这个角度思考，不能摆脱“方向”的干扰，就很难理解价格波动的概念。

定义 1：历史价格波动率

历史价格波动率是衡量过去实际价格的波动程度。就严格的数学定义而言，历史价格波动率是定义为：日回报率在特定期间内的年化标准差。请不要让这个定义吓着，因为我们只准备由概念的角度讨论，不打算引用严格的数学定义。

所谓“特定期间”，可以是最近的 30 天、90 天或任何适当天数。计算报酬率的价格，通常采用每天的收盘价，但你也可以采用每天开盘价、每周收盘价或其他适当价格。

虽然我们很容易比较两个价格，计算两者的变动百分比，但如何处理两组价格变动量的数列，就不太容易了。举例来说，让我们考虑图 6－1 的两个指数走势图，请问哪个指数的价格波动比较剧烈？你不妨利用肉眼观察，尝试回答这个问题，然后对照下文的实际计算数值。

“指数 1”的历史价格波动率是利用表 6－1 的资料计算。表 6－1 的第一列显示日期，第二列显示每天的收盘价（图 6－1 中的图就是利用这些价格绘制），第三列数据代表日回报率（今天收盘价减昨天收盘价，结果除以昨天收盘价，表示为百分比的格式）。举例来说，第 1 天的报酬率为 －1.0%，这是以第 1 天收盘价 $247^{1/2}$减去第 0 天收盘价 250，再把两者的差值 －2.5 除以第 0 天收盘价，结果是 －0.01（－2.5 ÷ 247.5），相当于 －1.0%。第 0 天没有报酬率，因为没有昨天的收盘价可供比较。

第三列的数据是过去 22 天的日回报率，这些报酬率的年度化标准差 (24.86%) 即是历史价格波动率，请参考表 6－1 的说明。我们不准备说明标准差的计算方法，任何标准的电脑软件都能够执行这方面的运算。另外，即使你相当厌恶数学，那也不需担心，因为 OP－EVAL 3™可以帮助你进行这些运算。

交易期权虽然不要微积分的知识，但必须了解 24.86% 的价格波动率代表报酬分配的 1 个标准差。让我们比较“指数 1”与“指数 2”的价格行为，借以说明相关的概念。

表 6－1　　指数 1：价格波动率的计算程度

天数	收盘价	日回报率（%） （当日－前日）/前日
0	250	—
1	$247^{1/2}$	－1.0
2	$250^{3/4}$	＋1.3
3	$249^{1/4}$	－0.6
4	$252^{1/2}$	＋1.3
5	$250^{1/2}$	－0.8
6	$245^{3/4}$	－1.9
7	$247^{1/4}$	＋0.6
8	$249^{3/4}$	＋1.0
9	$244^{1/4}$	－2.2
10	246	＋0.7
11	$248^{3/4}$	＋1.1
12	$254^{1/4}$	＋2.2
13	$250^{1/4}$	－1.6
14	249	－0.5
15	$249^{1/2}$	0.2
16	$241^{1/2}$	－3.2
17	$246^{3/4}$	＋2.2
18	$249^{1/4}$	＋1.0
19	$244^{1/4}$	－2.0
20	246	＋0.7
21	$251^{3/4}$	＋2.3
22	$249^{1/2}$	－0.9

每天报酬的年度化标准差＝24.86%

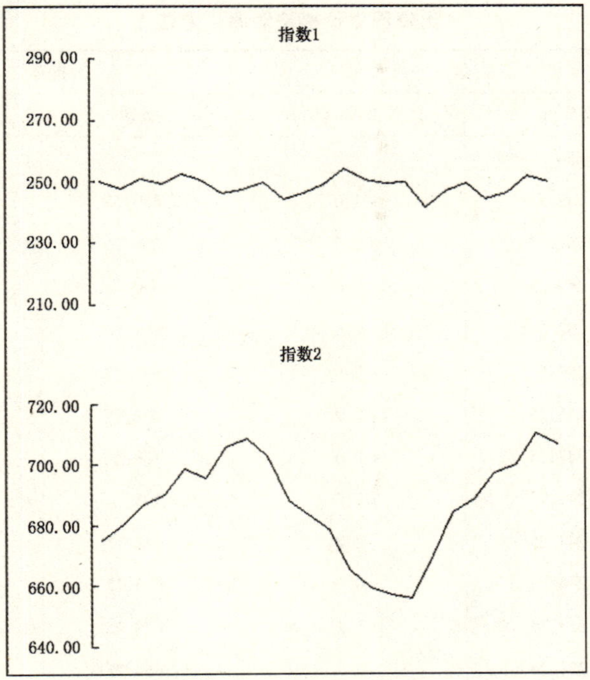

图 6－1 哪个股价指数的价格波动率比较剧烈

比较历史价格波动率：方法 1

表 6－2 显示第一种比较方法，其中显示两个指数的每天价格与报酬率。请观察日回报率那列，如果不考虑 +/－ 符号，我们发现指数 1 的每天百分比波动程度都大于指数 2 的对应百分比，意味着指数 1 的价格波动率超过指数 2。其次，在表 6－2 的下侧，我们发现指数 2 日回报率的标准差为 18.96%，小于指数 1 的 24.86%。所以，指数 1 的价格波动程度大于指数 2。

某些读者或许觉得奇怪，因为指数 2 先上涨 30 点，然后下跌 50 点，再上涨 50 点，但指数 1 始终在 10 点的区间内波动。可是，请记住，价格波动率是衡量价格波动的程度，不是衡量某特定方向的价格变动量。对于日回报率数据的绝对值，指数 2 都小于指数 1。

表 6－2　　比较历史价格波动率：方法 1

天数	指数 1		指数 2	
	收盘价	日回报率（%）	收盘价	日回报率（%）
0	250	—	675	—
1	247.5	－1.0	680.25	＋0.8
2	250.75	＋1.3	686.75	＋1.0
3	249.25	－0.6	690	＋0.5
4	252.5	＋1.3	698.5	＋1.2
5	250.5	－0.8	695.25	－0.5
6	245.75	－1.9	705.75	＋1.5
7	247.25	＋0.6	708.5	＋0.4
8	249.75	＋1.0	703	－0.8
9	244.25	－2.2	687.75	－2.2
10	246	＋0.7	683.25	－0.7
11	248.75	＋1.1	678.25	－0.7
12	254.25	＋2.2	664.75	－2.0
13	250.25	－1.6	659.25	－0.8
14	249	－0.5	656.75	－0.4
15	249.5	＋0.2	655.5	－0.2
16	241.5	－3.2	670	＋2.2
17	246.75	＋2.2	684.25	＋2.1
18	249.25	＋1.0	688.5	＋0.6
19	244.25	－2.0	697	＋1.2
20	246	＋0.7	699.75	＋0.4
21	251.75	＋2.3	710.25	＋1.5
22	249.5	－0.9	706.75	－0.5
每天报酬的年度化标准差：指数 1＝24.86%，指数 2＝18.96%				

方法 2：按照价格变动百分比排行

在现实世界里，某个指数的每天价格变动百分比不太可能都高于或低于另一个指数。表 6－3 提供另一种价格波动率的比较方法：由小而大，按照价格变动百分比（报酬率）的绝对值排行。

表 6－3 由两个角度进行比较。首先，取报酬率最低的 15 个样本报酬率，大约占整个母体 22 个报酬率的 68%。对于指数 1，这 15 个报酬率最低的样本，最高报酬率为 1.6%，平均报酬率为 0.9%。对于指数 2，这 15 个报酬率最低的样本，最高报酬率为 1.2%（小于 1.6%），平均报酬率为 0.6%（小于 0.9%）。这方面的比较显示指数 1 的价格波动率大于指数 2。

表 6－3　　比较历史价格波动率：方法 1

指数 1				指数 2			
天数	日回报率	分配		天数	日回报率	分配	
15	0.2	68%的样本报酬率低于1.6%，平均报酬率为0.9%	95%的样本报酬率低于2.3%，平均报酬率为1.3%	15	0.2	68%的样本报酬率低于1.2%，平均报酬率为0.6%	95%的样本报酬率低于2.2%，平均报酬率为1.0%
14	0.5			14	0.4		
3	0.6			7	0.4		
7	0.6			20	0.4		
10	0.7			5	0.5		
20	0.7			3	0.5		
5	0.8			22	0.5		
22	0.9			18	0.6		
1	1.0			10	0.7		
8	1.0			11	0.7		
18	1.0			1	0.8		
11	1.1			8	0.8		
4	1.3			13	0.8		
2	1.3			2	1.0		
13	1.6			4	1.2		
6	1.9			19	1.2		
19	2.0			21	1.5		
17	2.2			6	1.5		
12	2.2			12	2.0		
9	2.2			17	2.1		
21	2.3			16	2.2		
16	3.2			9	2.2		

其次，取报酬率最低的 21 个样本报酬率，大约占整个母体 22 个报酬率的 95%。对于指数 2，这 21 个报酬率最低的样本，最高报酬率为 2.2%，平均报酬率为 1.0%。对于指数 1，这 22 个报酬率最低的样本，最高报酬率为 2.3%（大于 2.2%），平均报酬率为 1.3%（大于 1.0%）。这方面的统计分

析显示指数 1 的价格波动率大于指数 2。

定义 2：未来价格波动率

未来价格波动率定义为：未来特定期间内日回报率的年化标准差。所谓“未来特定期间”，通常是指从现在直到期权到期日的期间。利用定价模型计算期权的理论价格，实际上需要的是未来的价格波动率。不幸地，我们不可能预知未来的价格走势。所以，期权定价模型只能采用未来价格波动率的某种估计值。如果你非常相信期权理论价值的正确性，这个事实或许是不小的打击。如果价格波动率只是估计值，那么理论价值也只能是估计值。没错！正如同任何估计值一样，解释上必须非常谨慎。

定义 3：预期价格波动率

期权交易者可以根据市场情况与过去的价格资料判断未来的价格波动率，这就如同股票分析师根据产业发展趋势、公司盈利与其他资料判断未来的股价走势一样。预期价格波动率也是未来价格波动率的估计值，套入定价模型计算期权的理论价值。当然，任何的预测都可能随时发生变化，每个交易者对于预期价格波动率的看法恐怕也不会相同。

举例来说，王先生与李小姐都是有经验的期权交易者，他们对于某个股价指数的未来价格波动率持有不同的看法。10 个星期之前，假定当时的 30 天期历史价格波动率为 22%；而且 6 个星期、3 个星期与昨天的 30 天期历史价格波动率分别为 21%、19% 与 18%。他们两个人显然不能怀疑这些历史价格波动率的数据，因为这些都是客观的事实。

可是，如何根据历史价格波动率来推估未来的价格波动率，两个人的看法未必相同。王先生认为，价格波动率处于下降趋势中，而且将持续下降，他估计 1 个星期之后的价格波动率应该是 17%。所以，他把未来价格波动率设定为 17%，套入定价模型内，计算期权的理论价值。反之，李小姐认为价格波动率的下降走势已经见底，即将向上反转。所以，她预测 1 个星期之后的价格波动率为 20%，期权定价公式的未来价格波动率也设定为 20%。每位股票分析师对于个别股票未来走势的看法未必相同；同理，期权交易者对于预期价格波动率也各有看法。

定义 3：隐含价格波动率

隐含价格波动率是指目前期权价格所隐含的价格波动率。让我们通过一个例子来说明这个概念。老周是一位有经验的期权玩家，他利用 OP - EVAL 3™估计 NDX 11 月份 1120 看涨期权的理论价值。

如同图 6 - 2 显示的，老周在看涨/看跌期权定价页面内输入：指数水平 1105，履约价格 1120，股息发放率0.20%，利率5%，到期天数 50 天。老周设定的价格波动率为 25%，因为这是最近 30 天 NDX 指数收盘价的历史价格波动率。结果，OP - EVAL 3™估计 NDX 11 月份 1120 看涨期权的理论价值为 37.190。

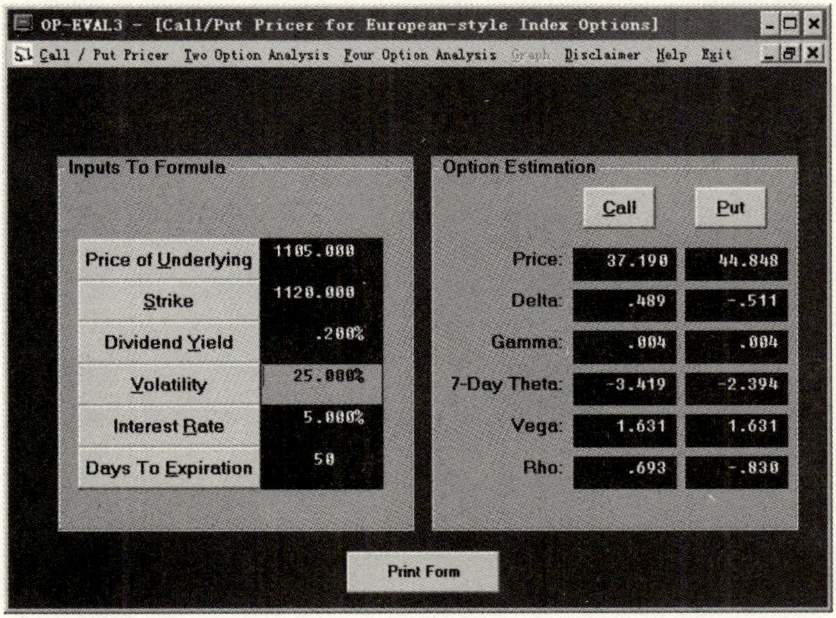

图 6 – 2 老周估计的 NDX 11 月份 1120 看涨期权的理论价值

老周打电话给经纪人，却发现 NDX 11 月份 1120 看涨期权的报价是$43！怎么回事？是否计算错误？或者，市场采用不同的定价因素水平？举例来说，市场可能采用不同的标的指数价格。显然不是，因为 NDX 指数确实是

1105。不同的履约价格？不同的利率？不同的股息发放率？显然也不是，因为这都是可以观察的实际数据。即使每个人适用的利率或估计的股息发放率稍有不同，但也不至于造成$6 的差异。

那么，究竟是怎么回事？唯一的问题是价格波动率；换言之，市场设定的价格波动率是多少？在图 6 - 3 的看涨/看跌期权的定价页面中，在看涨期权的价格方格内输入 43，然后按下电脑键盘的 ENTER，OP - EVAL3™计算的价格波动率为 28.563%，这就是 NDX 11 月份 1120 看涨期权市场价格 43 隐含的价格波动率。

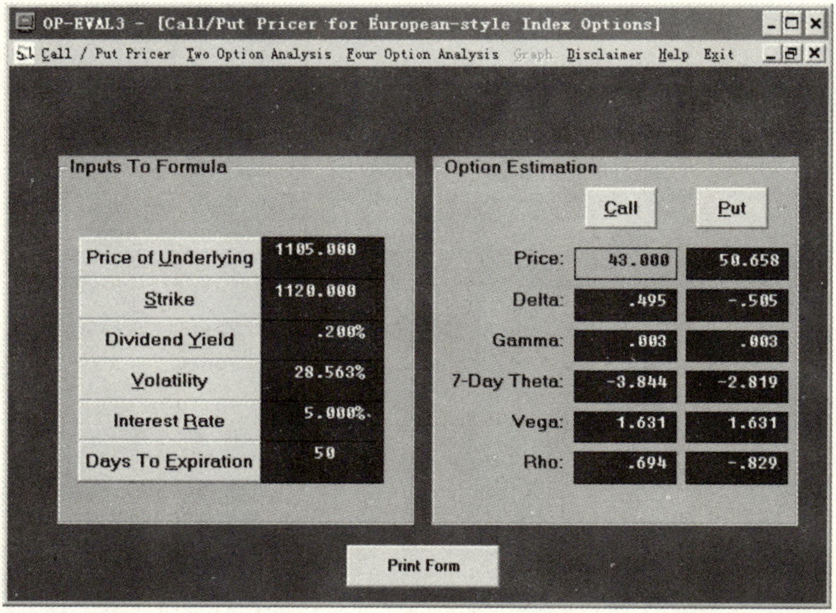

图 6 - 3　NDX 11 月份 1120 看涨期权市场价格 43 所隐含的价格波动率

供给与需求的影响

就如同自由市场的任何商品一样，期权价格是由市场的供给与需求力量决定。因为未来的价格波动率是期权定价因素之中唯一不可实际观察的数据，所以需要调整价格波动率的数值才能够解释期权的实际市场价格。如果我们把期权市场价格隐含的价格波动率输入定价模型，理论价值将等于市场价格。就 NDX 11 月份 1120 看涨期权而言，如果老周把价格波动率设定为

28.563%，则理论价值将等于43。

在期权合约期间内，如果价格波动率之外的定价因素都将维持不变，隐含价格波动率可以视为期权的市场价格。我们可以称NDX 11月份1120看涨期权目前在28.653%的价格波动率水平进行交易。如果你预期的价格波动率低于28.563%，前述期权的价格偏高，适合卖出；反之，如果你预期的价格波动率高于28.653%，前述期权的价格偏低，适合做多。可是，其他的定价因素不太可能维持不变，所以隐含价格波动率不能视为做多/卖出决策的唯一准则。虽说如此，隐含价格波动率仍然是决策过程一个重要的参考指标。

隐含价格波动率的变动

指数期权的隐含价格波动率是一项重要信息，因为隐含价格波动率经常变动，而且这些变动对于交易策略可能构成重大影响。所以，务必要了解隐含波动率发生变动的理由，以及交易决策将如何受到影响。

第3章曾经把期权比喻为保险。在这个比喻中，价格波动率相当于保险的风险因子；换言之，保险费水平取决于风险的高低。

举例来说，如果某家保险公司的记录显示，每100家住屋就有1家会发生火灾；所以，理论上，火险保费应该等于住屋价格的1%，加上保险公司的利润。可是，如果保险公司认为将来发生火灾的几率高于过去的记录，那么保费就应该提高。同理，如果保险公司认为将来发生火灾的几率趋于下降，就会调低保费。请注意，保险公司是处在一个高度竞争的市场，保费的设定必须具备竞争力。这意味着保费有时候会调高，有时候会调低。

历史价格波动率相当于保险公司记录内实际发生火灾的记录，预期价格波动率相当于保险公司对于将来发生火灾的几率估计，隐含价格波动率相当于保险市场同业目前收取的火险保费水平。市场的看法——通过供给与需求力量的运作——将决定隐含价格波动率。由于市场的看法会发生变动，所以隐含价格波动率也会变动。

就个股期权来说，当标的股票公司表示“下个星期将宣布重大消息”，期权的隐含价格波动率可能大幅上升。在这个事件发生之前，历史价格波动率或许是未来价格波动率的最佳估计值，期权价格隐含的价格波动率可能非常接近历史价格波动率。可是，在这个事件发生之后，市场的预期可能发生显著变化。

一旦公司表示“下个星期将宣布重大消息”，市场预期股票价格可能大涨或大跌，取决于所宣布的消息是利多或利空消息。即使市场完全不知道消息的内容，股票价格当时或许没有明显的变动，但预期一个星期之后会发生重大走势。这意味着期权买方愿意支付较高的权利金，做空者也希望收取较高的权利金。市场对于该股票的看法发生变化，虽然股价本身没有变动，但预期价格波动将转趋剧烈，隐含价格波动率也上升。

一旦消息宣布而标的股票价格发生重大的走势，当时的历史价格波动率也会上升。可是，如果这项宣布降低市场对于未来股价走势的不确定感，隐含价格波动率可能下降。虽然当时的历史价格波动率增加，但市场预期未来的股价波动率趋于稳定，期权买方只愿意支付较低的权利金，做空者也愿意接受较低的权利金，期权价格隐含的股票价格波动率也会下降。

就如同股票交易者利用市盈率判断股票的相对价值一样,期权交易者利用隐含价格波动率判断期权的相对价值。这个概念很重要,请参考下文的解释。

市盈率与隐含价格波动率

市盈率是衡量股票相对价值的一般标准，不受在外流通股数、资本额、卖空量……等因素的影响。举例来说，假定A公司的市盈率为15倍，B公司的市盈率为20倍，那么A公司的股价相对低于B公司，即使A公司的营业额为60亿，股价为$100，B公司的营业额为10亿，股价为$50。衡量股票价值的其他常用基准还包括：每股账面价值、每股营业额与每股盈利成长率。这些每股数据可以提供股票价值的重要判断信息。

隐含价格波动率对于期权交易的功能，就如同市盈率对于股票投资的作用。隐含价格波动率是衡量各种不同期权价值的共同基准。在这个基准上，我们可以比较两种不同标的股票的期权，或某特定期权在不同时间的价格。

举例来说，C公司的40看涨期权价格为3，到期时间为90天，D公司的65看涨期权价格为$4^{1/4}$，到期时间为45天。我们很难判断这两个期权的相对价格。可是，如果我们知道C公司看涨期权的隐含价格波动率是30%，D公司看涨期权的隐含价格波动率是40%，就可以在共同的基准上衡量这两个期权的相对价值。

隐含价格波动率也可以比较相同期权在不同时间的相对价值。举例来说，第A天距离期权到期还有85天，标的股价指数为448，450看涨期权的价格是$4^{3/4}$，隐含价格波动率为35%。第B天距离期权到期还有65天，标的股价指数为452，450看涨期权的价格为$5^{1/2}$，隐含价格波动率为25%。在这种情况下，如果利用价格波动率来衡量，该期权在第B天的价格相对低于第A天。

就如同市盈率一样，隐含价格波动率是期权交易的重要决策参数。可是，不论市盈率或隐含价格波动率，它们都无法给出具体而明确的投资策略。

34%的隐含价格波动率是否偏高？12%是否偏低？这些问题都没有绝对的答案，只能由相对的角度评估。掌握隐含价格波动率的历史数据，交易者就能够进一步了解期权的价格行为，作出更明智的预测。当然，这并不能保证相关的预测一定就精确，但胜算总是会高一点。

理论价值的概念

Black－Scholes定价模型涉及艰深的数学，但我们可以由“期望价值”(expected value)的概念介绍期权的理论价值。期权的期望价值可以分为两个计算步骤：首先考虑标的指数的可能发展结果与发生概率，然后计算期权在这些结果之下的期望值（换言之，对于标的指数的每种结果，将期权的内在价值乘以该结果发生的概率，然后加总）。

让我们考虑一个最简单的情况。假定标的指数目前为100，期权距离到期日只有一期。在这个期间内，标的指数只有两种可能发展，或是上涨到110，或是下跌到90，发生的几率各为50%。另外，假定利率水平与股息发放率都是零。在这种情况下，100看涨期权理论价值或期望值的计算过程为：如果标的指数上涨到110，100看涨期权的内在价值为10，这种结果的发生几率为50%，期望值为$10\times0.5=5$；如果标的指数下跌到90，100看涨期权的内在价值为0，这种结果的发生几率为50%，期望值为$0\times0.5=0$；所以，100看涨期权的总期望值或理论价值为$10\times0.5+0\times0.5=5$(见图6－4)。

现在，我们知道了期权的理论价值，但前述的过程与假设是否适用于现实世界呢？首先，我们假定前述的过程可以重复无限多次；换言之，在无限多次的股价演变程度中，只要起始水平是100，一期结束之后，指数就有半数的机会演变为110，另外半数的机会演变为90。所以，100看涨期权的内在价值有半数机会为10，有半数的机会为0。平均而言，这个期权的理论价值5虽然实际的价值可能是10或0。

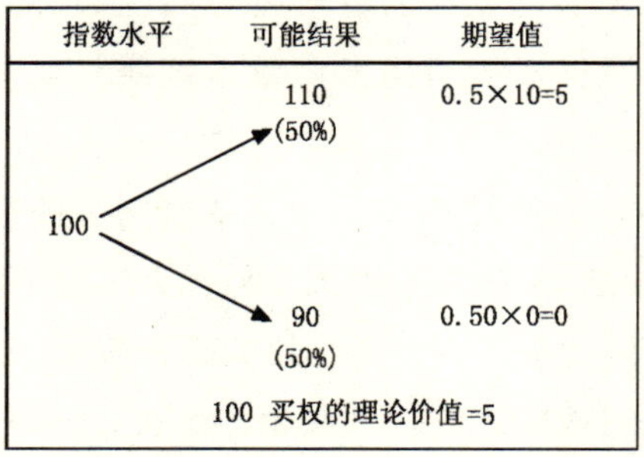

图6－4　100看涨期权的理论价值（简化可能发生的结果）

前述的假设是否切合实际？交易者是否能够在完全相同的情况下进行无限多次的尝试？显然不可能。在现实世界里，情况必定会变动。所以，理论价值的概念只是一种概念！

不要认为理论价值是一种绝对的价值，交易者应该考虑相对价值。由于隐含价格波动率是衡量期权价格的通用基准，它通常被用来导入相对价值。

在期权市场，“价格高估”或“价格低估”或许是最严重的谬误。初学者经常误以为期权价格“低于理论价格”就代表做多机会，“高于理论价格”就代表卖出机会。这是完全错误的概念。

在任何特定时刻，某个期权显得“价值高估”或“价值低估”，只是因为定价模型在该时刻所计算的理论价值不同于市场价格。举例来说，假定某个期权的“理论价值”是7，市场价格是6，似乎代表价格低估。如果你购买这个期权，唯有市场价格收敛到理论价值——而且其他条件维持不变——你才能获利。可是，这意味着指数价格与到期时间都维持不变，只允许价格波动率发生变动。这种假设是否合理或可能发生？显然不是。

在概念上，理论价值7与市场价格6之间的差异究竟来自于何处？是否标的指数价格不同？不是的。是否履约价格不同？是否到期时间不同？是否利率或股息发放率不同？不是！理论价值与市场价格之所以不同，完全是因为价格波动率的设定不同。定价模型采用的价格波动率是交易者预期的水平，所以理论价值为7，如果定价模型采用市场认定的价格波动率，理论价值就应该是 6。因此，某个期权的价格低估，原因是交易者预期的价格波动率高于隐含价格波动率。同理，某个期权的价格高估，原因也只不过是交易者预期的价格波动率低于隐含价格波动率。

前述的评论在概念上很重要。“价格低估”与“价格高估”完全取决于预期价格波动率与隐含价格波动率之间的关系。隐含价格波动率是市场提供的客观数据，预期价格波动率是交易者的主观判断。

由于“价格高估”与“价格低估”具有主观判断的性质，造成“理论价值”的概念产生问题。所谓“理论价值”，听起来似乎具有绝对的权威，但实际上取决于未来价格波动率——某种不可知的数据的估计。所以，期权的理论价值只不过是一种估计值或“有根据的猜测”。期权初学者或许很难接受这项事实，但金融交易都不免涉及主观判断，包括价值决定的程序在内。

两位交易者对于期权价值的不同看法

两位有经验的交易者对于期权价格可能有不同的看法。林先生是住在圣安东尼奥的一位业务员，没有出差的期间，他经常从事 OEX 期权的当日冲销交易。陈小姐是住在洛杉矶的一位太空工程师。她观察 OEX 的历史价格走势图，评估价格形态，预测随后 5 ~ 10 天的走势，尝试捕捉 10 ~ 20 点的 OEX 行情。

某一天，OEX 指数为 868，OEX 8 月份 880 看涨期权的价格为 $15^{1/2}$，距离到期日还有 37 天。另外，假定期权到期之前适用的股息发放率为 1.7%，利率为 4.5%。根据林先生的看法，OEX 指数在当天收盘之前应该会上涨 5 点而成为 873，他考虑在 $15^{1/2}$ 做多 8 月份 880 看涨期权。

林先生发现，OEX 的历史价格波动率与隐含价格波动率都处于下降趋势中。他计算最近 30 天的 OEX 历史价格波动率为 15%，8 月份 880 看涨期权隐含的价格波动率则是 18%。他相信当天收盘的时候，隐含价格波动率应该会下降到 15%。于是，林先生根据预测中的价格波动率与指数水平，评估可能的发展结果（见表 6 – 4）。

如同表 6 – 4 显示的，如果 OEX 今天收盘上涨到 873（第 8 行），而且隐含价格波动率下降为 15%（第 1 列），则 880 看涨期权价格将由 $15^{1/2}$（第 3 行/第 2 列）下跌为 $14^{1/2}$（第 8 行/第 1 列），损失为 1 点。如果当天收盘价是 873，但隐含价格波动率仍然是 18%，则 880 看涨期权价格将由 $15^{1/2}$ 上涨为 $17^{7/8}$（第 8 行/第 2 列）。如果林先生认为收盘的隐含价格波动率维持不变或上升，就可以针对指数上涨的预测做多 880 看涨期权。可是，林先生认为收盘隐含价格波动率将下降；所以，880 看涨期权的目前价格显然高估，不适合做多。

表 6－4　　OEX 800 看涨期权：林先生的分析

行	指　　数	第 1 列 价格波动率 = 15%	第 2 列 价格波动率 = 18%
1	866	$11^{1/2}$	$143^{3/4}$
2	867	$11^{7/8}$	$15^{1/8}$
3	868	$12^{3/8}$	$15^{1/2}$
4	869	$12^{3/4}$	$15^{7/8}$
5	870	$13^{1/8}$	$16^{3/8}$
6	871	$13^{1/2}$	$16^{7/8}$
7	872	14	$17^{3/8}$
8	873	$14^{1/2}$	$17^{7/8}$
9	874	15	$18^{3/8}$

股息发放率为 1.7%，利率为 4.5%，到期天数为 37 天。

面对相同的市场情况，陈小姐的看法不同。她也考虑做多 8 月份 OEX 880 看涨期权，因为她预测 OEX 在未来 7 天之内将上涨 20 点，隐含价格波动率上升为 20%。陈小姐编制表 6－5 供分析之用。

表 6－5　　OEX 800 看涨期权：陈小姐的分析

行	指　　数	第 1 列 价格波动率 = 15%	第 2 列 价格波动率 = 18%
1	863	$11^{3/8}$	$13^{3/8}$
2	868	$13^{3/8}$	$15^{3/8}$
3	873	$15^{5/8}$	$17^{3/8}$
4	878	18	20
5	883	$20^{3/4}$	$22^{3/4}$
6	888	$23^{5/8}$	$25^{5/8}$

股息发放率为 1.7%，利率为 4.5%，到期天数为 37 天。

如果陈小姐的预测成真，当880看涨期权还有30天到期的时候，OEX指数为888，期权价格为$25^{5/8}$（第6行/第2列）。在$15^{1/2}$做多880出口看涨期权，在$25^{5/8}$卖出，获利为$10^{1/8}$点（不考虑佣金）。另外，如果7天之后的隐含价格波动率仍然维持18%，则880看涨期权的价格为$23^{5/8}$（第6行/第1列），获利为$8^{1/8}$点。比较这两个结果，隐含价格波动率由18%上升为20%，将造成2点的获利。

让我们考虑另一种情况。如果陈小姐对于指数水平判断错误，7天之后的OEX为863，但她对于时间和价格波动率的判断正确，则880看涨期权的价格是$13^{3/8}$（第1行/第2列），损失为$2^{1/8}$点。如果价格波动率维持不变，OEX水平863对应的期权价格为$11^{3/8}$（第1行/第1列），损失为$4^{1/8}$。

由这份分析显示，8月份880看涨期权的价值似乎低估，因为只要陈小姐预测的指数或价格波动率走势及时发生，就能获得相当不错的利润。即使价格波动率在7天之后维持不变，获利也相当可观。另一方面，如果OEX在7天之内不只没有上涨，反而下跌5点，不论价格波动率的预测是否发生，损失也不太严重。由于陈小姐对于自己的预测非常有信心，所以打电话给经纪人，在$15^{1/2}$的价位做多OEX8月份880看涨期权。

所以，林先生与陈小姐虽然都同意880看涨期权目前价格隐含的价格波动率为18%，但他们对于价格波动率的预期不同（或交易时间架构不同），对于期权价格是否高估或低估的看法也有差异。总之，价值就像美丑一样，完全取决于观察者的感受。期权市场价格决定因素中唯一的变量是隐含价格波动率，期权理论价值的计算中唯一的变量是预期价格波动率。因此，判断期权价格高于或低于理论价值，相当于判断隐含价格波动率高于或低于预期价格波动率。

CBOE的价格波动率指数：VIX

CBOE的价格波动率指数VIX是衡量指数期权隐含价格波动率的参考指标之一。这个指数是取8个OEX看涨与看跌期权的隐含价格波动率计算出的加权平均值，期权平均到期时间为30天；换言之，VIX尝试反映30天期指数期权的隐含价格波动率。某些交易者利用这项指标评估指数期权隐含价格波动率的一般性水平。指数期权的隐含价格波动率经常变动，而且幅度很大。所以，对于短期的指数期权，交易者应该预测某特定期间内可能发生的指数走势与价格波动率水平；对于长期期权来说，还必须预测利率走势。

价格波动率偏态

价格波动率偏态（volatility skew）是指标的资产与到期时间相同，但履约价格不同的期权存在不同的隐含价格波动率。这种现象经常出现在股价指数与期货上的期权。

表6－6显示11个不同履约价格的看涨/看跌期权价格与隐含价格波动率。当时的指数水平是900，股息发放率是1.60%，利率是4.5%，期权还有35天到期。请注意，价平期权900看涨期权与900看跌期权的隐含价格波动率最低（18.0%），然后随着履约价格上升或下降，隐含价格波动率都持续增加。举例来说，910看涨期权与910看跌期权的隐含价格波动率为18.45%。

表6－6　价格波动率偏态

看涨期权	履约价格	看跌期权	隐含价格波动率（%）
$58^{3/4}$	850	$6^{1/2}$	22.40
$50^{1/4}$	860	$7^{7/8}$	21.40
$42^{1/4}$	870	$9^{7/8}$	20.60
$34^{5/8}$	880	$12^{1/4}$	19.70
$27^{5/8}$	890	$15^{1/4}$	18.90
$21^{1/4}$	900	$18^{3/4}$	18.00
17	910	$24^{1/2}$	18.45
$13^{7/8}$	920	$31^{1/4}$	19.10
11	930	$38^{3/8}$	19.60
9	940	$46^{3/8}$	20.30
$7^{1/4}$	950	$54^{1/2}$	20.80

股价指数为900，股息发放率为1.6%，利率为4.5%，到期天数为35天

图6－5是把表6－6内履约价格与隐含波动率之间的关系绘制为图形。在这份图形中，如果以履约价格900为中心，曲线的左右显然不对称；同

时，图形的两段都不是完美的曲线。表6-6与图6-5的数据虽然不是来自市场的实际资料，但前述的现象可以反映许多股价指数的隐含价格波动率性质。对于股价指数期权之类的动态市场，图6-5的隐含价格波动率偏态曲线形状与位置都经常变动，交易者务必留意。

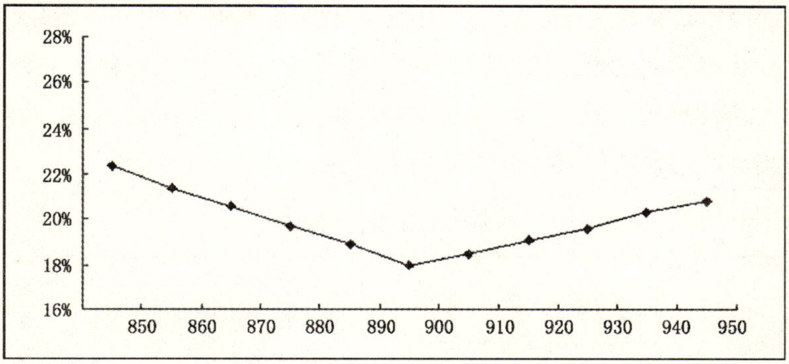

图6-5 价格波动率偏态

为何出现偏态？

相同的标的资产为什么会出现不同的价格波动率，这似乎是非常不合理的现象；截至目前为止，还没有合乎逻辑的理由可以解释价格波动率偏态发生的原因。可是，我们可以由实务角度推测。期权价格是由供、需力量决定，不同履约价格的期权各有不同的供、需力量。如果把期权比喻为保险，履约价格相当于是保险扣除额；不同扣减额的保险各有不同的供、需因子，不同履约价格的期权也是如此。保费特别低的保险需求可能特别高。为了满足这一需求，保费低的保险出售者将要求得到“高风险权利金”。而对期权来说，意味着一个高的隐含价格波动率，而非一个高的绝对价格。

价格波动率偏态如何影响交易决策？

拟定交易决策，必须把价格波动率偏态考虑在内。举例来说，假定履约价格X的价外期权，隐含价格波动率高于履约价格Y的价平期权，如果标的指数由Y向X的方向移动，则履约价格X的看涨与看跌期权隐含价格波动率可能会有下降的倾向，履约价格 Y 的看涨与看跌期权隐含价格波动率可能会上升。

让我们考虑这方面的问题。老王是一位有经验的 OEX 期权交易者，考虑做多 OEX 880 看跌期权。假定目前的 OEX 是 900，表 6－7 显示期权价格以及可能的市场情况发展，包括：OEX 指数、到期时间与 880 看跌期权的隐含价格波动率。老王看空股票市场的行情，认为 OEX 指数在未来两个星期内可能下跌到 880；另外，他也认为隐含价格波动率将维持不变。可是，关于价格波动率的预测，其中存在一些问题。

表 6－7　　价格波动率偏态的影响

	(1) 起始定价因素		(2) 指数与天数变动，价格波动率不变		(3) 指数、天数与价格波动率都变动
定价因素					
指　数	900	→	880	→	880
履约价格	880				
股息发放率	1.6%				
价格波动率	19.7%	→	19.7%	→	18.0%
利　率	4.5%				
到期天数	35	→	25	→	25
结　果					
880 看跌期权价格	$12^{1/4}$	→	$17^{1/4}$	→	$15^{5/8}$
预估获利			5		$3^{3/8}$

在价格波动率偏态的情况下，何谓“隐含价格波动率维持不变”？当老王推估 880 看跌期权的理论价值，应该采用哪个隐含价格波动率？如果老王预估的指数没错，10 天之后的 OEX 指数为 880，则 880 看跌期权将由 20 点价外演变为价平。如果价格波动率偏态确实维持不变，则隐含价格波动率将由 19.7%下降为 18%（见表 6－7）。

第一列显示起始市场情况：指数为 900，到期天数为 35，隐含价格波动率为 19.7%，800 看跌期权价格为 $12^{1/4}$。第二列假定 OEX 指数下跌到 880，到期天数减少到 25 天，隐含价格波动率仍然是 19.7%，880 看跌期权的估

计理论价值是 $17^{1/4}$。第三列的假设与第二栏相同，但隐含价格波动率为 18%，880 看跌期权在这种情况下的估计理论价值为 $15^{5/8}$。我们发现，在第二列与第三列的假设下，获利分别为 5 与 $3^{3/8}$。这方面的获利差异是否会改变交易决策，完全取决于老王的主观判断。虽说如此，但老王即使对于指数与时间的预测非常有信心，价格波动率偏态还是可能影响最后的决策。

通过这个例子可以发现，假定其他条件维持不变，价格波动率偏态对于价外期权的买方显然不利。当然，其他条件通常都不会维持不变。价格波动率偏态（换言之，图 6-5 的曲线）的位置或形状可能变动。这两方面的变动都可能造成某种策略更适用或更不适用。因此，期权交易者必须考虑价格波动率偏态的问题，以及隐含价格波动率的整体水平。

本章小结

价格波动率衡量价格变动的程度，不考虑变动的方向。历史价格波动率根据过去特定期间内实际发生的价格计算变动程度。预期价格波动率用在期权定价方程中，是交易者预测未来某特定时间的价格波动率。隐含价格波动率是指用来解释现行期权市场价格的价格波动率。

隐含价格波动率是衡量期权价格的通用基准，其功能就如同市盈率一样，市盈率可以衡量各种不同股票的价值，避免受到个别股票总盈利、在外流通股数……等条件的扭曲。对于不同标的资产的期权或不同到期时间的期权，隐含价格波动率是衡量期权价格的客观基准。

期权的理论价值是一种统计值，交易者应该注重相对价值，而不是绝对价值。所谓“价格高估”或“价格低估”，只不过说明隐含价格波动率与预期价格波动率之间的关系。如果交易风格不同或行情看法不同，交易者对于某特定期权的价格看法也可能不同。

CBOE 提供的价格波动率指数（VIX）是由 OEX 期权隐含价格波动率构成的加权指数。某些交易者利用 VIX 判断整体市场的隐含价格波动率一般水平。所谓“价格波动率偏态”，是指标的资产与到期时间相同的期权，经常因为履约价格不同而呈现不同的隐含价格波动率。拟定交易决策的过程中，必须考虑价格波动率偏态的形状与位置以及隐含价格波动率的整体水平。

第7章

期货价格的重要性

简 介

本章准备讨论股价指数期货合约，包括：运作机制、价值评估，以及它们与股票/股价指数期权之间的定价关系。首先，我们讨论期货合约的定义以及优点与缺点。其次，解释期货合约的运作机制与保证金制度。然后，解释期货价格与标的指数价格之间的关系。这方面的讨论也会涉及套利。最后，我们说明股价指数期权交易者为什么也必须了解期货价格。

股票市场由三个部分构成：股票、期权与期货。三者之间存在合理的价格关系，否则交易者可以做多某种交易工具而放空另一种交易工具，套取其中的无风险利润。

概念上，股票/期权/期货可以提供风险的转移，但它们各有特殊的性质与优、缺点。股票的买卖，代表完整的风险转移。股票买方承担所有的风险，换取完整的潜在报酬。股票卖方消除所有的风险，但也同时放弃全部可能的报酬。股价指数期货可以针对整体市场的风险进行转移。期货买方承担整体市场的风险，并因此取得获利潜能。持有现货股票头寸的投资人，可以通过期货空头头寸规避市场风险。期权的风险移转类似于保险。股价指数期权的买方，可以规避股票投资组合的不利风险，但仍然保有股票投资组合的获利潜能。股票期权的做空者可以赚取权利金的收益，但必须承担期权价值增加的风险。

定义：期货合约

期货合约是由买卖双方签订的协议，按照目前决定的价格，在期货合约到期日交换特定标准规格的商品。这项合约由买卖双方的代表人（经纪人）在交易所的营业大厅签订，由交易所担保买卖双方履行合约的义务。期货合约详细规定标准化商品的规格与交割程序。另外，买卖双方都必须在各自经纪商的账户内存入一笔资金，担保自己履行合约义务，这种存款称为保证金。不过，期货合约买卖双方实际承担的风险通常都远高于保证金额度。

期货合约类似于远期合约，但前者具有标准化规格，而且由交易所负责担保合约的履行义务。远期合约是由买卖双方签订的合约。举例来说，A 方同意在 9 月 23 日以某特定价格（该价格将在合约签订之前确定）向 B 方购买 22 500 加仑某特定等级的热燃油。远期合约的优点是买卖双方可以根据自己的需要，就特定的标的商品在特定的时间进行交易；缺点是双方都必须承担履约风险。在这个例子中，A 方承担的风险是 B 方可能无法在特定日期交割特定等级的热燃油，B 方承担的风险是 A 方可能不愿接受交割而付款。另外，除非得到买卖双方的同意，远期合约不能取消，这也是重大缺点之一。如果 A 方希望取消合约而 B 方不同意，A 方只好另外寻找买方，这位买方刚好需要在 9 月 23 日取得 22 500 加仑的特定等级热燃油。这即是流动性欠佳的风险。

反之，期货合约的流动性大体上很理想。除非在不寻常的市场情况下，期货合约出现涨停板或跌停板，否则都可以自由交易。另外，期货合约不涉及签约费用与履约风险。所以，从事期货交易的成本通常远低于远期合约。

标准化规格是期货合约的缺点之一。举例来说，如果每口合约代表 1 000加仑热燃油，就不可能通过交割机制取得 22500 加仑。买方必须购买 22 口或 23 口合约。可是，由期货市场的发展显示，参与者还是认为优点胜过缺点。

保证金账户余额每天调整

买卖双方的保证金账户余额每天按照市价进行结算，借以反映期货市场价格的变动。这种被称为“按市价调整”的机制可以确保账户保证金符合交易所的最低规定。

举例来说，王先生在第一天向李小姐购买1单位玉米期货合约，假定这口合约代表5 000蒲式耳玉米，价格是每蒲式耳$5.00，保证金为$2 000。这意味着王先生与李小姐都必须在经纪商的账户内存入$2 000。

让我们考虑交易双方承担的风险。王先生同意做多5 000蒲式耳玉米，单价为$5.00，总价款为$25 000。就理论上来说，玉米价格可能下跌到零；在这种情况下，除了保证金存款$2 000之外，他还必须支付$23 000，总损失是$25 000。

李小姐的情况则不同。如果李小姐已经持有5 000蒲式耳玉米可供交割，那么除了机会损失之外，没有其他风险。所谓机会损失，是玉米价格上涨所造成的收入减少。在这种情况下，李小姐只需要等待交割日期到来，然后按照交易所的规定交割玉米。交割之后，她可以收到$25 000的价款。可是，如果李小姐并未拥有实际的玉米，就必须承担无限的风险，因为玉米价格可能无限上涨——至少在理论上是如此。

接下来，我们考虑期货价格变动与“按照市价进行结算”对于保证金账户的影响。第二天，假定玉米价格上涨10美分成为$5.10，5 000蒲式耳玉米的价值为$25 500。由于合约价值增加$500，王先生保证金账户余额由$2 000增加为$2 500，李小姐的账户余额则由$2 000减少为$1 500。

现在，期货交易发生一种通常不会发生在其他证券交易中的现象。如果第二天的玉米价格上涨10美分，交易所通知李小姐的经纪人在账户内存入额外的$500，王先生的账户则增加对等的金额。每个交易日结束，都必须进行前述的结算与资金移转。如果价格上涨，现金将由空头头寸持有人的账户转移到多头头寸持有人的账户。如果价格下跌，现金转移的方向刚好相反。

这种每天进行的结算与现金移转，可以确保期货交易制度的财务安全。第一，这个制度可以确保每个期货头寸都得到交易所规定的最低保证金的担保。第二，每个未平仓头寸的未实现盈亏都得到现金的平仓。

在前述的例子中，李小姐账户转移$500到王先生的账户，她的保证金余额减少为$1 500。只要账户余额仍然高于交易所的最低规定金额，就不至于引发任何行动。可是，如果账户余额低于交易所的最低规定，经纪人就会通知李小姐补缴保证金，否则就必须结束该头寸。这种通知称为“追缴保证金”（margin call）。如果李小姐不能存入必要的保证金，又没有结束头寸，经纪人就有权利强制结束该头寸，不需得到李小姐的允许。

总之，为了确保期货市场的安全运作，每个未平仓期货头寸都必须至少存入最低保证金。

股价指数期货合约

股价指数期货合约是参与标的指数变动的一种交易工具。就理论上来说，股价指数期货合约的买方，同意做多股价指数成分股票的投资组合，卖方则同意卖出这个投资组合。可是，实际交割或接受交割标的指数的一篮子股票，程序非常麻烦，成本也很高。基于这个理由，股价指数期货合约采用现金结算（cash - settled）的制度。交割过程中，现金结算的股价指数期货合约只需要转移现金，而不是一篮子股票。

原则上，股价指数期货与前文讨论的玉米期货之间没有什么不同；两者都需要存入保证金，每天按照市价进行结算。可是，相对于传统的商品期货，股价指数期货具有两个特点：第一，到期采用现金结算；第二，到期结算采用开盘价为基准，就如同第 1 章讨论的股价指数期权一样。

股价指数期货合约的标的指数涵盖数种大盘指数。虽然每种合约都以股票市场的一般状况为基础，但每种合约的大小与保证金的规定都不尽相同，所以交易者必须留意这些合约的规格。

道·琼斯工业指数（DJIA）的期货合约在芝加哥期货交易所（CBOT）挂牌，合约价值是$ 10 乘以指数水平。举例来说，如果目前的 DJIA 是 8 000，做多 1 口 CBOT 的 DJIA 期货合约，相当于同意在到期日支付$ 10 乘以 8 000，取得$ 10 乘以到期当日的指数水平的金额；卖方则同意在到期日收取$ 10 乘以到期当时的指数水平的金额。CBOT 的 DJIA 合约代号是 DJ，合约交割月份是 3 月、6 月、9 月与 12 月。道·琼斯（Dow Jones）与道·琼斯工业指数（Dow Jones Industrial Average）是道·琼斯公司（Dow Jones & Company，Inc.）的商标，经过授权之后，CBOT 可以利用这些指数提供某些产品。请注意，CBOT 就 DJIA 推出的期货合约与期货期权合约并未受到道·琼斯公司的赞助、背书、做空或推广。对于这些商品的交易适当性，道·琼斯公司没有任何意见。

芝加哥商业交易所（CME）提供12种股价指数的期货合约。最受欢迎的两种合约，标的指数都是S&P 500。其中一种合约是$250乘以指数水平，代号是SP。另一种合约是E-Mini，合约价值是$50乘以指数，代号是ES。SP与ES的合约交割月份都是3月、6月、9月与12月。

有关详细的合约规格，可以向挂牌交易所索取资料。CBOT的电话：312-435-3500，网址：www.cbot.com。CME的电话：312-930-1000，网址：www.cme.com。

商品期货合约的定价

传统的商品期货合约（例如：玉米与小麦合约）都属于可以进行实物交割的合约。所谓“可以进行实物交割”，是指合约买方在到期日接受实物交割而支付现金，合约卖方在到期日进行实物交割而收取现金。换言之，传统期货合约在未来某特定日期将成为一笔实物商品的交易。所以，如果我们知道实体商品目前的即期价格（spot price），就可以计算期货合约的理论价格。原则上，期货价格通过以下公式决定：

期货理论价格 = 标的商品即期价格 + 持有成本

持有成本（cost of carry）包括：仓储、保险以及根据合约规定进行交割的运输成本。

举例来说，如果某玉米期货合约在1年之后交割，玉米即期价格是每蒲式耳$5.00，持有成本是即期价格的10%，在这种情况下，1年期玉米期货的理论价值是$5.50。

期货理论价值 = 玉米即期价格 + （10% × 1年）

$$= 5.00 + (5.00 \times 0.10 \times 1) = 5.50$$

让我们考虑期货价格高于或低于理论价值的情况。继续引用先前的例子。玉米现货价格为每蒲式耳$5.00，持有成本每年为10%，相当于1年为50美分，1年之后交割的期货合约理论价值为$5.50。

如果这个期货合约的市场价格是$6.00，那么我们可以放空期货合约，同时做多现货玉米（价格为$5.00），持有1年（成本为$0.50）。一年之后，利用这些现货交割期货空头头寸，赚取每蒲式耳$0.50的利润。

在自由竞争的市场，这类没有风险的获利机会不可能始终存在。前述的例子中，交易者持续做多玉米现货，同时放空玉米期货，将迫使玉米现货价格上涨，期货价格下跌，直到现货价格与期货价格恢复合理的关系为止。从事前述行为的市场参与者，称为“套利者”（arbitrageurs）。虽然套利行为本身在于追求获利，但这种行为也具备经济功能：促使相关价格维持合理的关系。所以，套利行为能够让偏高的期货价格下跌，使得玉米使用者享有较低的成本。

反之，如果期货市场价格是$ 5.00，低于理论价值$ 5.50，一年之后需要玉米的交易者将在$ 5.00 做多期货合约，而不愿意直接在$ 5.00 做多现货玉米之后再承担一年的持有成本，因为做多玉米现货储存到一年之后的总成本是$ 5.50/蒲式耳。在这种情况下，准备供一年之后使用的玉米的持有者将卖出现货，做多期货，造成现货价格上涨而期货价格下跌，直到两者之间恢复合理关系为止。

因此，不论期货价格高于或低于理论价值，市场上都会出现某些力量，迫使期货价格收敛到理论价值。

股价指数期货的定价

股价指数期货与标的指数之间也存在类似的价格关系。虽然股价指数期货不进行实际股票的交割，但期货合约到期的结算价值等于当时股票指数一篮子股票的市场价值。换言之，我们只要知道目前的股价指数水平，就能够计算期货合约的理论价值。可是，由于某些股票会分派股利，除了考虑传统商品的持有成本之外，还必须考虑股利。对于股票持有者来说，股利应该由持有成本扣减。因此，股价指数期货的定价公式为：

指数期货理论价格 = 标的指数水平 + 持有成本 – 股利

表 7 – 1 显示 9 月份 DJ 期货合约的理论价值计算过程。请注意，这个计算过程假定股利在时间上连续分派，均匀分配于整个期货合约期间。当然，股票实际上是在特定时间分派特定金额的股利（换言之，股利在时间上不连续）。所以，理论价值只是约估的数据；即使不存在套利的机会，期货实际价格与理论价值也未必完全吻合。

表 7－1　　　　计算 9 月份 DJ 期货的理论价值

假　设：	目前的 DJIA 为 7 893
	股息发放率为 1.7%
	到期天数为 65 天
	利率为 5.0%
持有成本：	= 指数水平 × 利率 × 时间因子（到期天数/365 天）
	= 7 893 × 0.05 ×（65/365）
	= 70
收取股利：	= 指数水平 × 股息发放率 × 时间因子（到期天数/365 天）
	= 7 893 × 0.017 ×（65 − 365）
	= 24
理论价值	= 指数水平 + 持有成本 − 股利
	= 7 893 + 70 − 24
	= 7 939

股价指数期权交易者所必须了解的期货知识

标的指数价格是评估期权理论价值的重要定价变量之一。个别股票期权的交易者可以直接观察标的股票的目前价格，但股价指数期权则不存在对等的可观察证券。性质最接近的证券是股价指数期货合约——如果有这类合约存在的话。

如果期货价格等于理论价值，现货指数水平可以视为标的资产价格，并直接输入期权定价公式计算股价指数期权的价值。在这种情况下，价平看涨期权的价值应该稍高于价平看跌期权，两者的差异大约等于期货指数与现货指数之间的差值，相当于前述的持有成本（包括股息发放率在内）。

狂热的市场情况

前述的期权价值评估程序在理论上虽然成立，但实务上还是存在一些复杂的情况。某些市场情况下，期货价格可能远高于或远低于理论价值。这类市场情况通常称为狂热的市场情况，价格大幅震荡，成交量非常大，下单系统可能塞车。由于价格信息没有办法立即更新，交易者不知道标的指数当时的水平，当然也就无从评估期权的价值。这种情况虽然不经常发生，但指数期权交易者还是应该有心理准备。

所以，如果股价指数期货合约价格脱离理论价值的正常区间，期权定价模型的标的指数水平也应该作调整。举例来说，如果期货价格较理论价格高出 2 点，则期权定价公式的标的指数也应该向上调整 2 点。这类调整在理论上应该会让期权理论价符合股价指数期货与股价指数期权之间的价格关系。可是，这类调整并不能担保所计算的期权价值必然正确。

价格偏离未必代表套利机会

即使股价指数期货与股价指数期权之间出现价格偏离的现象，非专业交易者恐怕也没有办法进行套利，理由至少有两点：第一，套利的价差空间通常很有限，非专业交易者适用的佣金与其他交易成本过高。第二，在狂热的市场情况下，整个下单系统的运作缺乏效率，即使出现套利机会，非专业交易者也无法掌握机会及时完成必要的交易。

本章小结

期货合约的买卖双方都必须存入保证金，但期货交易实际涉及的风险往往远高于保证金额度。按照市价进行结算的程序，使得交易账户每天都必须根据期货收盘价格进行结算，并且做必要的现金移转。传统商品期货属于可进行实物交割的合约，但股价指数期货采用现金结算。

期货价格与标的现货之间存在精确的理论价格关系，这个关系是由持有成本与到期时间确定的。如果期货市场价格等于理论价格，期权定价模型就可以直接利用现货指数来计算。目前市场上有许多不同的股价指数期货合约，各自的合约规格都不尽相同，实际进行交易之前必须作充分的了解。

第四篇

交易策略

第8章

做　多　期　权

简　介

购买指数期权是最常用的策略之一。这种策略看起来非常简单：购买指数期权的成本通常很低，风险有限，佣金大约类似于购买股票，而且还可以享有资金杠杆作用——如果行情判断正确的话。

真的这么简单吗？

恐怕不是。就如同任何活动一样，股价指数期权的交易涉及许多风险因素。第 III 篇的目的是讨论期权交易的一些实务细节，本章的重点则是购买指数期权的决策过程。

期权交易者最经常提出的第一个问题是：如何挑选“正确的期权”？可供挑选的期权毕竟很多，但对某特定市场情况预测应该存在一个最适合的期权。考虑“正确期权”的过程中，也会涉及一些其他的问题：如何衡量绩效？如何管理交易资金？如何掌握价格波动率的概念？

本章准备说明行情预测的步骤，分析数种可能的期权，然后利用分析结果挑选合适的期权。首先，利用 OP－EVAL 3™说明隐含价格波动率的计算方法；其次，追踪隐含价格波动率的变动，使得交易者对于价格波动率的预测更有信心。接着，我们利用软件评估各种市场情况预测的结果，讨论资金管理方法，最后说明“三部分市场行情”预测技巧，该方法能协助交易者拟定期权策略。

本章的例子都不考虑佣金与其他交易成本，但这些都是实际进行期权交易所必须考虑的重要变量。

分　析

老周从事期权交易已经5年，在此之前，他有多年的股票交易经验。目前，老周订阅了一份股价走势图周刊，每个星期花费1~3个小时分析走势图，拟定交易计划。每个月平均进行四笔交易；基于风险控制的考虑，通常都做多股价指数期权。

假定S&P 100指数（OEX）的目前水平是795，9月份期权还有42天到期，老周认为OEX可能上涨到820，但不确定这波涨势何时发生。他考虑做多一些OEX 9月份800看涨期权，单价为15，或做多一些OEX 9月份820看涨期权，单价为$7^{1/2}$。让我们观察老周的决策程序。

第一步，判断标的指数的走势，老周认为OEX将由795上涨到820。如何评估标的指数的走势，这个主题不在本书的讨论范围内，所以我们假定老周对于标的指数走势存在特定的看法，但不准备探究其中的理由。可是，请注意，任何交易策略的最大风险就是标的行情判断错误。老周了解其中的风险，也准备接受可能发生的财务损失。

第二步，绘制两个替代策略的盈亏结构图。对于这类简单的策略，有经验的交易者可以立即在脑海里绘制相关的图形，但为了说明起见，假定老周利用OE-EVAL 3™绘图。图8-1是在15做多800看涨期权的盈亏结构图，图8-2是在$7^{1/2}$做多820看涨期权的图形。我们发现，这两个策略承担的最大风险与损益平衡点都各自不同。

第三步，根据目前市场情况计算期权价格隐含价格波动率。如同第6章的解释，把价格波动率之外的定价因素输入期权定价模型，并且把期权理论价值设定为市场价格，如此计算的价格波动率就是隐含价格波动率；由另一个角度说，如果把隐含价格波动率与其他定价因素输入定价模型，计算出来的理论价值等于期权市场价格。我们可以利用隐含价格波动率评估各种替代策略的绩效，评估过程也可以比较隐含价格波动率目前读数与历史水平。

老周利用OP-EVAL 3™的看涨/看跌期权定价页面计算隐含价格波动率。请参考图8-3，老周输入目前适用的定价因素：OEX指数为795，履约价格800，90天期国库券，利率为5%，OEX的股息发放率为2%，期权到

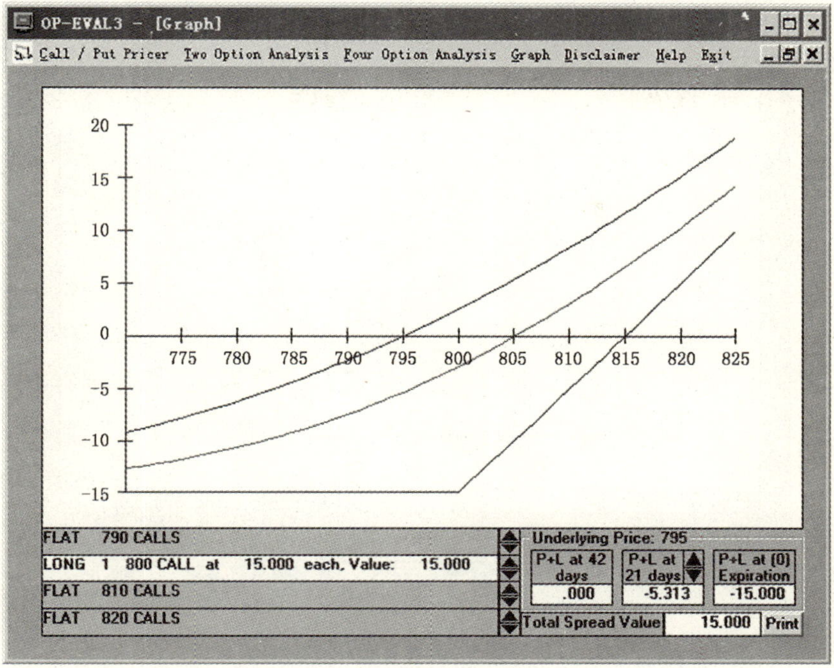

图 8－1 在 15 做多 1 口 800 看涨期权

期天数为 42 天，800 看涨期权的市场价格为 15。结果，OP－EVAL 3™显示的隐含价格波动率为 14.974%。经过四舍五入，老周利用 15%的隐含价格波动率，编制 800 看涨期权的理论价值表。

820 看涨期权的隐含价格波动率也可以通过相同的程序计算。在图 8－4 内，老周输入前述的定价因素，但把履约价格改为 820，把看涨期权的价格改为 7.500。按下 ENTER 键，隐含价格波动率为 14.904%。同样地，老周把这个数据四舍五入为 15%。

第四步，编制每个期权头寸的理论价值表，借以评估各种策略在不同指数水平与到期天数之下的表现。请参考 800 看涨期权的表 8－1 与 820 看涨期权的表8－2。相邻两行的 OEX 差距为 5 点，相邻两列的到期天数差距为 7 天。虽然 OP－EVAL 3™计算的理论价值数据都取到小数点以后第三位，但此处则取到最近的 1/8，借以反映实际的市场状况。

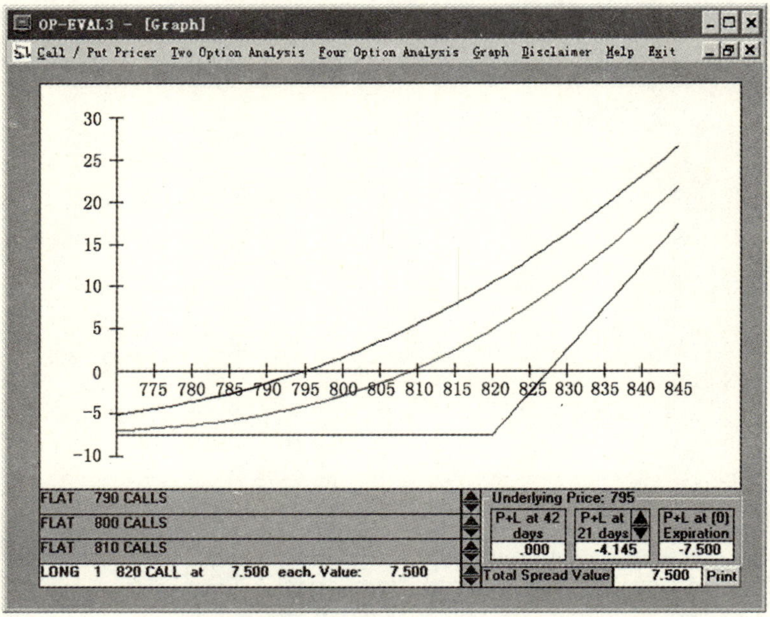

图 8-2 在 $7^{1/2}$ 做多 1 口 820 看涨期权

表 8-1 各种指数水平与到期天数之下的 800 看涨期权理论价值

行	指 数	(1) 42 天	(2) 35 天	(3) 28 天	(4) 21 天	(5) 14 天	(6) 7 天	(7) 到期
1	830	$37^{3/4}$	$36^{3/8}$	$34^{7/8}$	$33^{1/2}$	32	$30^{3/4}$	30
2	825	$33^{3/8}$	$32^{3/8}$	$30^{7/8}$	$29^{1/4}$	$27^{5/8}$	$26^{7/8}$	25
3	820	$30^{1/8}$	$28^{5/8}$	27	$25^{1/4}$	$23^{3/8}$	$21^{3/8}$	20
4	815	$26^{5/8}$	$25^{1/8}$	$23^{3/8}$	$21^{1/2}$	$19^{1/2}$	17	15
5	810	$23^{3/8}$	$21^{3/4}$	20	$18^{1/8}$	$15^{7/8}$	$13^{1/8}$	10
6	805	$20^{3/8}$	$18^{3/4}$	17	15	$12^{5/8}$	$9^{1/4}$	0
7	800	$17^{1/2}$	16	$14^{1/8}$	$12^{1/8}$	$9^{7/8}$	$6^{7/8}$	0
8	795	15	$13^{3/8}$	$11^{5/8}$	$9^{3/4}$	$7^{3/8}$	$4^{1/2}$	0
9	790	$12^{3/4}$	$11^{1/8}$	$9^{1/2}$	$7^{5/8}$	$5^{1/2}$	$2^{7/8}$	0

说明：股息发放率 2%，价格波动率 15%，利率 5%。

输入：800看涨期权价格为 15。

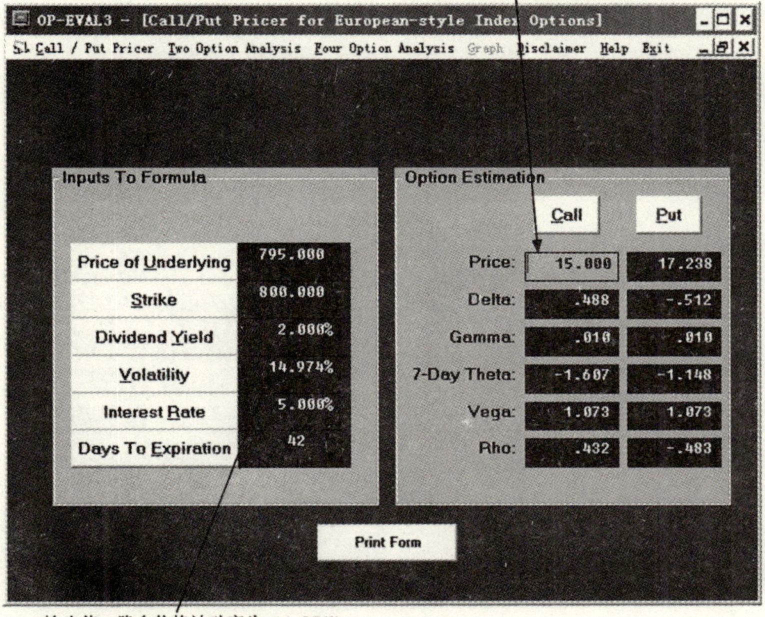

输出值：隐含价格波动率为 14.974%。

图 8-3 800 看涨期权的隐含价格波动率

表 8-2 各种指数水平与到期天数之下的 820 看涨期权理论价值

行	指　数	(1) 42 天	(2) 35 天	(3) 28 天	(4) 21 天	(5) 14 天	(6) 7 天	(7) 到期
1	830	$23^{7/8}$	$22^{1/8}$	$20^{3/8}$	$18^{3/8}$	$16^{1/8}$	$13^{1/4}$	10
2	825	$20^{7/8}$	$19^{1/8}$	$17^{1/4}$	$15^{1/4}$	$12^{7/8}$	$9^{7/8}$	5
3	820	18	$16^{3/8}$	$14^{1/2}$	$12^{1/2}$	$10^{1/8}$	7	0
4	815	$15^{1/2}$	$13^{3/4}$	12	10	$7^{5/8}$	$4^{3/4}$	0
5	810	$13^{1/8}$	$11^{1/2}$	$9^{3/4}$	$7^{7/8}$	$5^{5/8}$	3	0
6	805	$11^{5/8}$	$9^{1/2}$	$7^{7/8}$	$6^{1/8}$	$4^{1/8}$	$1^{3/4}$	0
7	800	$9^{1/4}$	$7^{3/4}$	$6^{1/4}$	$4^{5/8}$	$2^{7/8}$	1	0
8	795	$7^{1/2}$	$6^{1/4}$	$4^{7/8}$	$3^{3/8}$	$1^{7/8}$	1/2	0
9	790	$6^{1/8}$	5	$3^{3/4}$	$2^{1/2}$	$1^{1/4}$	1/4	0

说明：股息发放率 2%，价格波动率 15%，利率 5%。

在这两份表格内，目前的情况都是第 8 行/第 1 列：OEX 指数 795，到期天数 42 天，800 看涨期权价格 15（见表8-1），820 看涨期权价格 $7^{1/2}$（见表输入：820看涨期权价格为 $7^{1/2}$。

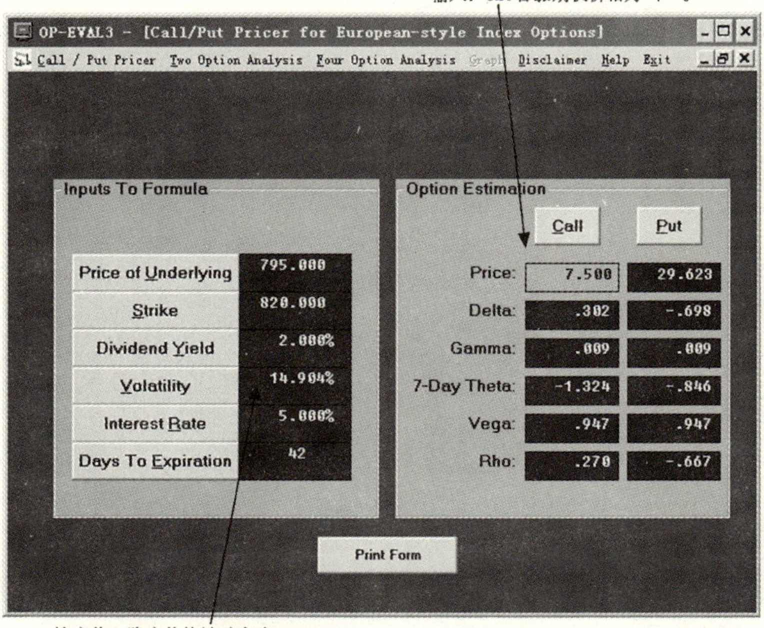

输出值：隐含价格波动率为14.904%。

图 8－4　820 看涨期权的隐含价格波动率

8－2)。关于其他的定价因素：股息利率为 2%，利率为 5%，价格波动率为 15%。有关隐含价格波动率变动的问题，留待稍后讨论。现在，这两份表格可以协助老周拟定交易决策。

如何进行分析？首先根据标的指数的预测，评估 800 看涨期权与 820 看涨期权的表现。老周相信 OEX 将上涨到 820，但不知道什么时候。虽然老周通常都至少做多 3 口或以上的期权，但为了简单起见，暂时先考虑 1 口期权的情况。

假定标的指数的涨势发生在一个星期内，当期权还有 35 天到期，OEX 指数为 820，表 8－1 估计的 800 看涨期权价值由 15 上涨为 $28^{5/8}$（第 3 行/第 2 列），获利为 $13^{5/8}$（或$ 1 362.50)。表 8－2 估计的 820 看涨期权价值由 $7^{1/2}$ 上涨为 $16^{3/8}$，获利为 $8^{7/8}$（或$ 887.50)。不考虑交易成本。

其次考虑 2 个星期与 3 个星期的时间架构。按照表 8－1 的估计，当期权还有 28 天到期，OEX 指数为 820、800 看涨期权价值为 27（第 3 行/第 3 列)，获利为 12（或$ 1 200)；当期权还有 21 天到期，OEX 指数为 820、800

看涨期权价值为 $25^{1/4}$（第 3 行/第 4 列），获利为 $10^{1/4}$（或$1 025）。同理，按照表8－2 的估计，当期权还有 28 天到期，OEX 指数为 820、800 看涨期权价值为 $14^{1/2}$，获利为 7（或$700）；当期权还有 21 天到期，OEX 指数为 820、800 看涨期权价值为 $12^{1/2}$，获利为 5（或$500）。

当然，标的指数可能不涨反跌。如果标的指数下跌为 790，根据表 8－1 的估计，2 星期之后的 800 看涨期权价值为 $9^{1/2}$（第 9 行/第 3 栏），3 个星期之后为 $7^{5/8}$（第 9 行/第 4 列），损失分别为 $5^{1/2}$（或$ 550）与 $7^{3/8}$（或$737.50）。按照表 8－2 的估计，2 个星期与 3 个星期之后，820 看涨期权的价值分别下跌到 $3^{3/4}$与 $2^{1/2}$，损失分别为 $3^{3/4}$（$375）与 5（或$500）。

前述的分析可以归纳为什么结论呢？如果由金额衡量，两个策略的结果显然不同。

如果标的指数及时上涨，购买 800 看涨期权的潜在获利金额高于购买 820 看涨期权；可是，如果标的指数没有及时上涨或下跌，购买 800 看涨期权的潜在损失金额也高于购买 820 看涨期权。结论：购买履约价格不同的两种期权，如果购买数量相同，则某个期权的绩效不会绝对优于另一个期权；换言之，就盈亏的绝对金额来说，两个期权都各有利弊，做多较低履约价格的看涨期权，获利潜能较高，但潜在损失也较大。

可是，如果按百分比的角度衡量，结论又不同了。

按百分比绩效衡量

根据表 8－1 与表 8－2 的第 3 行与第 9 行资料，表 8－3 显示购买 800 看涨期权与 820 看涨期权的绝对金额与相对百分比盈亏结果。在表 8－3 的上半部，假定 OEX 指数由 795 上涨到 820，考虑的时间架构为 1 个星期到 6 个星期（反映表 8－1 与表 8－2 第 3 行的第 1 列）。在表 8－3 的下半部，则考虑相同时间架构内，OEX 指数由 795 下跌到 790 的状况（反映表 8－1 与表 8－2第 9 行的每一列）。

请观察表 8－3 的百分比数据，挑选 800 看涨期权或 820 看涨期权的评估准则，显然不是唯一取决于标的指数的走势幅度。那还需要考虑什么呢？

评估 800 看涨期权或 820 看涨期权多头头寸的百分比绩效，时间是关键因子之一。举例来说，如果标的指数在 1 个星期之内由 795 上涨到 820，购买 820 看涨期权的报酬率是 118%，购买 800 看涨期权的报酬是 91%。如果标的指数花费 3 个星期的时间上涨到 820，则购买这两个期权的报酬大约相等。

表 8-3　　比较 800 看涨期权与 820 看涨期权：金额与百分比

时间	OEX 指数 795→820					
	在 15 做多 800 看涨期权			在 $7^{1/2}$ 做多 820 看涨期权		
	800 看涨期权价格 OEX = 820	金额变动	百分比变动（%）	820 看涨期权价格 OEX = 820	金额变动	百分比变动（%）
1 周后	$28^{5/8}$	+$1 362	+91	$16^{3/8}$	+$887	+118
2 周后	27	+$1 200	+80	$14^{1/2}$	+$700	+93
3 周后	$25^{1/4}$	+$1 025	+68	$12^{1/2}$	+$500	+67
4 周后	$23^{3/8}$	+$ 837	+56	$10^{1/8}$	+$262	+35
5 周后	$21^{3/8}$	+$ 637	+42	7	-$ 50	- 7
6 周后	20	+$ 500	+25	0	-$750	-100
时间	OEX 指数 795→790					
	在 15 做多 800 看涨期权			在 $7^{1/2}$ 做多 820 看涨期权		
	800 看涨期权价格 OEX = 820	金额变动	百分比变动（%）	820 看涨期权价格 OEX = 820	金额变动	百分比变动（%）
1 周后	$11^{1/8}$	-$ 387	- 26	5	-$250	-29
2 周后	$9^{1/2}$	-$ 550	- 37	$3^{3/4}$	-$375	-50
3 周后	$7^{5/8}$	-$ 737	- 51	$2^{1/2}$	-$500	-66
4 周后	$5^{1/2}$	-$ 950	- 61	$1^{1/4}$	-$625	-83
5 周后	$2^{7/8}$	-$1 212	- 81	1/4	-$725	-97
6 周后	0	-$1 500	-100	0	-$750	-100

如果标的指数的涨势发生在 4 个星期或以上，则购买 800 看涨期权的报酬率优于 820 看涨期权。举例来说，如果标的指数在 5 个星期（6 个星期）之内由 795 上涨到 820，购买 800 看涨期权的报酬率为 42%（25%），购买 820 看涨期权的报酬率为 -7%（-100%）。请注意，此处考虑的期权只有 6 个星期的合约期间，如果标的指数在 6 个星期之后才上涨到 820，价平 820 看涨期权到期没有价值。

如果老周对于标的行情的判断错误，OEX 由 795 下跌到 790，两个策略的绩效差异程度远低于行情判断正确的情况。如果标的指数下跌，两个策略承担的最大风险都是100%的损失（损失全部的权利金）。如果OEX在1星期内下跌到790，800看涨期权的损失是26%，820看涨期权的损失是29%，两个策略的报酬率差异是3%。而OEX指数在1个星期内上涨到820，两个策略的报酬率差异则是27%（118%－91%）。

所以，前述的分析有何结论？第一，比较相同数量的800看涨期权与820看涨期权绝对金额绩效，并不是在相同的立足点上比较（因为购买这两种期权的权利金成本不同）。第二，如果评估百分比绩效，时间是一项重要变量。因此，老周如何在相同的立足点上比较这两个替代策略的绩效？

这是很重要的问题，但我们首先需要寻找某种更有效率的方法来解决这个问题。表8－1与表8－2虽然能够提供许多绩效的信息，但编制与分析这类表格相当耗费时间。是否存在更简单的方法能够提供相同的信息呢？答案是肯定的。

运用风险衡量值：方法1

利用第5章讨论的头寸风险衡量值（position Greeks），很容易评估各种替代策略的相对绩效，不需编制表8－1与表8－2之类的理论价值表。这也是为什么有经验的交易者偏好运用头寸delta、gamma、vega与theta值的缘故——节省时间！

利用OP－EVAL 3™的看涨/看跌期权定价页面编制表8－4，老周很容易比较800看涨期权与820看涨期权多头头寸的绩效。这份表格显示两个头寸的风险衡量值。首先考虑头寸delta值，800看涨期权值为＋0.488，820看涨期权为＋0.302。这方面的差异可以说明800看涨期权的短期获利金额潜能何以高于820看涨期权。可是，800看涨期权的获利潜能虽然较高，但做多的权利金成本为15，也高于820看涨期权的$7^{1/2}$。所以，800看涨期权多头头寸承担的风险高于820看涨期权多头头寸。

两个头寸的vega值都为正数，所以它们将因为价格波动率上升而受惠、因为价格波动率下降而受损。可是，800看涨期权的vega值较大，对于价格波动率变动的敏感性较高。所以，如果老周相信价格波动率将上升，购买800看涨期权应该优于购买820看涨期权。

表 8－4 头寸风险衡量值：做多 1 口 800 看涨期权/做多 1 口 820 看涨期权

	做多 1 口 800 看涨期权	做多 1 口 820 看涨期权
价　格	15.000	7.500
Delta 值	＋0.488	＋0.302
Gamma 值	＋0.010	＋0.009
Vega 值	＋1.073	＋0.947
Theta 值	－1.607	－1.324

说明：指数 795，股息发放率 2%，价格波动率 15%，利率 5%，到期时间 42 天。

由头寸 theta 值判断，时间变化一单位所造成的价值耗损，800 看涨期权大于 820 看涨期权。根据表 8－4 显示，如果其他定价因素维持不变，时间变化 7 天将造成 800 看涨期权的价值减少 1.607，820 看涨期权的价值减少 1.324，两者几乎相差 20%。这也显示 800 看涨期权的风险较高。

两个头寸的 gamma 值大约相同，意味着标的指数上涨将造成两个头寸的 delta 值呈现等量的上升，标的指数下跌也会造成 delta 值出现等量的下降。

这些头寸风险衡量值的数据可以确认通过表 8－1 与表 8－2 分析的结论。购买 800 看涨期权或购买 820 看涨期权，某个策略并不绝对优于另一个策略。800 看涨期权多头头寸的 delta 值较大，theta 值较小，意味着获利潜能较大，潜在风险也较高。800 看涨期权的偏高 delta 值显示这个期权对于标的指数变动的敏感性大于 820 看涨期权；换言之，标的指数上涨或下跌 1 点，800 看涨期权的价值上升或下降金额都大于 820 看涨期权。800 看涨期权的 theta 值较小，显示 800 看涨期权每星期的价值耗损金额超过 820 看涨期权（假定其他定价因素维持不变）。这两个衡量因子——delta 值与 theta 值——很容易显示两个策略的风险/报酬结构。在这个例子中，头寸 vega 值与 gamma 值似乎没有显著的差异，但对于多种期权构成的头寸，gamma 值与 vega 值的分析就非常重要。

接下来，让我们由“比较平等的立足点”评估这两个替代策略。

资金管理

如何在相同立足点评估两个风险有限的策略呢？风险程度显然是可以考

虑的准则之一。如果两个头寸承担的最大潜在风险相等，那么我们至少可以由这个角度来进行比较。当然，由其他评估准则来说，这两个策略还是会呈现相对优点与缺点——但它们的最大潜在风险至少相等。

老周可以根据自己所愿意承担的风险金额，评估这两个替代策略的绩效。根据这个风险金额，老周可以计算每种不同履约价格的期权所能够购买的数量；换言之，在相同的最大风险程度下，评估两个头寸的绩效。

假定老周愿意承担$6 000 的风险，他可以在单价 15 购买 4 口 9 月份 800 看涨期权（4×$1 500 = $6 000），或在单价 $7^{1/2}$ 购买 8 口 9 月份 820 看涨期权（8×$750 = $6 000）。利用图 8－5 与图 8－6 可以比较这两个最大潜在风险相同的策略，前者是做多 4 口 800 看涨期权的盈亏结构，后者是做多 8 口 820 看涨期权的盈亏结构。两个头寸承担的最大风险都是 60 点或$6 000，但损益平衡点不同。请注意这两个头寸的到期价值，向右上方倾斜的线段斜率不同，820 看涨期权的斜率是 800 看涨期权斜率的两倍，因为 820 看涨期权的数量是 8 口，800 看涨期权的数量是 4 口，前者是后者的两倍。就期权到期而言，如果标的指数低于 800，两个头寸都会发生最大的损失$6 000，但如果标的指数高于 800，两个头寸的到期结果不同。

由于两个策略的风险资本相同，表 8－3 的百分比仍然适用。结论："时间"是分析的关键因素。

评估过程必须考虑时间因素！这也是从事期权与股票（或期货）交易之间的最大差异。

请观察表 8－3，如果行情方向的预测正确，由第 3 个星期开始，做多 820 看涨期权的报酬率不再优于 800 看涨期权。OEX 指数是否会在 3 个星期之内上涨到 820？这个问题的答案必须取决于老周的判断，但这个答案也关系着如何挑选两个替代策略：购买 4 口 800 看涨期权或购买 8 口 820 看涨期权。

运用风险衡量值：方法 2

老周也可以从整体头寸的角度评估替代策略。表 8－5 比较两个头寸的风险衡量值：做多 4 口 800 看涨期权/做多 8 口 820 看涨期权。做多 4 口 800 看涨期权的头寸 delta 值为 +1.952，做多 8 口 820 看涨期权的头寸 delta 值为 +2.416。两个头寸 gamma 值的差异看起来似乎不大，但 8 口 820 看涨期权

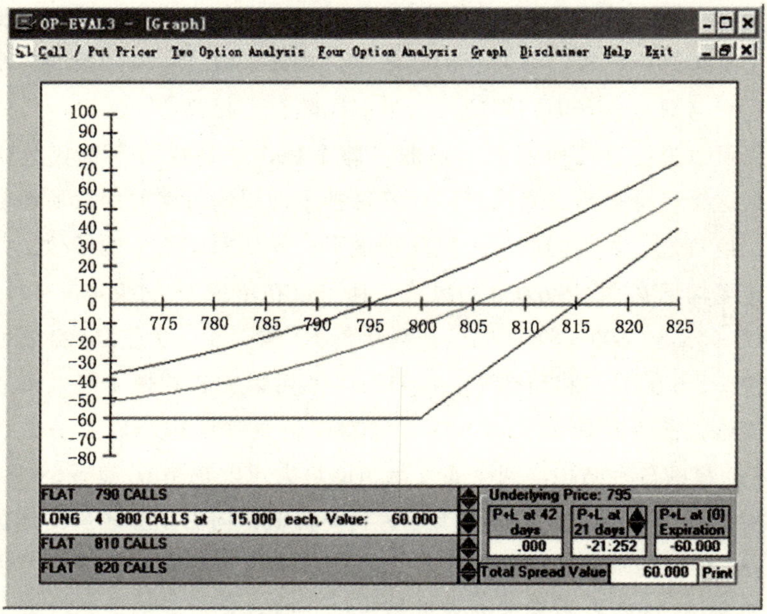

图 8-5 盈亏结构：在单价 15 做多 4 口 800 看涨期权

的 gamma 值为 +0.072，几乎是 4 口 800 看涨期权的两倍；换言之，如果标的指数上涨 1 点（其他定价因素维持不变），8 口 820 看涨期权的 delta 值上升速度，几乎是 4 口 800 看涨期权 delta 值的两倍。所以，8 口 820 看涨期权的起始 delta 值不仅较大，而且变动速度也较快；8 口 820 看涨期权对于指数变动的敏感性较高，而且两个头寸敏感性差异将因为指数上涨而愈来愈大。就头寸 delta 值与头寸 gamma 值判断，购买 8 口 820 看涨期权应该优于购买 4 口 800 看涨期权。可是，老周还必须考虑头寸 vega 值与头寸 theta 值，然后才能拟定更完整的决策。

表 8-5 头寸风险衡量值：做多 4 口 800 看涨期权/做多 8 口 820 看涨期权

	做多 4 口 800 看涨期权	做多 8 口 820 看涨期权
价 格	60.000	60.000
Delta 值	+1.952	+2.416
Gamma 值	+0.040	+0.072
Vega 值	+4.292	+7.576
Theta 值	-6.428	-10.592

说明：指数 795，股息发放率 2%，价格波动率 15%，利率 5%，到期时间 42 天。

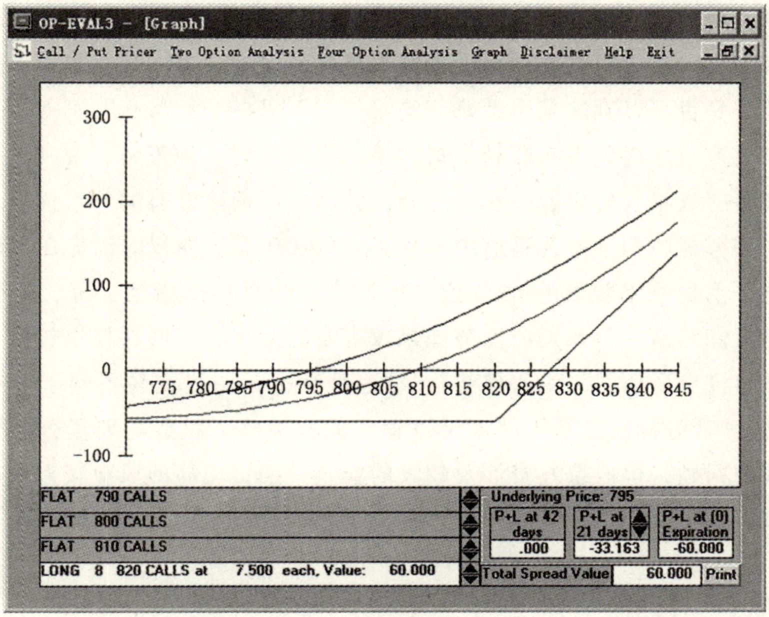

图 8-6 盈亏结构：在单价 $7^{1/2}$ 做多 8 口 820 看涨期权

做多 8 口 820 看涨期权的头寸 vega 值为 +7.576，大于做多 4 口 800 看涨期权的头寸 vega 值 +4.292。对于 8 口 820 看涨期权的多头头寸，这究竟是优势或劣势？不幸地，这个问题没有绝对的答案，完全取决于价格波动率上升或下降。如果价格波动率上升，头寸 vega 值当然愈大愈好。可是，如果价格波动率下降，头寸 vega 值偏高将是缺点。这方面的分析有何涵义？

老周必须预测价格波动率的未来变化。本章稍后会讨论价格波动率的预测。

表 8-5 的资料显示，做多 4 口 800 看涨期权的时间耗损低于做多 8 口 820 看涨期权，前者的头寸 theta 值为 -6.428，后者为 -10.592；换言之，前者因为时间变化 7 天的价值耗损为 6.428 点或$642.80，后者因为时间变化 7 天的价值耗损为 10.592 点或$1 059.20。

两个头寸的分析摘要

截至目前为止，头寸风险衡量分析显示，做多 8 口 820 看涨期权对于标的指数变动的敏感性较高，而且敏感性变动的速度也较快。另外，820 看涨期权多头头寸对于价格波动率变动的敏感性也较高，时间耗损较大。根据这些结论，是否可以判断某个策略“绝对优于”另一个策略呢？不能。

在效率市场内，没有哪种策略“绝对优于”另一种策略，否则具备绝对优势策略的成本（价格）会被迫上升，并因此而消除既有的绝对优势。

老周考虑的两种替代策略中，购买 8 口 820 看涨期权的优势在于较高的 delta 值，劣势在于较低的 theta 值。换言之，如果标的指数上涨，这个头寸的获利潜能较高，但预期的涨势如果没有及时发生，时间耗损也较严重。

既然没有所谓的“绝对优势”，结论是什么？期权交易不同于股票或期货交易，“看好标的行情”并不足以拟定期权策略。股票与期货合约没有时间耗损的问题，但股票投资涉及较大的资金，期货交易的风险较大。就概念上来说，这三种交易工具有什么差异呢？

三个部分的预测

老周需要考虑标的行情的走势方向，就如同股票或期货交易一样，但表 8－3 显示老周必须考虑时间因子。另外，价格波动率的变动也会影响头寸价值。一旦决定风险金额之后（目前这个例子是$ 6 000），老周必须评估三个因子：标的指数、时间与价格波动率。

截至目前为止，我们都没有考虑价格波动率。由表 8－1 到表 8－3，我们都假定价格波动率维持不变。可是，持有期权的期间内，价格波动率随时可能变动，交易决策显然应该把这点考虑在内。下面准备讨论价格波动率的相关预测，说明交易决策如何纳入这个因素。

价格波动率

交易者如何预测价格波动率？这个问题没有绝对的答案，但通过历史价格波动率与隐含价格波动率，或许可以得到一些资料。如果你打算预测任何东西，首先需要搜集历史数据。当然，历史数据或任何资料都不能保证你可以精确预测未来的发展。虽说如此，交易决策还是需要依赖某种预测，然后才能采取行动。

为了搜集隐含价格波动率的数据，老周观察一些历史资料，例如：收盘指数与期权价格（请参考表8-6，请注意，这些数据纯属虚构，主要是为了说明方便而设定，并不代表实际的市场资料）。

表8-6 追踪隐含价格波动率

天数	(1) OEX	(2) VIX	(3) 价平期权	(4) 到期天数	(5) 看涨期权价格	(6) 隐含价格波动率（%）
1	787.63	18.88	8月份790	34	$16^{3/4}$	17.55
2	785.89	21.14	8月份785	33	$22^{1/4}$	22.01
3	786.36	17.93	9月份785	58	$25^{3/4}$	18.56
4	784.10	16.79	9月份785	57	$22^{3/4}$	17.30
5	783.94	16.66	9月份785	56	$21^{1/2}$	16.52
6	780.99	16.64	9月份780	55	22	16.31
7	784.72	16.67	9月份785	54	$21^{1/2}$	16.22
8	790.90	16.06	9月份790	51	$20^{3/4}$	15.79
9	794.27	16.38	9月份795	50	20	15.98
10	794.06	16.49	9月份795	49	20	16.26
11	793.44	16.87	9月份795	48	$19^{3/8}$	16.20
12	794.49	16.85	9月份795	47	$19^{3/4}$	16.24
13	799.39	16.20	9月份800	44	$18^{3/8}$	15.56
14	798.18	17.22	9月份800	43	$17^{1/4}$	15.32
15	795.12	16.67	9月份795	42	$17^{3/4}$	15.15

说明：股息发放率1.9%；利率5%。

在表8-6中，老周记录连续15天的资料。当然，期间愈长，资料提供的信息愈多（可是，如果期间太长，过去的资料或许不能有效反映目前的市场情况）。另外，我们也不需连续观察，因为这些资料只是协助我们主观地拟定决策。

表8-6的第1列是收盘指数。这些资料你可以查阅报纸或《拜伦》杂志（*Barron's*），或请经纪人提供。第2列是每个交易日结束的价格波动率指数（VIX）。第6章曾经提到，VIX是CBOE根据OEX期权价格计算的隐含价

格波动率。虽然个别指数期权将因为本身的供、需关系而呈现不同的隐含价格波动率，但 VIX 可以反映 OEX 期权的整体隐含价格波动率水平。指数期权的交易或许也应该参考 VIX，因为这毕竟代表整体市场情况。

第 3 列显示每个交易日的价平期权。由于标的指数每天都会变动，所以价平期权的履约价格也会变动。第 4 列显示第 3 列期权的到期天数。随着时间变化，表格内剔除某些月份的期权，所以这一列的数据会逐渐减少，然后增加（每当某月份合约的到期天数剩下 28 ~ 35 天，就取代为一次到期月份的期权）。举例来说，由第 2 天到第 3 天，第 4 列的到期天数由 33 增加为 58，这是因为第 2 天采用 8 月份 785 的期权，第 3 天采用 9 月份 785 的期权。第 5 列的数据是第 3 列期权的收盘价。这些数据可以直接查阅报纸，或请经纪人提供，或上网查询（CBOE 的首页网址为：http：//www.cboe.com，盘中与收盘报价都大约滞后 20 分钟）。

第 6 列是把第 3 列期权的相关定价因素资料与期权价格（第 5 列）输入 OP - EVAL 3™所计算的隐含价格波动率。详细来说，我们需要在 OP - EVAL 3™输入当时的指数水平，第 3 列期权适用的利率、股息发放率、到期天数、履约价格，以及第 5 列的期权价格，然后按 ENTER 键，就可以得到隐含价格波动率的读数。

如何使用表 8 - 6 的资料呢？第 2 列与第 6 列提供隐含价格波动率的历史数据。虽然没有任何公认的方法可以预测未来的隐含价格波动率，但我们可以辨识隐含价格波动率的目前趋势。如果隐含价格波动率处在某个狭幅区间内，交易者可以判断隐含价格波动率将继续处在这个区间，或者向上或者向下突破。让我们观察老周如何进行预测。

首先，老周发现 800 看涨期权的隐含价格波动率为 15%（见图 8 - 3），低于表 8 - 6 第 2 列与第 6 列的所有数据。老周可以根据这个事实判断 800 看涨期权的隐含价格波动率偏低（换言之，800 看涨期权的价格偏低）。可是，这项事实也可能意味着隐含价格波动率处于“下降趋势”，将来的读数可能走低。由于本书不准备讨论预测的技巧，所以我们假定老周认为 800 看涨期权的隐含价格波动率偏低（读数将来可能走高）。当然，老周必须承担判断错误的风险。

其次，老周必须预测价格波动率的可能区间，然后评估替代策略的绩效。在这个例子中，老周针对三个部分的预测归纳出三种可能的情景：最佳情景、最可能情景与最糟情景。对于每种情景，老周设定标的指数的变动量、行情发生所需要的时间，以及当时的隐含价格波动率。

最佳情景（见表8－7）：标的指数在10天之内上涨到820，当时的价格隐含波动率上升为18%（见表8－7）。在这种情况下，800看涨期权的价格将是$30^{3/8}$，820看涨期权的价格是$18^{3/8}$。在15做多4口800看涨期权，在$38^{3/8}$卖出的获利为$61^{1/2}$点（（或$6 150）。在$7^{1/2}$做多8口820看涨期权，在$18^{3/8}$卖出的获利为87点（或$8 700）。所以，如果发生最佳情景，应该做多8口820看涨期权。

表8－7　　老周预测的最佳情景

	起始		最佳情景
定价因素			
指数水平	795	→	820
履约价格	800/820		
股息发放率	2%		
价格波动率	15%	→	18%
利　率	5%		
到期天数	42	→	32
理论价值			
800看涨期权价值	15	→	$30^{3/8}$
820看涨期权价值	$7^{1/2}$	→	$18^{3/8}$

策　略　结　果

在15.00做多4口800看涨期权		在7.50做多8口820看涨期权	
卖出价格	$30^{3/8}$	卖出价格	$18^{3/8}$
卖进价格	－15	卖进价格	$-7^{1/2}$
每口盈亏	$15^{3/8}$	每口盈亏	$10^{7/8}$
数　量	×4	数　量	×8
头寸盈亏	$61^{1/2}$	头寸盈亏	87
盈亏金额	$6 150	盈亏金额	$8 700

最可能情景（见表8－8）：标的指数在两个星期内上涨到815，当时的价格波动率为15%（见表8－8）。在这种情况下，800看涨期权的价格将是$23^{3/8}$，820看涨期权的价格是12。在15做多4口800看涨期权，在$23^{3/8}$卖出

的获利为 $33^{1/2}$点（或$ 3 350）。在 $7^{1/2}$做多 8 口 820 看涨期权，在 12 卖出的获利为 36 点（或$ 3 600）。所以，如果发生最可能情景，还是应该做多 8 口 820 看涨期权。

表 8－8　老周预测的最可能情景

	起始		最佳情景
定价因素			
指数水平	795	→	815
履约价格	800/820		
股息发放率	2%		
价格波动率	15%	→	15%
利　率	5%		
到期天数	42	→	28
理论价值			
800 看涨期权价值	15	→	$23^{3/8}$
820 看涨期权价值	$7^{1/2}$	→	12

策　略　结　果

在 15.00 做多 4 口 800 看涨期权		在 7.50 做多 8 口 820 看涨期权	
卖出价格	$23^{3/8}$	卖出价格	12
卖进价格	－15	卖进价格	$-7^{1/2}$
每口盈亏	$8^{3/8}$	每口盈亏	$10^{1/2}$
数　量	×4	数　量	×8
头寸盈亏	$33^{1/2}$	头寸盈亏	36
盈亏金额	$ 3 350	盈亏金额	$ 3 600

最糟情景：标的指数在两个星期内下跌到 790，当时的价格波动率降至 14%（见表 8－9）。在这种情况下，OP－EVAL 3™计算的 800 看涨期权价格将是 8，820 看涨期权的价格是 $3^{1/8}$。在 15 做多 4 口 800 看涨期权，在 8 卖出的损失为 28 点（或$ 2 800）。在 $7^{1/2}$做多 8 口 820 看涨期权，在 $3^{1/8}$卖出的损失为 35 点（或$ 3 500）。所以，如果发生最糟情景，应该做多 4 口 800 看涨期权。请注意，老周估计的最糟情景并不是真正可能发生的最糟情景，因为这两个部分都可能发生 100% 的损失；如果期权到期没有价值，两个头寸的损失都是$ 6 000。

表 8-9　老周预测的最糟情景

	起始		最糟情景
定价因素			
指数水平	795	→	790
履约价格	800/820		
股息发放率	2%		
价格波动率	15%	→	14%
利　率	5%		
到期天数	42	→	28
理论价值			
800 看涨期权价值	15	→	8
820 看涨期权价值	$7^{1/2}$	→	$3^{1/8}$

策　略　结　果

在 15.00 做多 4 口 800 看涨期权		在 7.50 做多 8 口 820 看涨期权	
卖出价格	8	卖出价格	$3^{1/8}$
卖进价格	-15	卖进价格	$-7^{1/2}$
每口盈亏	-7	每口盈亏	$-4^{3/8}$
数　量	×4	数　量	×8
头寸盈亏	-28	头寸盈亏	-35
盈亏金额	$2 800	盈亏金额	-$3 500

老周的决策

经过详细的分析之后，老周终于可以拟定决策了。表 8-10 摘要显示各种情景发展的结果，显示两种替代策略在各种市场情况发展之下的盈亏金额。请注意，这个表格并不足以挑选绝对优势的策略。如果行情按照最佳或最可能情景发展，做多 8 口 820 看涨期权的获利高于做多 4 口 800 看涨期权，差额分别为$ 2 550 与$ 250。关于风险方面，万一发生最糟情景，做多 8 口 820 看涨期权的潜在损失也大于做多 4 口 800 看涨期权，差额为$ 700。所以，如果做多 8 口 820 看涨期权，行情判断正确的获利多出$ 2 550；万一判断错误的损失多出$ 700，老周决定采取这个策略。

当然，老周对于行情的判断与分析，以及最后的决策，未必适用于其他交易者。可是，这并不是此处的重点。我们所强调的是老周的分析与决策程序。

表 8－10　策略结果的比较

指数/时间/价格波动率	购买 4 口 800 看涨期权	购买 8 口 820 看涨期权
最佳情景 820/10 天/18%	$6 150	$8 700
最可能情景 815/14 天/15%	$3 350	$3 600
最糟情景 790/14 天/14%	－$2 800	－$3 500

道·琼斯指数的期权

道·琼斯工业指数（DJX）、道·琼斯运输指数（DTX）或道·琼斯公用事业指数（DUX）期权的合约规格虽然不同，但本章讨论的基本概念也适用于这些期权。

表 8－11 与表 8－12 显示道·琼斯工业指数期权的分析例子。表 8－11 显示 DJX 75.00 看涨期权的理论价值，表 8－12 显示 DJX 77.00 看涨期权的理论价值。这两份表格的内容类似于表 8－1 与表 8－2，但价格表示为小数，不是 1/8 为单位的分数。每个方格内的理论价值都采用 OP－EVAL 3™的看涨/看跌期权定价页面运算。

表 8－13 比较 DJX 75.00 看涨期权与 DJX77.00 看涨期权的风险衡量值，类似于表 8－4 的 OEX800 看涨期权与 OEX820 看涨期权。表 8－13 的数据也是取自于 OP－EVAL 3™的看涨/看跌期权定价页面，但此处并没有显示图 8－3与图 8－4 的对应图形。

假定王先生看好道·琼斯工业指数的走势，准备投资$2 000，他考虑两个替代策略：在单价$2 做多 10 口 DJX 75.00 看涨期权，或在单价 $1^{1/8}$做多 17 口 DJX 77.00 看涨期权。为了根据自己的行情判断挑选较适当的策略，他应该采取前述老周的分析步骤。如同老周一样，王先生也会发现相同的“得失”关系。最后，依据他对于 DJX 的可能变动量、变动的时间与未来的隐含价格波动率预测等三部分的主观评估，他会挑选某种策略。

表 8－11　　各种指数水平与到期天数之下的 DJX 75.00 看涨期权理论价值

行	指　数	(1) 60 天	(2) 50 天	(3) 40 天	(4) 30 天	(5) 20 天	(6) 10 天	(7) 到期
1	78.00	3.91	3.82	3.65	3.47	3.28	3.10	3.00
2	77.50	3.61	6.44	3.25	3.06	2.85	2.64	2.50
3	77.00	3.25	3.07	2.88	2.67	2.44	2.19	2.00
4	76.50	2.91	2.72	2.52	2.31	2.06	1.78	1.50
5	76.00	2.58	2.40	2.19	1.97	1.71	1.39	1.00
6	75.50	2.28	2.09	1.89	1.66	1.39	1.06	0.50
7	75.00	2.00	1.81	1.61	1.38	1.11	0.77	0.00
8	74.50	1.74	1.55	1.35	1.13	0.87	0.54	0.00
9	74.00	1.50	1.32	1.12	0.91	0.66	0.36	0.00

说明：股息发放率为 2%，价格波动率为 15%，利率为 5%。

表 8－12　　各种指数水平与到期天数之下的 DJX 77.00 看涨期权理论价值

行	指　数	(1) 60 天	(2) 50 天	(3) 40 天	(4) 30 天	(5) 20 天	(6) 10 天	(7) 到期
1	78.00	2.64	2.44	2.24	2.00	1.74	1.41	1.00
2	77.50	2.33	2.14	1.93	1.69	1.42	1.08	0.50
3	77.00	2.05	1.86	1.65	1.41	1.14	0.79	0.00
4	76.50	1.79	1.60	1.39	1.16	0.90	0.56	0.00
5	76.00	1.55	1.37	1.67	0.94	0.69	0.38	0.00
6	75.50	1.33	1.13	0.96	0.75	0.52	0.24	0.00
7	75.00	1.14	0.97	0.79	0.59	0.38	0.15	0.00
8	74.50	0.96	0.80	0.63	0.46	0.27	0.09	0.00
9	74.00	0.81	0.66	0.50	0.34	0.19	0.05	0.00

说明：股息发放率为 2%，价格波动率为 15%，利率为 5%。

表 8－13　　头寸风险衡量值：做多 1 口 75.00 看涨期权/ 做多 1 口 77.00 看涨期权

	做多 1 口 75.00 看涨期权	做多 1 口 77.00 看涨期权
价　格	1.999	1.137
Delta 值	+0.544	+0.374
Gamma 值	+0.085	+0.085
Vega 值	+0.120	+0.115
Theta 值	-0.130	-0.118

说明：指数 75.00，股息发放率 2%，价格波动率 15%，利率 5%，到期天数 60 天。

本章小结

做多期权不同于购买股票或期货，因为期权具有独特的价格行为，预测过程完全不同。期权涉及三部分的预测，包括标的资产的未来走势、该走势发生的时间，以及走势发生之后的隐含价格波动率水平。

对于履约价格不同而形态与到期时间相同的期权，如果由相同的期权数量评估替代策略，立足点并不相同，因为相同数量的期权涉及不同的权利金成本。

评估期权替代策略包括五个步骤。第一，绘制每个策略的到期盈亏结构图，显示到期最大盈亏与损益平衡点。第二，在适当的情况下估计每种期权的隐含价格波动率，然后才能计算期权头寸在各种市场情况下的理论价值，并且编制为表格。第三，拟定资金管理的决策，设定自己准备投入的资金额度。决定风险资本的额度之后，可以计算每种策略（或履约价格）能够购买的期权数量。第四，利用理论价值表或头寸风险衡量值，评估每种策略的得失关系。第五，进行三个部分的预测：标的指数的变动量、标的指数变动的时间，以及标的指数变动之后的隐含价格波动率水平。关于价格波动率，追踪最近的隐含价格波动率走势，或许可以协助你预测未来的可能发展。可是，标的指数或价格波动率的任何预测方法都不能保证成功，交易者必须了解行情预测可能错误，必须有承担相关风险的心理准备。完成前述五个步骤之后，就可以挑选最适当的策略。

第9章 做空期权

简介

做空期权并不是做多期权的相反头寸。做空期权所涉及的风险与获利潜能，以及资金管理方法，都截然不同于做多期权。

未平仓的空头指数期权，理论上存在无限的风险，唯有经验丰富的交易者才适用这种策略，而且做空者必须符合一些财务上的规定，包括：最低净资产价值、最低年收入与特定的投资目标。另外，做空者的账户必须保有现金或证券的最低净值，借以担保期权空头头寸的合约履行义务。如果读者不具备前述的条件，本章的内容只能提供分析的功能，但不能实际采用相关的策略。

本章准备讨论未平仓的空头期权的评估程序与绩效追踪。说明基本的风险、获利潜能与对市场变化的敏感度之后，接着解释保证金规定与资金管理方法。然后，我们提出一套衡量获利潜能的标准方法，最后列举一个做空期权的例子，以及三个可能的情景发展，讨论空头头寸平仓的准则。例子中都采用虚构的期权，只是作为说明之用。

做空期权的基本概念

期权空头头寸的获利潜能有限，但潜在风险非常可观或无限。请参考图

9-1，这是在单价 8 做空 1 口 PNX 250 看涨期权的空头头寸（PNX 是费城证券交易所的电话类股指数，属于欧式期权）。如果到期指数低于 250，期权过期没有价值，做空者可以实现最大的获利$ 800。如果到期指数高于 250，期权的价值等于内在价值。由于期权的做空价格为 8，所以头寸的到期损益平衡点为 258，只要到期指数低于 258，头寸就能够获利，如果到期指数超过 258，头寸就会发生亏损。因为到期指数的上端没有限制，所以这个头寸的潜在损失也无限。

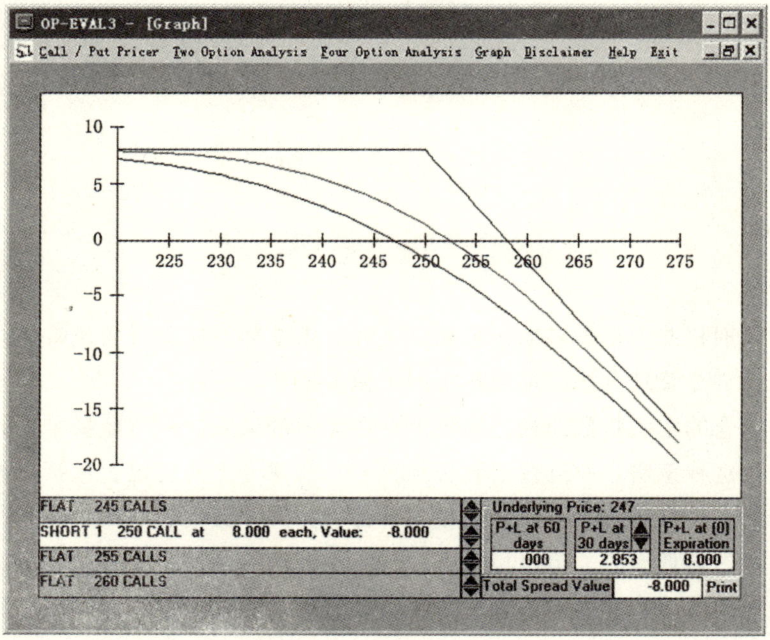

图 9-1　卖空一口 250 看涨期权，单价为 8

关于看涨期权做空头寸的风险衡量值，delta 为负数，gamma 为负数，vega 为负数，theta 为正数。请参考表 9-1，这个 PNX 250 看涨期权空头头寸的 delta 值为 -0.488，意味着 PNX 上涨 1 点将造成头寸价值下降 0.488 点（假定其他定价因素维持不变）。头寸 gamma 值为负数（-0.018），意味着头寸 delta 值将因为 PNX 变动而出现反方向的变动。头寸 vega 值为负数（-0.398），意味着 PNX 价格波动率上升将导致头寸价值下降，价格波动率下降将导致头寸价值上升（假定其他定价因素维持不变）。头寸 theta 值为正数（+0.595），意味着头寸价值将因为时间变化而增加。总之，根据表 9-1

的数据显示，这个空头头寸将因为标的价格下跌、价格波动率下降与时间变化而获利。

表9-1　　做空1口250看涨期权：头寸风险衡量值

	做空1口250看涨期权
价　格	8.000
Delta 值	-0.488
Gamma 值	-0.018
Vega 值	-0.398
Theta 值	+0.595

说明：指数247，股息发放率1.7%，利率5%，价格波动率22%，到期天数60天。

保证金规定

期权做空者必须达到一些财务条件（如最低净值与最低账户余额），证明自己有能力承担期权空头头寸的风险。除此之外，空头期权未平仓之前，交易者还必须在账户内存入特定数量的资本净值，称为起始保证金存款(initial margin deposit)。起始保证金存款不能绝对担保空头头寸的风险，经纪商有权利要求交易者补缴保证金，否则可以强制结束客户的头寸，不需经过客户的同意。

最低保证金额度是由相关交易所规定，但经纪商可以要求更高水平的保证金。所以，期权做空者必须了解经纪商的政策。

对于大盘指数的期权，未平仓的空头期权的保证金通常设定为：全部的权利金，加上标的指数价值的15%，减去期权的价外部分（如果有的话）。可是，未平仓的空头看涨期权的保证金不得低于权利金加上标的指数价值的10%，未平仓的空头看跌期权的保证金不得低于权利金加上看跌期权履约价格的10%。表9-2显示未平仓的空头1口S&P 500指数看涨期权的保证金计算过程。假定S&P 500的水平为950，在单价8未平仓的空头1口975看涨期权，保证金为$ 12 250，让我们由三个部分考虑：权利金为$ 800（8×$ 100）；标的指数价值为$ 95 000（950×$ 100），标的指数价值的15%为$ 14 250（95 000×15%）；期权价外部分为$ 2 500（（975-950）×$ 100）。这三部分款项的加总和为$ 12 550（$ 800+$ 14 250-$ 2 500）。另外，未平仓的空头看涨期权的保证金不得低于权利金加上标的指数价值的 10%；未平仓的空头看跌期权的保证金不得低于权利金加上看跌期权履约价格的 10%。如果根据基准百分比（15%）计算的保证金，大于最低百分比（10%）计算的保证金，就以基准百分比的结果为保证金，否则以最低百分比的结果为保证金。就目前这个例子来说，$ 12 250 大于$ 10 300，所以保证金为$ 12 250。任何指数期权空头头寸的保证金计算方法大体上都相同，但基准与最低百分比水平可能因为标的指数而不同。请注意，前述计算结果不包括经纪商对于账户最低净值的规定。

表 9-2　　未平仓的空头大盘指数看涨期权的保证金

假设：标的指数为 950，在 8 做空 1 口 975 看涨期权
未平仓的空头看涨期权的保证金通常设定为：全部的权利金，加上标的指数价值的 15%，减去期权的价外部分（如果有的话）。可是，未平仓的空头看涨期权的保证金不得低于权利金加上标的指数价值的 10%。

期权权利金 8 × $ 100	$ 800
+ 标的指数价值的 15%（950 × $ 100 × 15%）	14 250
− 价外部分（［975 − 950］ × $ 100）	− 2 500
= 保证金额度	$ 12 550

说明：除了保证金额度之外，经纪商还有最低账户净值的规定。

追缴保证金

如果标的指数上涨（下跌），做空看涨期权（看跌期权）所需的保证金增加。这种情况下，经纪商通常不会立即要求客户补缴保证金。可是，一旦账户净值下降到特定水平（所谓的最低保证金水平（minimum margin level）），经纪商就会通知客户补缴保证金，把账户净值提高到所谓的维持保证金水平（maintenance margin level）。这种程序称为追缴保证金。如果客户不按照规定补缴保证金，经纪商有权结束部分或全部的相关头寸。

衡量获利：基本概念

交易盈亏通常表示为年化百分比的格式，因为这样可以同时顾及金额与时间。计算年化收益率，是把盈亏金额除以起始投资金额，结果再乘以年化

因子，后者是全年天数除以头寸持有的天数。前述计算过程假设该投资的绩效可以重复发生于整个年度。请注意，这个假设的主要目的，是让替代策略能够在相同的时间基准上进行比较，年化数据并不代表全年度能够真正实现的收益。

让我们考虑两笔交易。王先生购买某个期权，单价为$6，90天之后卖出，价格为$12。李小姐购买另一个期权，单价为15，75天之后卖出，价格为$25。由于这两笔交易涉及不同的金额与期间，投资绩效通常采用年化收益率进行比较。

对于王先生来说，单位投资金额为$6，单位获利为$6，投资期间为90天，所以年化收益率为6÷6×365÷90=400%。对于李小姐的交易，单位投资金额为$15，单位获利为$10，投资期间为75天，年化收益率为10÷15×365÷75=324%。让我们再强调一次，年化收益率假设相同的交易绩效能够重复发生于整个年度，这个假设的目的只是为了在相同时间基准上进行比较，并不意味着该交易绩效实际上能够重复发生。另外，年化收益率只是一种比较基准，还有其他的绩效衡量方法，例如："绝对盈亏金额"或"获利交易笔数/亏损交易笔数的比率"。

衡量期权空头头寸的获利潜能

对于期权空头头寸，前一节的公式也可以用来估计其获利潜能。假定所做空的期权到期之前没有被指派，头寸的获利是权利金收入，起始投资金额是保证金额度。如果空头头寸持有至期权到期日，年化因子是全年天数除以到期天数。

表9-3说明获利潜能的年化收益率计算过程。这个例子继续引用表9-2的数据，做空1口975看涨期权，权利金为8，到期天数为60，起始保证金为$12 250。

表9-3　　计算获利潜能年化百分比

假设：	
获利（权利金收入）	$800
投资（保证金额度）	$12 550
每年天数	365

续表

到期天数	60

$$\text{年化获利潜能百分比}=\frac{\text{获利金额}}{\text{投资金额}}\times\frac{\text{每年天数}}{\text{到期天数}}$$

$$=\frac{\$800}{\$12\ 550}\times\frac{365}{60}=0.387=38.7\%$$

假定所做空的期权到期之前没有被指派。

附注：年化报酬假定投资绩效可以重复进行于整个年度，这个假设的目的只是提供一个共同的衡量时间基准，不代表真正实现的报酬率。

谨慎解释报酬率数据

评估期权做空策略的过程中，类似如表9-3的获利潜能报酬率不应该作为唯一的准则，因为未平仓的空头期权涉及显著的风险，只适用于财力雄厚经验老道的交易者。另外，评估不同的替代策略，唯有当其他条件都相同时——几乎不可能发生——衡量获利潜能报酬率才有意义。

年化收益率的优点是数据非常明确，缺点是不能纳入主观的因素，例如：行情预测与风险容忍程度。关于期权交易策略的评估，除了客观的数据之外，主观因素也很重要。

了解期权空头头寸的获利衡量方法之后，我们准备举例说明相关的运用，评估各种可能市场情况的影响。由于交易者无法预先知道后续的发展，所以此处考虑三种情景。

例子：期权空头头寸

陈先生是某大型银行的公关专家，他对于期权交易相当有经验，经常建立积极的头寸。在这个例子中，假定陈先生对于行情预测已经有特定的看法。当然，万一相关的行情预测出现错误，他必须坦然承担其中的风险。此处考虑三种可能的策略与三个可能的行情发展：最佳情景、最差情景与最可能的情景。让我们观察这三种情景分析与可能的结果。

陈先生追踪的指数是罗素2000（Russell 2000），报价代码为RUT，期权在CBOE挂牌，属于欧式期权。目前，RUT的水平是315，陈先生预期期权到期之前 24 天内，指数可能盘整于 312 ~ 325 之间，隐含价格波动率应该下降。因此，他考虑做空看跌期权。

表 9 - 4 是陈先生搜集的最近 20 天隐含价格波动率资料。第 1 列是 OEX 收盘价，第 2 列是 CBOE 提供的 OEX 隐含价格波动率指数（VIX，请参考第 6 章），第 3 列是 RUT 收盘指数，第 4 列是履约价格最接近第 3 列指数的价平看涨期权，第 5 列是第 4 列期权的到期天数。请注意，第 16 天的到期天数由 36 增加为 63，这是因为第 16 天开始采用下一月份的期权合约。每个交易者对于如何挑选到期天数各有不同的看法，但陈先生把到期天数设定在 30 ~ 60 天左右，如此才能在类似的到期天数基准上比较隐含价格波动率。

表 9 - 4　　陈先生追踪的隐含价格波动率

天	(1) OEX	(2) VIX	(3) RUT	(4) 价平履约价格	(5) 到期天数	(6) 看涨期权价格	(7) 隐含价格波动率
1	647.53	15.20	346.61	345	50	$8^{3/8}$	13.14
2	653.79	15.08	347.72	345	49	$9^{1/8}$	13.49
3	651.08	15.71	346.94	345	48	$8^{3/4}$	13.85
4	648.22	15.76	344.80	345	47	$7^{5/8}$	14.19
5	633.38	18.10	339.78	340	46	$7^{5/8}$	14.64
6	628.69	18.39	336.68	335	45	$9^{1/4}$	16.30
7	630.03	17.30	336.44	335	44	$8^{3/4}$	15.73
8	633.42	16.46	332.71	335	43	$6^{5/8}$	15.61
9	622.93	18.81	324.58	325	42	$7^{3/4}$	16.76
10	623.49	18.26	323.69	325	41	$7^{1/8}$	16.62
11	606.07	22.65	314.72	315	40	$7^{7/8}$	17.96
12	605.70	22.05	310.12	310	39	8	18.30
13	612.36	20.97	318.19	320	38	7	17.96
14	620.28	18.33	322.92	325	37	$6^{5/8}$	17.34
15	616.72	18.48	321.54	320	36	$8^{1/4}$	17.19
16	611.18	21.53	317.65	320	63	$9^{3/4}$	19.06
17	602.70	24.43	311.72	310	62	$11^{1/2}$	19.05
18	602.96	22.83	307.77	310	61	$9^{1/8}$	18.74
19	608.07	20.10	311.58	310	60	11	18.59
20	613.00	18.62	315.00	315	59	$9^{7/8}$	18.40

第6列是第4列看涨期权的价格，第7列则是第6列看涨期权价格隐含的价格波动率（换言之，把价格波动率之外的定价因素与期权价格输入OP-EVAL 3™的定价页面，然后计算价格波动率）。陈先生相信VIX与RUT指数期权的隐含价格波动率有助于分析未来的价格波动率。

陈先生每天大约花费5分钟的时间整理资料。这些收盘指数与期权的资料来自金融报纸、询问经纪人或上网查询（CBOE的网址为http://www.cboe.com）。关于VIX的资料，可以查阅星期一出版的《拜伦》周刊或到CBOE的网站查询。

通过表9-4判断，陈先生认为RUT期权的隐含价格波动率已经停止上涨，而且开始出现下降的趋势。由于他对于标的指数短期内走势的看法趋于中性，他希望从期权的时间耗损中获益，并且掌握价格波动率下降的契机。当然，万一标的指数出现重大的跌势，做空看跌期权的空头头寸将蒙受严重损失，但陈先生准备接受这方面的风险，考虑做空三种期权。

三种期权

目前距离8月份期权到期还有24天，陈先生考虑做空如下三种期权：RUT310看跌期权，单价$3^{3/8}$；RUT 315看跌期权，单价$5^{1/2}$；RUT 320看跌期权，单价$8^{1/4}$。表9-5显示做空1口看跌期权的头寸delta、gamma、vega、theta值与所需要的保证金，以及到期没有指派的年化收益率。这三个策略显然不能直接比较，每个头寸的delta值不同，年化报酬也不同。做空320看跌期权的潜在报酬率最高，但除非到期指数高于320（较目前水平高5点），否则不能实现这部分的报酬。所以，潜在报酬最高的头寸，风险也最高。在这三个头寸中，做空310看跌期权的delta值最小；换言之，万一标的指数下跌，这个头寸损失的绝对金额与相对损失百分比最低。然而，无论是绝对价值形式，还是年化报酬形式，这个头寸的获利能力也最低。对于这三个不能直接比较的替代策略，陈先生如何挑选呢？显然必须考虑他对行情发展的主观判断，以及个人的风险容忍程度。

表 9-5 头寸风险衡量值：做空 1 口 310 看跌期权/做空 1 口 315 看跌期权/做空 1 口 320 看跌期权

	做空 1 口 310 看跌期权	做空 1 口 315 看跌期权	做空 1 口 320 看跌期权
价　格	$3^{3/8}$	$5^{1/2}$	$8^{1/4}$
Delta 值	+0.338	+0.472	+0.607
Gamma 值	-0.025	-0.027	-0.027
Vega 值	-0.296	-0.321	+0.311
Theta 值	+0.764	+0.817	+0.744
保证金额度	$ 4 563	$ 5 225	$ 5 550
年化潜在报酬率 +	112%	146%	226%

说明：指数水平 315，股息发放率 1.7%，利率 5%，价格波动率 18%，到期天数 24 天。+年化收益率假定到期指数高于履约价格，期权到期之前没有被指派。

由于陈先生认为标的指数将盘整于 312~325 之间，决定在 $3^{3/8}$做空 5 口 310 看跌期权。这类主观性决策唯有陈先生本身才能决定。我们接受这个决策，然后按照三种发展情景分析每种策略的绩效。请注意，陈先生并不是盲目挑选潜在报酬率最高的策略，而是根据行情预测挑选最合适的策略。

准备进行交易

决定做空 5 口 310 看跌期权之后，陈先生编制表 9-6，显示头寸的最初风险衡量值与保证金额度。头寸 delta 值为 +1.690，意味着标的指数如果上涨 1 点，头寸将获利$ 169（假定其他定价因素维持不变），如果标的指数下跌 1 点，头寸将损失$ 169。头寸 gamma 值为负数，意味着 delta 与标的指数之间将维持反向的变动关系。详细来说，如果标的指数上涨 1 点，delta 值将下降 0.125 而成为 +1.565。头寸 vega 值为 -1.480，代表价格波动率上升 1 个百分点，头寸理论价值将减少$ 148，价格波动率下降 1 个百分点，头寸价值增加$ 148。头寸 theta 值为 +3.820，意味着时间变化 7 天将造成头寸价值增加$ 382（假定其他定价因素维持不变）。这些希腊字母可以显示头寸的风险敏感性是否符合交易者的预期。至于如何解释这些数据的意义，可能需要一些时间的练习。

表 9－6　　头寸风险衡量：做空 5 口 310 看跌期权

	做空 1 口 310 看跌期权
总权利金收入	$1 687.50
头寸 delta 值	+1.690
头寸 gamma 值	−0.125
头寸 vega 值	−1.480
头寸 theta 值	+3.820
保证金总额	$22 713.00

说明：指数水平 315，股息发放率 1.7%，利率 5%，价格波动率 18%，到期天数 24 天。

接下来，陈先生编制表 9－7，显示各种可能指数水平与到期天数之下的期权理论价值。虽然陈先生认为 RUT 在期权合约期间内将停留在 312 之上，但表 9－7 还是把指数下限设定为 303，尝试分析行情判断错误的可能结果。当然，在这段期间内，指数可能跌到 303 之下，所以表 9－7 并没有充分反映最大的可能损失。如同先前的说明，未平仓的空头看跌期权的最大风险是标的指数下跌为零。

表 9－7　　各种指数水平与到期天数之下的 310 看跌期权理论价值

行	指数	(1) 24 天	(2) 20 天	(3) 16 天	(4) 12 天	(5) 8 天	(6) 4 天	(7) 到期
1	327	7/8	5/8	3/8	1/4	1/16	0	0
2	324	$1^{1/4}$	7/8	5/8	3/8	1/8	0	0
3	321	$1^{3/4}$	$1^{3/8}$	1	3/4	3/8	1/16	0
4	318	$2^{1/2}$	2	$1^{5/8}$	$1^{1/4}$	3/4	1/4	0
5	315	$3^{3/8}$	$2^{7/8}$	$2^{1/2}$	$1^{7/8}$	$1^{3/8}$	5/8	0
6	312	$4^{1/2}$	4	$3^{1/2}$	3	$2^{3/8}$	$1^{3/8}$	0
7	309	$5^{7/8}$	$5^{3/8}$	$4^{7/8}$	$4^{3/8}$	$3^{3/4}$	$2^{3/4}$	1
8	306	$7^{1/2}$	7	$6^{5/8}$	$6^{1/8}$	$5^{1/2}$	$4^{3/4}$	4
9	303	$9^{3/8}$	9	$8^{5/8}$	$8^{1/8}$	$7^{3/4}$	$7^{1/4}$	7

说明：股息发放率 1.7%，价格波动率 18%，利率 5%。

利用表 9－7 与 OP－EVAL 3™的定价页面，陈先生可以估计期权头寸在三种情景下的行为与风险。

最佳情景

虽然陈先生预期中性偏多的行情，但 RUT 如果在 4 天之内上涨到 324，310 看跌期权的价值将下跌为 7/8（表 9－7 的第 2 行/第 2 列），单口期权的未实现获利为 $2^{1/2}$，5 口期权的总获利为$ 1 250（不考虑佣金）。在这种情况下，陈先生如何反应？

虽然可行的策略很多，但此处只考虑两种应对策略：继续持有空头头寸，或在 7/8 回补 5 口期权。如何拟定策略，其中涉及许多因素。首先，当初的行情预测是否发生变化？第二，是否达到预期目标水平？第三，如果目前立即获利了结，最大潜在获利可以实现多少百分比？第四，不论获利状况如何，目前的风险衡量值是否显著不同于当初的状况？风险的变动程度是否足以让陈先生提早结束头寸以及承担损失？让我们分别探讨这几个问题。

1. 行情预测是否发生变化？如同前文提到的，行情预测属于主观判断程度，不在本书的讨论范围内。如果陈先生对于行情的看法发生变化，则有无限多种可能性需要考虑。所以，此处假定陈先生的看法没有变动。

2. 是否达到目标水平？我们可以由指数或期权价格来考虑目标水平。陈先生认为指数将盘整于 312 到 325 之间，目前的指数水平为 324，所以指数下跌的可能性高于上涨。目标是否已经达成？这个问题的答案应该是肯定的。虽然随后的指数下跌过程可能很缓慢，从而由于时间耗损大于内在价值的下跌程度，使得整个空头头寸能够持续获利，但这类行情演变的希望非常渺茫。即使标的指数的走势“非常帮忙”，每口期权也顶多能够额外获利 7/8 点，显然不值得冒险。

3. 目前已经能够实现多少百分比的最大获利潜能？做空每口期权的最大获利是 $3^{3/8}$，目前的期权价格是 7/8；所以，如果目前回补期权，已经可以实现 74%（$(3^{3/8}-7/8)\div 3^{3/8}$）的最大获利。另外，原本预估的交易期间为 24 天，目前只经过 4 天；换言之，在短短 17% 的预期期间内已经实现 74% 的获利。从这个角度考虑，似乎应该回补期权。

4. 目前的风险衡量是否显著不同于当初的状况？显然如此，每个风险衡量值都发生重大的变动。表 9－8 比较目前与当初的情况。由于指数上涨，看跌期权的价格下跌，权利金总值由$ 1 687.50 下降为$ 437.50。目前的 delta

值为 +0.665，大约是当初水平 +1.690 的 40%。新的 gamma 值与 vega 值也显示头寸的风险减少，但新的 theta 值显示时间耗损的利益下降。

表 9-8　　　　最佳情景

	目前头寸	起始头寸
期权价格	7/8	$3^{3/8}$
权利金总额	$ 437.50	$ 1 687.50
头寸 delta 值	+0.665	+1.690
头寸 gamma 值	-0.075	-0.125
头寸 vega 值	-0.840	-1.480
头寸 theta 值	+2.380	+3.820
保证金规定额度	$ 17 738	$ 22 813

说明：指数水平 324，股息发放率 1.7%，利率 5%，价格波动率 18%，到期天数 20 天。

实际上如何采取行动，完全取决于交易者的主观判断，但这四个问题的答案似乎偏向于回补期权。换言之，获利了结，另外寻找交易对象。当然，实务上碰到的情况未必如此明确，但交易者还是应该进行客观的分析，然后拟定应对策略。

最差情景

假定 RUT 在 8 天之内下跌到 309，陈先生做空的看跌期权单价上涨为 $4^{7/8}$（表 9-7 的第 7 行/第 3 列），每口期权的未实现损失为 $1^{1/2}$点，总损失为$ 750（不含佣金）。

表 9-9 显示当时的风险衡量值。头寸 delta 值由 +1.690 上升为 +2.555。根据估计，如果指数由 309 下跌到 303，每口期权将额外损失 $1 533（$ 600×2.555），大约是指数由 315 下跌到 309 的两倍。目前头寸承担的标的指数风险大幅提高。头寸 vega 值由 1.480 下降为 -1.290，所以价格波动率的风险稍微下降，但这方面的效益远低于 delta 风险提高。怎么办？

首先，对于后续行情的可能发展，陈先生必须保持冷静。当初，陈先生认为指数将盘整于 325 到 312 之间，目前的指数水平显示当初的判断错误。现在，陈先生绝对应该避免情绪化（例如：说服自己“指数不可能继续下跌”)，或寻找一些借口（例如：“我的判断没错，只是进场时间过早”）。

表9－9　　最差情景

	目前头寸	起始头寸
期权价格	$4^{7/8}$	$3^{3/8}$
权利金总额	$2 437.50	$1 687.50
头寸 delta 值	+2.555	+1.690
头寸 gamma 值	－0.170	－0.125
头寸 vega 值	－1.290	－1.480
头寸 theta 值	+5.270	+3.820
保证金规定额度	$25 613	$22 813

说明：指数水平324，股息发放率1.75，利率5%，价格波动率18%，到期天数24天。

其次，陈先生必须设定止损水平，一旦标的触及止损点，就必须断然认赔，结束既有的头寸，另外寻找交易机会。

设定止损　止损的设定方法没有绝对的准则。某些交易者根据获利潜能来设定止损。打个比方，如果一笔交易的最大收益只有$1000的话，没有必要承担投入$10 000的风险。就陈先生的情况来说，每口期权的最大获利为$3^{3/8}$，把止损点设定在$5^{3/8}$，每口损失2点，看起来似乎合理。反之，如果把止损设定在$8^{3/8}$，每口损失5点，似乎有些偏高。

实际或心理止损　虽然陈先生应该预先决定每口期权所愿意承担的最大风险，但未必要真的下止损买单。某些经纪商不接受止损单，所以交易者只能预设止损水平，等到价格触及止损点，然后才实际下单。另外，实际的止损单可能造成缺乏弹性的问题，但缺乏弹性往往有利于交易者——不至于跟自己讨价还价。

可是，弹性未必代表缺乏纪律。在止损点附近认赔出场，这是弹性；听任头寸持续恶化而发生追缴保证金的情况，这是缺乏纪律。

就目前的情况来说，陈先生当初预测RUT将盘整于312到325之间。所以，目前的指数水平309已经超出预期范围，代表行情判断错误。另外，做空1口310看跌期权的最大获利是$3^{3/8}$，目前的期权价格是$4^{7/8}$，每口期权的未实现损失为$1^{1/2}$点，相当于最大获利潜能的45%。所以，陈先生似乎应该结束头寸，趁早认赔，另外寻找其他机会。当然，究竟是否认赔，必须由陈先生决定，但有经验的玩家都知道交易不免发生损失。有句俗话说："最早的损失就是最佳的损失。"

最可能情景

假定 RUT 指数确实波动于很窄的区间内。当期权还有 12 天到期的时候，RUT 指数为 315、310 看跌期权的价格为 $1^{7/8}$（表 9－7 的第 5 行/第 4 列）。在这种情况下，每口期权的获利为 $1^{1/2}$ 点，5 口期权的总获利为$ 750（不含佣金）。请注意，行情按照预期的方向发展，并不代表交易者可以因此而松懈，陈先生必须考虑当初进场建立头寸的条件是否发生变化。让我们继续引用先前的四个评估角度，尝试协助陈先生是否应该结束头寸，或继续持有头寸。

1. 行情预测是否发生变化？如同前文提到的，行情预测属于主观判断程度，不在本书的讨论范围内。交易者必须持续研究行情，即使陈先生对于行情的看法截至目前为止都正确，还是需要观察可能发生的变动征兆。此处假定陈先生的看法没有变动。

2. 是否达成目标水平？陈先生认为指数将盘整于 312 到 325 之间，目前的指数水平仍然是 315，所以这个问题的答案应该是否定的。如果陈先生对于行情的看法不变，似乎应该继续持有头寸。

3. 目前已经能够实现多少百分比的最大获利潜能？做空每口期权的最大获利是 $3^{3/8}$，目前的期权价格是 $1^{7/8}$，时间变化 24 天之中的 12 天，相当于在 50%的期间内赚取 40%的获利。如果把买/卖差价与佣金成本考虑在内，实际的获利程度当然更低。所以，在剩下的 50%时间内，如果标的指数走势愿意帮忙的话，可以赚取另外的 60%获利。从这个角度考虑，似乎应该继续持有头寸。

4. 目前的风险衡量值是否显著不同于当初的状况？表 9－10 比较目前与当初的情况。头寸 delta 值由＋1.690 稍微下降为＋1.475。这是相当合理的现象，价外期权的 delta 绝对值将因为到期日接近而逐渐下降为零。头寸 gamma 绝对值稍微上升，意味着 delta 值的变动速度稍微加快。头寸 vega 绝对值下降，显示头寸对于价格波动率的敏感性降低。头寸 theta 值显著放大，意味着期权的时间耗损速度加快，空头头寸因为时间变化而受惠的程度增加。这些情况支持继续拥有头寸。

表9-10　　　　最可能情景

	目前头寸	起始头寸
期权价格	$1^{7/8}$	$3^{3/8}$
权利金总额	$937.50	$1 687.50
头寸 delta 值	+1.475	+1.690
头寸 gamma 值	-0.165	-0.125
头寸 vega 值	-0.990	-1.480
头寸 theta 值	+5.620	+3.820
保证金规定额度	$22 063	$22 813

说明：指数水平315，股息发放率1.7%，利率5%，价格波动率18%，到期天数12天。

在这种情况下，综合评估的结果似乎支持继续持有头寸。当然，这要基于陈先生对于行情走势的看法没有变动的假定。

本章小结

未平仓的空头期权的获利潜能有限，风险非常可观或无限。所以，对于资金管理与风险/报酬结构的考量，做多期权与做空期权的性质截然不同。未平仓的空头期权需要符合某些财务条件与账户最低净值；每家经纪商在这方面可能采取不同的政策，交易者必须了解相关规定。

交易者应该在他们对市场行情的预测以及对风险承受能力的基础上挑选投资策略，而不能在年化报酬率的基础上衡量一种策略的潜在收益。

建立期权空头头寸之后，必须密切观察，由四个角度考虑是否应该继续持有或结束头寸。第一，行情看法是否变动？第二，目标是否达成？所谓目标，可以由标的指数或期权价格设定。第三，如果头寸处于获利状态，结束头寸所实现的获利程度占最大获利潜能的百分比如何？第四，不论头寸是否获利，目前与当初的风险衡量有何变化？如果头寸处于亏损状态，风险结构的变化程度决定投资者是否应该认赔出场。

这些风险衡量值的意义，乍看之下或许很难理解，但经过练习之后，任何交易者都能熟练掌握。

第10章

垂直价差组合

简 介

老王犯过一个期权交易领域内最常见的错误：他建立10单位看涨期权的多头价差组合（bull call spread），因为建立这个头寸的成本远低于单纯购买10口价平看涨期权。结果当标的指数确实如老王预测的情况上涨时，虽然价平看涨期权的涨势凌厉，但他的多头价差组合几乎稳如泰山。本章准备花很多篇幅讨论这方面的问题，包括老王的交易动机、行情预测与替代策略。换言之，我们会详细解释垂直价差组合（vertical spread）的结构和特性。

本章的主题包括：垂直价差组合的独特性质，说明这类策略的分析方法，解释它们适用或不适用于哪些市场情况。首先，说明“垂直价差组合”的定义，列举四个简单的例子。其次，说明垂直价差组合中经常引用的一些术语。再次，说明垂直价差组合利用美式期权与欧式期权之间的差异。接着，解释垂直价差组合的价格行为。最后，讨论价格波动率变动对于垂直价差组合的影响。

本章的例子都不考虑佣金成本、其他交易费用或保证金。由于垂直价差组合由两个期权构成，佣金与保证金都可能高于单一期权。所以，这些因素可能影响价差组合实务运用上的可行性。

垂直价差组合：定义

一单位的垂直价差组合，是由 1 口期权多头头寸与 1 口空头头寸构成，两个期权的形态、标的资产、到期日相同，但履约价格不同。在期权报价表中，每一列期权的到期日都相同，每一行期权的履约价格都相同。换言之，对于每一列（垂直方向）的报价，履约价格都不同。所以，如果两个期权的合约条件都相同，唯有履约价格不同，如此构成的头寸称为垂直价差组合。比率垂直价差组合（ratio vertical spread）策略中的期权多、空头寸数量比率关系不是 1:1（细节请参考第 12 章）。

接下来，我们准备说明垂直价差组合的四种基本结构。

看涨期权的多头价差组合

做多 1 口看涨期权，同时做空另外 1 口看涨期权，两个看涨期权的标的指数与到期时间都相同，但做多看涨期权的履约价格低于做空看涨期权，这种头寸称为看涨期权的多头价差组合（bull call spread）。图 10 - 1 显示 SPX 850 - 860 看涨期权多头价差组合的盈亏结构，其中做多 1 口 SPX 850 看涨期权，做空 1 口 SPX 860 看涨期权。SPX 的标的指数是 S&P 500，属于欧式期权，在 CBOE 挂牌交易。

"看涨期权的多头价差组合"显示三方面的性质：第一，这是"多头"头寸，因为这个头寸通常会因为标的指数上涨而获利。请参考图 10 - 1 的盈亏结构，当到期指数等于或高于 860，这个头寸才能够实现最大的获利。第二，这是由"看涨期权"构成的头寸，就目前这个例子来说，两个成分期权分别是 SPX 850 看涨期权与 SPX 860 看涨期权。第三，这是"价差组合"，因为其中涉及两个不同的期权。所谓"价差组合"通常是泛指某个价格区间的多个期权头寸，目前这个例子是 10 点的价格区间。换言之，两个履约价格 850 与 860 的差距。

看涨期权的多头价差组合，经常又称为"看涨期权的借差交易"（debit call spreads），因为建立这个头寸通常都会发生净权利金成本或净借差。就图 10 - 1 的例子来说，做多 850 看涨期权的权利金成本是 14（借记），做空 860

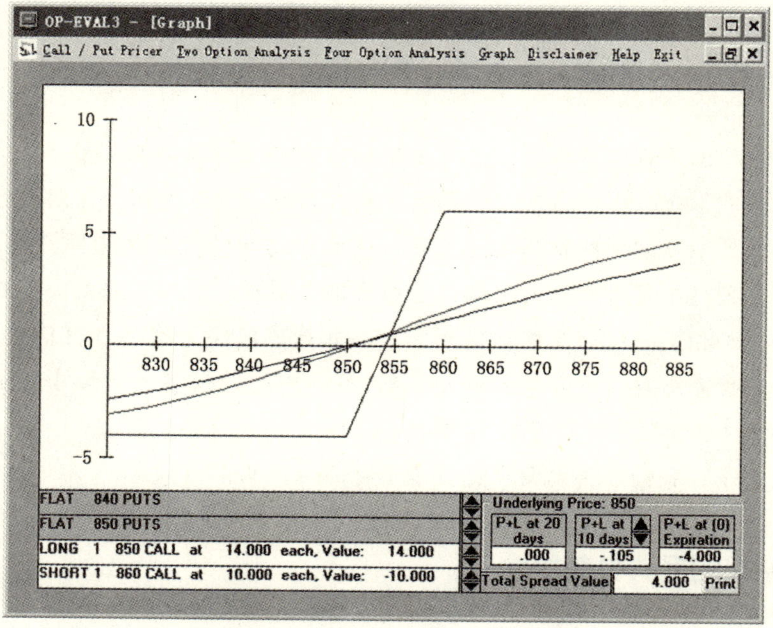

图 10-1 看涨期权多头价差组合：在 14 做多 1 口 850 看涨期权/在 10 做空 1 口 860 看涨期权

看涨期权的权利金收入是 10（贷记），所以建立 1 单位看涨期权多头价差组合的净成本是 4（14-10=净借差）。不论期权的形态如何，价差组合通常把较低的履约价格摆在前面。所以，图 10-1 的头寸表示为 850-860 看涨期权多头价差组合。

就到期指数来说，总共有三种可能情况：指数等于或小于较低履约价格；指数等于或大于较高履约价格；指数介于两个履约价格之间。图 10-1 的折线部分说明三种到期情况。

1. 到期指数等于或小于较低履约价格，看涨期权多头价差组合发生最大损失：两个看涨期权都到期没有价值，损失为当初支付的权利金净值，目前这个例子是 4 点（或$400）。

2. 到期指数等于或大于较高履约价格，看涨期权多头价差组合发生最大获利：所谓购买的看涨期权到期价值等于“标的指数-较低履约价格”，所做空的看涨期权到期价值等于“标的指数-较高履约价格”，所以，整个头寸的到期价值等于“标的指数-较低履约价格-标的指数+较高履约价格”，相当于“较高履约价格-较低履约价格”。由于头寸获利等于头寸价值减去起始成本，因此，头寸的最大获利为履约价格间距减去当初建立头寸的净成本，发生在到期指数等于或大于较高履约价格的情况。就先前的例子来说，如果 SPX 到期为 868，850 看涨期权的价值为 18 点，860 看涨期权的价值为 8 点，整体头寸价值为 18 - 8 = 10 点。事实上，只要 SPX 到期指数等于或大于 860，头寸价值都是 10 点（履约价格间距），获利为 6 点（10 - 4）。

3. 到期指数介于两个履约价格之间，较低履约价格看涨期权的价值等于“标的指数 - 较低履约价格”，较高履约价格看涨期权到期没有价值，所以整体头寸的价值等于“标的指数 - 较低履约价格”，头寸获利等于“标的指数 - 较低履约价格 - 起始成本”。如果到期指数减去较低履约价格的差值，刚好等于起始成本，头寸就处于损益两平状态。就先前的例子来说，如果 SPX 到期为 884，850 看涨期权的价值为 4 点，860 看涨期权的价值为零，整体头寸价值为 4 点，扣除起始成本 4 点，刚好没有任何盈亏。

请注意，看涨期权多头价差组合的最大获利潜能等于“履约价格间距 - 起始成本”，发生在到期指数等于或大于较高履约价格的情况。

看涨期权的空头价差组合

做多 1 口看涨期权，同时做空另外 1 口看涨期权，两个看涨期权的标的指数与到期时间都相同，但做多看涨期权的履约价格高于做空看涨期权，这种头寸称为看涨期权的空头价差组合（bear call spread）。图 10 - 2 显示 SPX 850—860 看涨期权空头价差组合的盈亏结构，其中做多 1 口 SPX 850 看涨期权（单价 10），做空 1 口 SPX 850 看涨期权（单价 14）。这种策略称为“空头”，因为这个头寸通常会因为标的指数下跌而获利。请参考图 10 - 2，当到期指数等于或小于较低履约价格（850），头寸呈现最大获利；当到期指数等于或大于较高履约价格（860），头寸出现最大损失。

看涨期权空头价差组合经常又称为“看涨期权的贷差交易”（credit call spread），因为建立这类头寸通常有权利金净收入（净贷差）。就图 10 - 2 的例子来说，净贷差为 4 点（或$ 400）。

就到期指数来说，总共有三种可能情况：指数等于或小于较低履约价格；指数等于或大于较高履约价格；指数介于两个履约价格之间。图 10 - 2 的折线部分说明这三种到期情况。

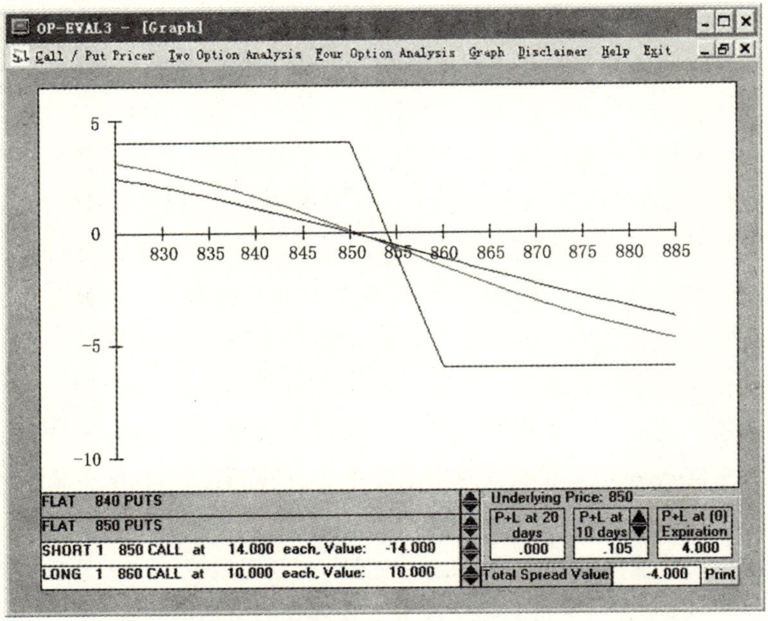

图 10-2 看涨期权空头价差组合：在 14 做多 1 口 860 看涨期权/在 10 做空 1 口 850 看涨期权

1. 到期指数等于或小于较低履约价格，看涨期权空头价差组合出现最大获利：两个看涨期权都到期没有价值，获利为当初收取的权利金净值，目前这个例子是 4 点（或$ 400）。

2. 到期指数等于或大于较高履约价格，看涨期权空头价差组合出现最大损失：所购买的看涨期权到期价值等于“标的指数 - 较高履约价格”，所做空的看涨期权到期价值等于“标的指数 - 较低履约价格”；所以，整个头寸的到期价值等于“标的指数 - 较高履约价格 - 标的指数 + 较低履约价格”，相当于“较低履约价格 - 较高履约价格”。由于头寸损失等于起始权利金收入加上头寸价值，因此，头寸的最大损失为起始权利金收入减去履约价格间距。就先前的例子来说，如果 SPX 到期为 865，850 看涨期权的价值为 15 点，860 看涨期权的价值为 5 点，整体头寸价值为 5 - 15 = - 10 点。事实上，只要 SPX 到期指数等于或大于 860，头寸价值都是 - 10 点（履约价格间距），损失为 6 点（4 - 10）。

3. 到期指数介于两个履约价格之间，较低履约价格看涨期权的价值等于“标的指数 - 较低履约价格”，较高履约价格看涨期权到期没有价值，所以整体头寸的价值等于"较低履约价格 - 标的指数",头寸获利等于"起始权利金收入 + 较低履约价格 - 标的指数"。如果到期指数减去较低履约价格的差值,刚好等于起始权利金收入,头寸就处于损益两平状态。就先前的例子来说,如果 SPX 到期为 854,850 看涨期权的价值为 4 点,860 看涨期权的价值为零,整体头寸价值为 - 4 点,起始权利金收入为 4 点,刚好没有任何盈亏。

请注意，看涨期权空头价差组合的最大潜在损失等于"履约价格间距 - 起始权利金收入"，发生在到期指数等于或大于较高履约价格的情况。

看跌期权空头价差组合

做多 1 口看跌期权,同时做空另外 1 口看跌期权,两个看跌期权的标的指数与到期时间都相同,但做多看跌期权的履约价格高于做空看跌期权,这种头寸称看跌期权的空头价差组合(bear put spread)。图 10 - 3 显示 SPX 840—850 看跌期权空头价差组合的盈亏结构,其中做多 1 口 SPX 850 看跌期权(单价 13),做空 1 口 SPX 840 看跌期权(单价 $9^{1/4}$)。

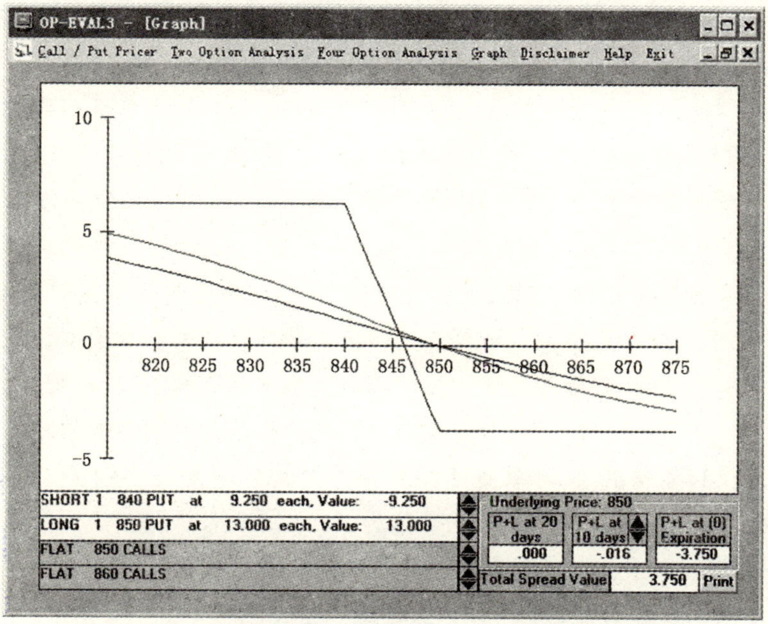

图 10 - 3　看跌期权空头价差组合：在 13 做多 1 口 850 看跌期权/在 $9^{1/4}$ 做空 1 口 840 看跌期权

看跌期权空头价差组合经常又称为“看跌期权的借差交易”（debit put spread），因为建立这类头寸通常会发生权利金净成本（净借差）。就图10－3的例子来说，净借差为3.75点（或$375）。请注意，按照市场习惯，不论看涨或看跌期权的价差组合，较低履约价格都摆在前面。所以，图10－3的头寸为840—850看跌期权空头价差组合。

就到期指数来说，总共有三种可能情况：指数等于或大于较高履约价格；指数等于或小于较低履约价格；指数介于两个履约价格之间。图10－3的折线部分说明这三种到期情况。

1. 到期指数等于或大于较高履约价格，看跌期权空头价差组合出现最大损失：两个看跌期权都到期没有价值，损失为当初支付的权利金净值，目前这个例子是375点（或$375）。

2. 到期指数等于或小于较低履约价格，看跌期权空头价差组合发生最大获利：所购买的看跌期权到期价值等于“较高履约价格－标的指数”，所做空的看跌期权到期价值等于“较低履约价格－标的指数”；所以，整个头寸的到期价值等于“较高履约价格－标的指数－较低履约价格＋标的指数”，相当于“较高履约价格－较低履约价格”。由于头寸获利等于头寸价值减去起始权利金支出；因此，头寸的最大获利为履约价格间距减去起始权利金支出。就先前的例子来说，如果SPX到期为837，850看跌期权的价值为13点，840看跌期权的价值3点，整体头寸价值为13－3＝10点。事实上，只要SPX到期指数等于或小于840，头寸价值都是10点（履约价格间距），获利为$6^{1/4}$点（$10-3^{3/4}$）。

3. 到期指数介于两个履约价格之间，较高履约价格看跌期权的价值等于“较高履约价格－标的指数”，较低履约价格看跌期权到期没有价值，所以整体头寸的价值等于“较高履约价格－标的指数”，头寸获利等于“较高履约价格－标的指数－起始权利金支出”。如果较高履约价格减去到期指数的差值，刚好等于起始权利金支出，头寸就处于损益两平状态。就先前的例子来说，如果SPX到期为$846^{1/4}$，850看跌期权的价值为$3^{3/4}$点，840看跌期权的价值为零，整体头寸价值为$3^{3/4}$点，起始权利金支出为$3^{3/4}$点，刚好没有任何盈亏。

请注意，看跌期权空头价差组合的最大潜在获利等于“履约价格间距－起始权利金支出”，发生在到期指数等于或小于较低履约价格的情况。当到期指数等于或大于较高履约价格的时候（目前这个例子是850），头寸发生最大的损失——当初支付的权利金净额。

看跌期权多头价差组合

做多 1 口看跌期权，同时做空另外 1 口看跌期权，两个看跌期权的标的指数与到期时间都相同，但做多看跌期权的履约价格低于做空看跌期权，这种头寸称为看跌期权的多头价差组合（bull put spread）。图 10 - 4 显示 SPX 840—850 看跌期权多头价差组合的盈亏结构，其中做多 1 口 SPX 840 看跌期权（单价 $9^{1/4}$），做空 1 口 SPX 850 看跌期权（单价 13）。

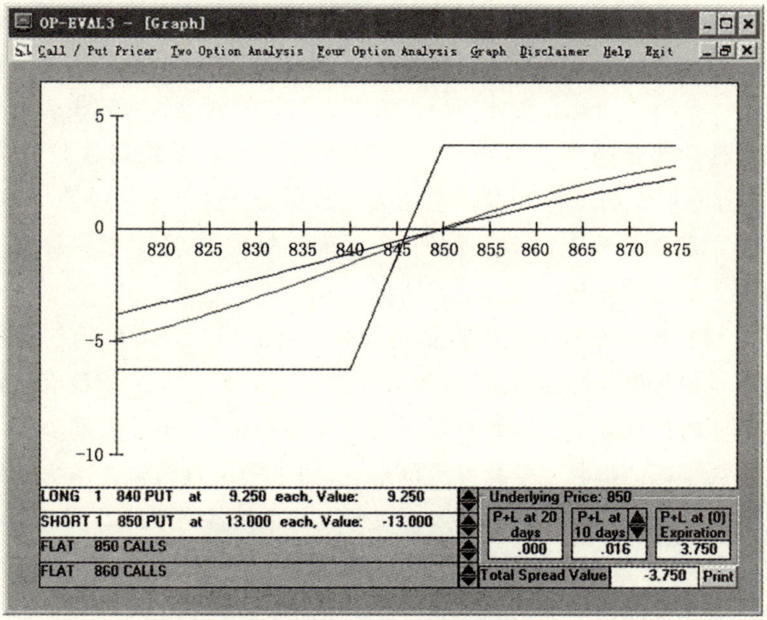

图 10 - 4 看跌期权多头价差组合：在 13 做空 1 口 850 看跌期权/在 $9^{1/4}$ 做多 1 口 840 看跌期权

看跌期权多头价差组合经常又称为“看跌期权的贷差交易”（credit put spread），因为建立这类头寸通常会发生权利金净收入（净贷差）。就图10 - 4 的例子来说，净贷差为 $3^{3/4}$ 点（$ 375）。请注意，按照市场习惯，不论看涨或看跌期权的价差组合，较低履约价格都摆在前面。所以，图 10 - 4 的头寸为 840—850 看跌期权多头价差组合。

就到期指数来说，总共有三种可能情况：指数等于或大于较高履约价格；指数等于或小于较低履约价格；指数介于两个履约价格之间。图 10 - 4 的折线部分说明这三种到期情况。

1. 到期指数等于或大于较高履约价格，看跌期权多头价差组合出现最大获利：两个看跌期权都到期没有价值，获利为当初收取的权利金净额，目前这个例子是 3.75 点（或$ 375）。

2. 到期指数等于或小于较低履约价格，看跌期权空头价差组合出现最大损失：所购买的看跌期权到期价值等于“较低履约价格 - 标的指数”，所做空的看跌期权到期价值等于“较高履约价格 - 标的指数”；所以，整个头寸的到期价值等于“较低履约价格 - 标的指数 - 较高履约价格 + 标的指数”，相当于“较低履约价格 - 较高履约价格”。由于头寸获利等于起始权利金收入加上头寸价值；因此，头寸的最大损失为起始权利金收入减去履约价格间距。就先前的例子来说，如果 SPX 到期为 834，850 看跌期权的价值为 16 点，840 看跌期权的价值 6 点，整体头寸价值为 6 - 16 = - 10 点。事实上，只要 SPX 到期指数等于或小于 840，头寸价值都是 10 点（履约价格间距），损失为 $6^{1/4}$点（$3^{3/4}$ - 10）。

3. 到期指数介于两个履约价格之间，较高履约价格看跌期权的价值等于“较高履约价格 - 标的指数”，较低履约价格看跌期权到期没有价值，所以整体头寸的价值等于“标的指数 - 较高履约价格”，头寸获利等于“起始权利金收入 + 标的指数 - 较高履约价格”。如果较高履约价格减去到期指数的差值，刚好等于起始权利金收入，头寸就处于损益两平状态。就先前的例子来说，如果 SPX 到期为 $846^{1/4}$，850 看跌期权的价值为 $3^{3/4}$点，840 看跌期权的价值为零，整体头寸价值为 - $3^{3/4}$点，起始权利金收入为 $3^{3/4}$点，刚好没有任何盈亏。

请注意，看跌期权多头价差组合的最大潜在损失等于“履约价格间距 - 起始权利金收入”，发生在到期指数等于或小于较低履约价格的情况。

包含美式期权时垂直价差组合的风险

欧式期权不能提前执行。所以，购买欧式期权可以用来平仓做空相同形态、相同标的指数、相同到期日的较高履约价格看涨期权或较低履约价格看跌期权。换言之，如果采用欧式期权架构前述 1:1 的垂直价差组合，只存在有限的风险。

如果采用美式期权架构前述的价差组合，则涉及潜在的或无限的风险，因为所做空的期权可能提前指派。所以，我们必须了解第 1 章讨论的“有保护的做空”的涵义与相关的风险。头寸内做多相同标的指数、相同形态、相同到期日的较低履约价格看涨期权或较高履约价格看跌期权，这些期权的价值虽然高于对应的空头期权，但前提是做空的期权不会被提前指派。

现在，我们准备观察老王的案例，借以说明价差组合的一些术语与风险/报酬结构。

老王的情况

老王偏爱从事 TXX 指数期权的交易，这是费城证交所挂牌的科技类股欧式期权。由于老王属于短线交易者，总是在期权到期之前结束头寸，所以表 10－1 到表 10－4 的数据并不能提供足够的资料来挑选适当的策略。虽然盈亏曲线能够显示到期之前的价差行为，但老王还是需要根据各种市场情况预测来估计价差变动，OP－EVAL 3™的看涨/看跌期权定价页面与两个期权分析页面可以提供这方面的功能。

表 10－1　各种指数水平与到期天数之下的 180 看涨期权理论价值

行	指　数	(1) 30 天	(2) 25 天	(3) 20 天	(4) 15 天	(5) 10 天	(6) 5 天	(7) 到期
1	192	$13^{7/8}$	$13^{1/8}$	$13^{1/8}$	$12^{3/4}$	$12^{3/8}$	$12^{1/8}$	12
2	190	$12^{1/4}$	$11^{7/8}$	$11^{1/2}$	11	$10^{1/2}$	$10^{1/8}$	10
3	188	$10^{3/4}$	$10^{1/4}$	$9^{3/4}$	$9^{1/4}$	$8^{7/8}$	$8^{1/4}$	8
4	186	$9^{1/4}$	$8^{7/8}$	$8^{1/2}$	$7^{7/8}$	$7^{1/4}$	$6^{1/2}$	6
5	184	$7^{7/8}$	$7^{3/8}$	$6^{7/8}$	$6^{1/4}$	$5^{5/8}$	$4^{3/4}$	4
6	182	$6^{5/8}$	$6^{1/8}$	$5^{5/8}$	5	$4^{1/4}$	$3^{3/8}$	2
7	180	$5^{1/2}$	5	$4^{1/2}$	$3^{7/8}$	$3^{1/8}$	$2^{1/8}$	0
8	178	$4^{1/2}$	4	$3^{1/2}$	$2^{7/8}$	$2^{1/8}$	$1^{1/4}$	0
9	176	$3^{5/8}$	$3^{1/8}$	$2^{5/8}$	2	$1^{3/8}$	5/8	0

说明：股息发放率 0%，价格波动率 25%，利率 5%。

表 10－1、表 10－2 与表 10－3 是利用 OP－EVAL 3™的看涨/看跌期权定价页面在各种不同标的指数与到期天数之下，计算 180 看涨期权、190 看涨期权与 180—190 看涨期权多头价差组合的理论价值。表 10－3 的数据来

自于两个期权分析页面的价差组合的价值（Spread Value）；另外，表 10－3 的每个数据都是表 10－1 与表 10－2 对应数据的差值。举例来说，请观察这三份表格的第 1 列/第 1 行数据，表 10－3 的数据是 7，正好是表 10－1 数据 $13^{7/8}$减去表 10－2 数据 $6^{7/8}$。老王利用这三份表格估计不同标的指数/不同时间的头寸价值。

表 10－2 各种指数水平与到期天数之下的 180—190 看涨期权理论价值

行	指　数	（1）30 天	（2）25 天	（3）20 天	（4）15 天	（5）10 天	（6）5 天	（7）到期
1	192	$6^{7/8}$	$6^{3/8}$	$5^{3/4}$	$5^{1/8}$	$4^{3/8}$	$3^{1/2}$	0
2	190	$5^{3/4}$	$5^{1/4}$	$4^{3/4}$	4	$3^{1/4}$	$2^{1/4}$	0
3	188	$4^{3/4}$	$4^{1/2}$	$3^{3/4}$	3	$2^{3/8}$	$1^{3/8}$	0
4	186	$3^{7/8}$	$3^{3/8}$	$2^{7/8}$	$2^{1/4}$	$1^{5/8}$	7/8	0
5	184	$3^{1/8}$	$2^{5/8}$	$2^{1/8}$	$1^{5/8}$	1	3/8	0
6	182	$2^{1/2}$	2	$1^{5/8}$	$1^{1/8}$	5/8	3/16	0
7	180	$1^{7/8}$	$1^{1/2}$	$1^{1/8}$	3/4	3/8	1/16	0
8	178	$1^{3/8}$	$1^{1/8}$	3/4	1/2	1/4	—	0
9	176	1	3/4	1/2	1/4	1/8	—	0

说明：股息发放率 0%，价格波动率 25%，利率 5%。

表 10－3 各种指数水平与到期天数之下的 180—190 看涨期权多头价差理论价值

行	指　数	（1）30 天	（2）25 天	（3）20 天	（4）15 天	（5）10 天	（6）5 天	（7）到期
1	192	7	$7^{1/8}$	$7^{3/8}$	$7^{5/8}$	8	$8^{5/8}$	10
2	190	$6^{1/2}$	$6^{5/8}$	$6^{3/4}$	7	$7^{1/4}$	$7^{8/8}$	10
3	188	6	$5^{3/4}$	6	$6^{1/4}$	$6^{1/2}$	$6^{7/8}$	8
4	186	$5^{3/8}$	$5^{1/2}$	$5^{5/8}$	$5^{5/8}$	$5^{5/8}$	$5^{5/8}$	6
5	184	$4^{3/4}$	$4^{3/4}$	$4^{3/4}$	$4^{5/8}$	$4^{5/8}$	$4^{5/8}$	4
6	182	$4^{1/8}$	$4^{1/8}$	4	$3^{7/8}$	$3^{5/8}$	$3^{3/16}$	2
7	180	$3^{5/8}$	$3^{1/2}$	$3^{3/8}$	$3^{1/8}$	$2^{3/4}$	$2^{1/16}$	0
8	178	$3^{1/8}$	$2^{7/8}$	$2^{3/4}$	$2^{3/8}$	$1^{7/8}$	$1^{1/4}$	0
9	176	$2^{5/8}$	$2^{3/8}$	$2^{1/8}$	$1^{3/4}$	$1^{1/4}$	5/8	0

说明：股息发放率 0%，价格波动率 25%，利率 5%。

较高获利或较高风险

本章较早曾经提到，老王建立 10 单位 180—190 看涨期权多头价差组合，而不是 10 口 180 看涨期权。当时，期权还有 30 天到期，TXX 指数为 178，老王预期标的指数在 5 天之后上涨到 184。表 10－1 与表 10－3 可以比较这两个策略的结果。

请观察表 10－1 的第 1 列/第 1 行（TXX 为 178，到期天数为 30 天），180 看涨期权的价格为 $4^{1/2}$。假定标的指数在 5 天之后上涨到 184，这个看涨期权的价值是 $7^{3/8}$（第 2 列/第 5 行），获利为 $2^{7/8}$，10 口期权的总获利为 $ 2 875（不考虑佣金）。

接着，我们观察表 10－3 的第 1 列/第 1 行与第 2 列/第 5 行数据，180—190 看涨期权价差组合的购买单位成本是 $3^{1/8}$，5 天之后指数上涨到 184 的头寸价值是 $4^{3/4}$，获利为 $1^{5/8}$，10 单位价差组合的总获利为 $ 1 625（不考虑佣金）。

如果老王预先进行这方面的分析，对于最后的结果就不会觉得意外。可是，这并不代表老王建立价差组合的策略“错误”，因为单纯购买 10 口 180 看涨期权涉及较大的理论风险与短期潜在损失。购买 10 口 180 看涨期权的理论风险是权利金总成本 $ 4 500，加上佣金。建立欧式看涨期权价差组合的理论风险也是权利金总成本，加上佣金。在目前这个例子中，建立 10 单位 180—190 看涨期权多头价差组合的权利金总成本是 $ 3 112.50。

关于短期风险，请观察表 10－1 与表 10－3。假定老王对于行情的判断错误，标的指数 5 天之后下跌到 176，购买 10 口 180 看涨期权的损失大于建立 180—190 看涨期权多头价差组合。比较这两份表格的第 2 列/第 9 行（标的指数为 176，到期天数为 25 天），180 看涨期权的价格由 $4^{1/2}$ 下降为 $3^{1/8}$，10 口期权的损失为 $ 1 375，180—190 看涨期权价差组合的价值由 $3^{1/8}$ 下降为 $2^{3/8}$，10 单位价差组合的损失为 $ 750。因此，这两个策略的短期风险/报酬结构各自不同，不能直接进行比较；换言之，老王不能单纯根据盈亏结构挑选某种策略。他必须评估行情预测的可靠性与自己容忍风险的程度。

运用风险衡量值

老王也可以利用风险衡量值来评估各种替代策略的报酬/风险结构。表 10－4 显示 180 看涨期权、190 看涨期权与 180—190 看涨期权多头价差组合的 delta、gamma、vega 与 theta 值。由于老王基本上看好标的指数的走势，首先应该关心 180 看涨期权多头头寸与 180—190 看涨期权多头价差组合的 delta 值，两者之间的差异颇大。做多 1 口 180 看涨期权的 delta 值为 +0.475，10 口看涨期权的头寸 delta 值为 +4.750，相当于做多 4.75 口指数期货合约（如果存在这种合约可供交易的话）。可是，做多 1 单位 180—190 看涨期权多头价差组合的 delta 值为 +0.268，这是把 180 看涨期权的 delta 值（+0.475）减去 190 看涨期权的 delta 值（+0.207）。因此，做多 10 单位价差组合的头寸 delta 值为 +2.68，稍多于 10 口 180 看涨期权 delta 值的一半。如果老王曾经做过这方面的分析，就能够了解看涨期权多头价差组合在标的指数上涨情况下的绩效不如 180 看涨期权。

表 10－4　　头寸 delta、gamma、vega 与 theta 值

	180 看涨期权	190 看涨期权	180－190 看涨期权多头价差组合
价　格	$4^{1/2}$	$1^{3/8}$	$3^{1/8}$
Delta 值	+0.475	+0.207	+0.268
Gamma 值	+0.031	+0.023	+0.008
Vega 值	+0.203	+0.148	+0.055
Theta 值	－0.707	－0.459	－0.248

表 10－4 也显示单纯做多看涨期权与看涨期权多头价差组合的头寸 gamma 值差异颇大。做多 1 口 180 看涨期权的 gamma 值为 +0.031，做多 10 口 180 看涨期权的 gamma 值为 +0.310。这意味着标的指数上涨 1 点，将造成 10 口 180 看涨期权的 delta 值增加 0.310。所以，如果标的指数上涨 6 点（由 178 上涨到 184），10 口 180 看涨期权的 delta 值将由 +4.750 增加到 +6.610（4.750+（6×0.310））。

另一方面，做多 1 单位 180—190 看涨期权多头价差组合的 gamma 值为 +0.008，10 单位的头寸 gamma 值为 +0.080。所以，如果标的指数上涨 6 点（由 178 上涨到 184），10 单位价差组合的头寸 delta 值将由 +2.680 增加到 +3.160（2.680+（6×0.080））。

总之，假定 TXX 指数上涨 6 点，做多 10 口 180 看涨期权的获利高于买 10 单位 180—190 看涨期权多头价差组合，其中涉及的理由有两点。第一，做多 10 口 看涨期权的起始 delta 值较大；第二，做多 10 口 看涨期权的头寸 delta 值上升速度较快。所以，由 gamma 值的角度思考，只要老王对于标的指数上涨的行情判断正确，单纯做多看涨期权的策略优于做多看涨期权多头价差组合。可是，这并不意味着单纯做多看涨期权一定优于看涨期权多头价差组合；万一标的指数没有在预定时间内上涨或下跌，单纯做多看涨期权的风险也就较大。如果老王曾经做过这方面的分析，而不是仅仅考虑头寸“成本”的问题，就应该会了解这两个替代策略涉及的不同报酬/风险结构。

资金管理与替代策略

老王也可能从其他的角度思考。举例来说，如果老王决定在这笔交易中投入$4 000的风险资本，就可以挑选最大理论风险相同的许多替代策略。

老王还可以采用不同形态（看涨或看跌期权）、不同履约价格或到期日的期权，但为了简单起见，表 10 – 1 到表 10 – 3 只考虑三种策略：购买 180 看涨期权、购买 190 看涨期权或建立 180—190 看涨期权多头价差组合。这个例子只尝试说明垂直价差组合与价平或价外期权之间的价格行为差异；虽然此处采用看涨期权，但相同的概念也适用于看跌期权。

替代策略

假定老王判断标的指数将上涨，而且决定采用看涨期权建立头寸，风险资本设定为$4 000（不含佣金），他有三种策略可供挑选：购买 9 口 180 看涨期权，购买 29 口 190 看涨期权，建立 13 单位 180—190 看涨期权多头价差组合。合约数量是把风险资本除以头寸的单价（分别为 $4^{1/2}$、$1^{3/8}$与 $3^{1/8}$），然后取整数所得到的。

对于 180 看涨期权来说，每口合约成本为$450（$4^{1/2}\times 100$），风险资本$4 000 可以购买 9 口合约（$4 000 ÷ 450 ≈ 9），不考虑佣金成本。同理，每口 190 看涨期权的成本为$137.50（$1^{3/8}\times 100$），风险资本$4 000 可以购买 29 口合约（$4 000 ÷ 137.5 ≈ 29）；每单位 180—190 看涨期权多头价差组合的成本为$312.50，风险资本$4 000 可以建立 13 口合约的头寸（$4 000 ÷ 312.50 = 12.8 ≈ 13）。

绩效评估

利用表 10－1 到表 10－3，老王可以估计各种不同行情预测之下的策略绩效。首先考虑老王最初的看法，其次考虑相同的价格走势发生在较长的期间内。

根据最初的看法，老王认为 TXX 指数将在 5 天之内上涨 6 点。请比较表 10－1 的第 1 列/第 8 行与第 2 列/第 5 行，180 看涨期权的价格由 $4^{1/2}$上涨为 $7^{3/8}$。同理，比较表 10－2 或表 10－3 的对应列位，我们发现 190 看涨期权的价格由 $1^{3/8}$上涨为 $2^{5/8}$，180—190 看涨期权多头价差组合的价格由 $3^{1/8}$上涨为 $4^{3/4}$。

假定这些估计值都正确无误，购买 29 口 190 看涨期权的获利最高，单位获利为 $1^{1/4}$（$2^{5/8}-1^{3/8}$），每口合约获利$125，整体头寸获利为$3 625（不考虑佣金成本）。购买 9 口 180 看涨期权的获利次高，单位获利为 $2^{7/8}$（$7^{3/8}-4^{1/2}$），整体头寸获利为$2 587.50。建立 13 口 180—190 看涨期权的获利最低，单位获利为 $1^{5/8}$（$4^{3/4}-3^{1/8}$），每口合约获利$162.5，整体头寸获利为$2 112.50。

不同行情预测/不同策略选择

假定老王对于指数涨幅的预测正确，但时间判断错误。举例来说，6 点的走势发生在 15 天之后，换言之，当期权还有 15 天到期的时候，TXX 为 184。按照表 10－1、表 10－2 与表 10－3 的第 4 列/第 5 行数据显示，180 看涨期权的价值为 $6^{1/4}$，190 看涨期权的价值为 $1^{5/8}$，180—190 看涨期权多头价差组合的价值为 $4^{5/8}$。在这种情况下，建立 13 口 180—190 看涨期权多头价差组合的获利最高$1 950（买价为 $3^{1/8}$，卖价为 $4^{5/8}$）；其次是购买 9 口 180 看涨期权，获利为$1 575（买价为 $4^{1/2}$，卖价为 $6^{1/4}$）；最后才是购买 29 口 190 看涨期权，获利为$725（买价为 $1^{3/8}$，卖价为 $1^{5/8}$）。

所以，对于相同的风险资本来说，如果标的指数在较短期间内发生重大的走势，购买价外看涨期权的绩效相对优于购买价平看涨期权或看涨期权多头价差组合。如果标的指数在较长期间内发生较小走势，建立看涨期权多头价差组合相对有利。如果中等期间内发生中等走势，则应该购买价平看涨期权。

前面的分析都假定价格波动率维持不变。接下来，我们讨论价格波动率变动对于垂直价差组合的影响。

价格波动率的变动

如果交易者对于标的指数的变动方向持有特定的看法，但担心价格波动率出现不利的变动，那怎么办？这种情况可能发生在重大经济报告即将公布之前。

继续引用先前的例子，老王认为 TXX 在 5 天之后上涨 6 点。可是，老王判断 5 天之后的价格波动率将由 25% 下降为 20%，因为数只重要的指数成分股将在这 5 天之内公布盈利数据；一旦盈利数据公布之后，价格波动率将因为不确定性减少而下降。纳入价格波动率的因素之后，对于相同的价格与时间预测，老王也可能挑选不同的策略。

图 10－5 是 OP－EVAL 3™的两个期权分析页面，其中输入老王对于行情的看法：指数设定为 184，到期日为 25 天，价格波动率为 20%，利率为 5%，股息发放率为 0%，履约价格分别设定为 180 与 190。结果 180 看涨期权的理论价值为 6.539，大约是 $6^{1/2}$，190 看涨期权的理论价值为 1.792，大约是 $1^{3/4}$，180—190 看涨期权多头价差组合的价值是 4.747，大约是 $4^{3/4}$。

让我们比较图 10－5 与表 10－1 至表 10－3，价格波动率下降对于两个看涨期权的理论价值影响程度大于看涨期权多头价差组合。

如果 6 天之后，指数由 178 上涨为 184，而且价格波动率由 25% 下降为 20%，则图 10－5 显示老王应该建立 13 单位的 180—190 看涨期权多头价差组合，不应该做多 29 口 190 看涨期权或做多 9 口 180 看涨期权。190 看涨期权的价格由 $1^{3/8}$ 上涨为 $1^{3/4}$，每口合约获利为 3/8 或$ 37.50，整体头寸获利为$ 1 087.50。180 看涨期权的价格由 $4^{1/2}$ 上涨为 $6^{1/2}$，每口合约获利为 2，整体头寸获利为$ 1 800。180—190 看涨期权多头价差组合的价格由 $3^{1/8}$ 上涨为 $4^{3/4}$，整体头寸获利为$ 2 112.50。

结论，1:1 垂直价差组合对于价格波动率变动的敏感性远低于单纯购买或做空看涨/看跌期权。如果交易者担心价格波动率的风险太高，可以考虑

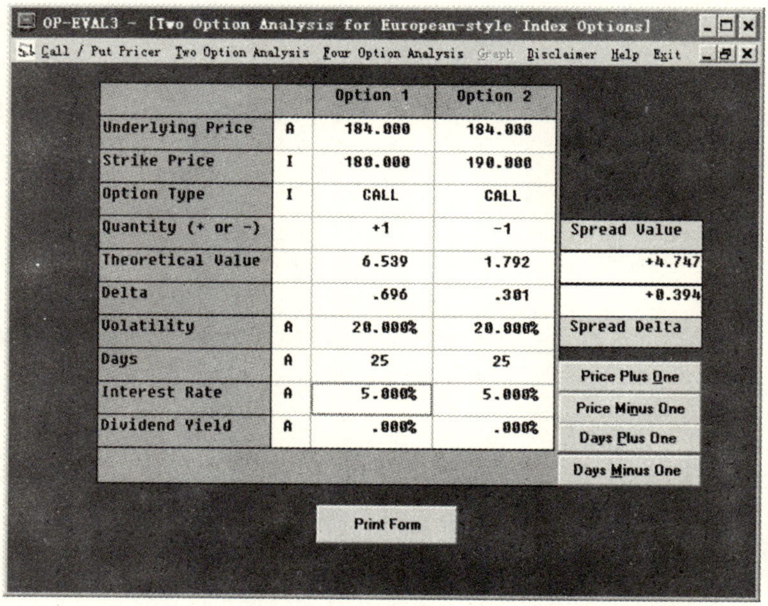

图 10-5 老王的预测：隐含价格波动率下降

1:1 的垂直价差组合。

风险衡量值

表 10-5 显示前述三种策略的风险衡量值。由三种策略的 vega 值可以发现，180—190 看涨期权多头价差组合对于价格波动率变动的敏感性最低。就 vega 值而言，多头价差组合的读数小于做多 180 看涨期权的一半，不及 190 看涨期权多头头寸的 1/6。可是，重复强调一次，这并不代表多头价差组合是最佳的策略。Vega 值代表的价格波动率风险只是众多风险形式之一。多头价差组合的 delta 值也最小，在标的指数大涨的情况下（假定价格波动率维持不变），该策略的绩效不如另外两个策略。

表 10-5 显示一项结论：三种策略的最大理论风险几乎相同，但相形之下各有优点与缺点。风险衡量值的解释看起来似乎有些复杂，但经过一些练习之后，应该有助于拟定交易决策。

表 10-5 头寸 Delta、Gamma、Vega 与 theta 值

	做多 9 口 180 看涨期权	做多 29 口 190 看涨期权	做多 13 单位 180—190 看涨期权多头价差组合
价　格	$4^{1/2}$	$39^{7/8}$	$40^{5/8}$
Delta 值	+4.276	+6.003	+3.484
Gamma 值	+0.297	+0.667	+0.104
Vega 值	+1.827	+4.292	+0.715
Theta 值	-6.363	-13.311	-4.524

贷差组合与未平仓的空头期权

许多交易者想要知道，做空垂直价差组合与做空未平仓期权之间，何者较理想？不幸的是，这个问题没有绝对的答案，因为这些策略各自涉及不同的短期风险与最大理论风险。未平仓的空头期权存在显著或几乎无限的理论风险，唯有经验丰富，而且财务上与心理上都具备足够条件的交易者才适合承担这类风险。利用美式期权架构的贷差组合（credit spreads）也存在可观或无限的风险，因为美式指数期权不同于欧式指数期权，前者的空头头寸不能通过多头头寸进行充分的保护（请参考第 1 章的说明）。

图 10-6 显示做空 1 口 DTX 275 看涨期权的盈亏结构，图 10-7 显示 DTX 275—285 看涨期权空头价差组合的盈亏结构，表 10-6 比较这两种策略的风险衡量值。DTX 是 CBOE 挂牌的道·琼斯运输指数期权代码，属于欧式期权合约。

这两种策略之间存在多方面的差异。第一，未平仓的 1 口空头 275 看涨期权的权利金收益是 $7^{1/4}$点，建立 275—285 看涨期权空头价差组合的权利金净收益是 4 点。第二，未平仓的空头 275 看涨期权的风险为无限，空头价差组合的最大风险为 6 点（履约价格间距 10 点减去权利金净收益 4 点）。第三，表 10-6 显示的短期市场风险各自不同。

请观察表 10-6，275 看涨期权空头头寸对于各种定价因素的敏感性都高于 275—285 看涨期权空头价差组合。就 delta、gamma 与 vega 值来说，单纯做空看涨期权的标的指数与价格波动率风险都高于空头价差组合。换言之，万一标的指数上涨或价格波动率提高，看涨期权空头头寸的瞬间损失都

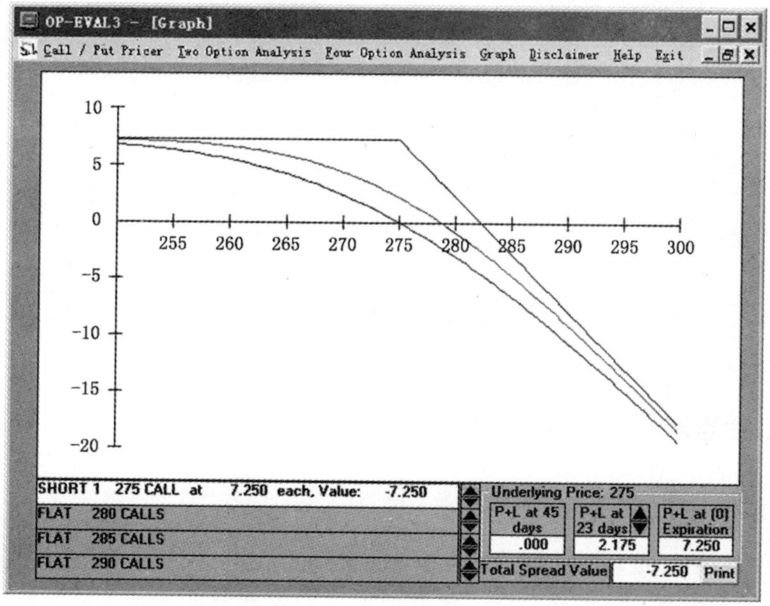

图 10－6　在 $7^{1/4}$做空 1 口 275

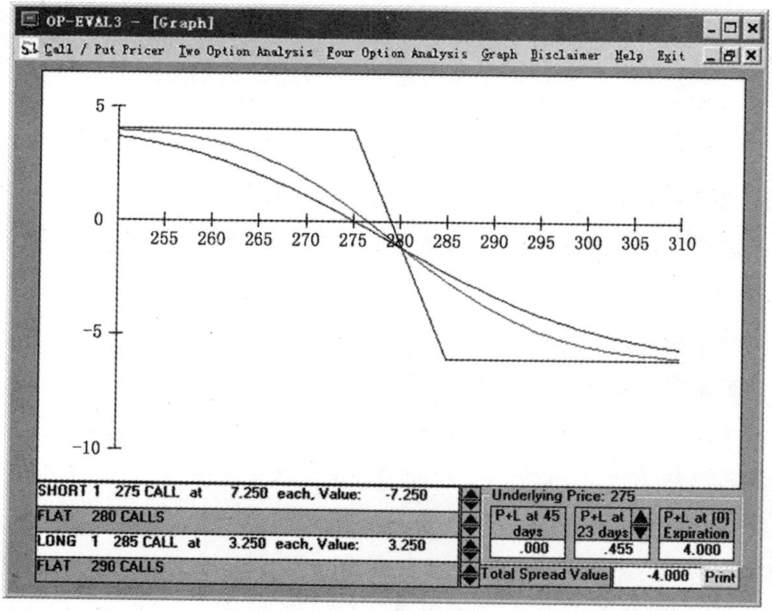

图 10－7　建立 1 单位 275—285 看涨期权空头价差组合（贷差 4 点）

超过空头差价组合。可是，两种策略的 theta 值都是正数，而且看涨期权空头头寸的读数较大，所以看涨期权空头头寸因为时间变化的受惠程度高于空头价差组合。

表 10-6　比较：未平仓的空头看涨期权/看涨期权空头价差组合

	做空 275 看涨期权	275-285 看涨期权空头价差组合
理论价值	$7^{1/4}$	4
Delta 值	-0.536	-0.224
Gamma 值	-0.023	-0.002
Vega 值	-0.383	-0.040
Theta 值	+0.621	+0.100

说明：指数水平 275，股息发放率 2%，利率 5%，价格波动率 17.5%，到期天数 45 天。

哪种策略“比较理想”？这个问题显然没有绝对的答案，每种策略各有优点与缺点，交易者需要根据行情判断与本身的风险容忍程度挑选适当的策略。读者对于这个答案或许觉得不满意，可是，不论期权、股票或期货，如何挑选适当的替代策略，往往都没有“明确的”答案。期权的最大优点就是能够提供策略弹性，但交易者还是必须根据特定的行情预测挑选某种“最佳”的对应策略。当然，任何行情预测都可能错误，并且因此而发生损失。

本章小结

1∶1 垂直价差组合有四种基本的形式。采用相同标的指数与到期日的期权，看涨期权多头价差组合是做多 1 口履约价格较低的看涨期权，同时做空 1 口履约价格较高的看涨期权；看涨期权空头价差组合是做空 1 口履约价格较低的看涨期权，同时做多 1 口履约价格较高的看涨期权；看跌期权空头价差组合是做多 1 口履约价格较高的看跌期权，同时做空 1 口履约价格较低的看跌期权；看跌期权多头价差组合是做空 1 口履约价格较高的看跌期权，同时做多 1 口履约价格较低的看跌期权。

垂直价差组合的价格行为不同于单纯做多/做空价平或价外期权，因为头寸的风险衡量值不同。所以，不论单纯做多/做空期权或建立垂直价差组合，都必须考虑三方面的预测，包括标的指数、时间与价格波动率。不同的预测，适合不同的策略。

相对于单纯做多或做空期权来说，垂直价差组合对于价格波动率的敏感性较低。所以，如果交易者预期标的指数上涨而价格波动率趋于下降，或许应该挑选多头价差组合。一般来说，唯有在期权即将到期之前，处于价内状态的垂直价差组合才会逼近最大的价值。

做空垂直价差组合与未平仓的空头期权，这两类策略不能直接进行比较，因为它们各自涉及不同的风险结构。换言之，各有不同的风险衡量值与报酬潜能。初学者对于风险衡量值的解释经常觉得困扰，但累积一些经验之后，交易者将发现这方面的信息非常有用，能够协助拟定交易决策。

期权交易通常没有所谓的最佳策略交易者必须根据自己对于行情判断的信心与风险承受能力，挑选最适用的策略。

第11章

跨式组合与宽跨式组合

简　介

关于跨式组合与宽跨式组合，期权交易者经常有三种反应或感受。第一，完全没有听过这两种策略。第二，他们知道这两种策略的到期盈亏结构，但没有实际的操作经验。第三，他们曾经使用这两种策略，但发生亏损。本章的宗旨是要营造第四种反应：让期权交易者真正了解跨式组合与宽跨式组合的内涵，掌握这两种策略适用与不适用的市场情况。每种期权策略都存在优点与缺点，跨式组合与宽跨式组合也不例外。

本章准备讨论跨式组合与宽跨式组合的多头/空头头寸。首先，介绍这两种策略的结构与到期盈亏结构图。其次，利用理论价值表格解释到期之前的价格行为，说明这些头寸的风险衡量值。最后，比较这两种策略的不同优劣。

本章引用的例子都不考虑佣金和其他交易成本。由于跨式组合与宽跨式组合都是由两个期权头寸构成，交易成本与保证金都高于单纯做多或做空期权。因此，当交易者考虑这两种策略的可行性，务必评估交易成本与保证金的问题。

做多跨式组合

做多 1 单位跨式组合（a long straddle）是同时做多履约价格、到期日与标的指数都相同的 1 口看涨期权与 1 口看跌期权。图 11－1 显示做多 1 单位 XCI 430 跨式组合的盈亏结构图。XCI 是美国证交所（AMEX）挂牌的电脑科技指数代码，属于欧式期权。这个多头跨式组合买进 1 口 430 看涨期权，单价为 $13^{1/2}$（＄1 350），同时做多 430 看跌期权，单价为 $11^{1/2}$（＄1 150），总成本为 25 点(＄2 500)。由于看跌期权与看涨期权的履约价格相同，这个跨式组合可以直接表示为“XCI 430 跨式组合”。我们称此为做多头寸或多头头寸，因为策略中同时购买看涨与看跌期权。

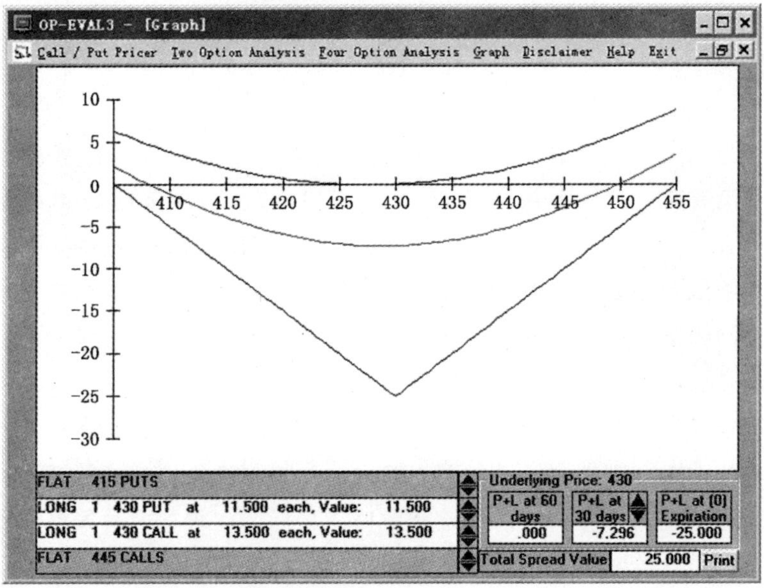

图 11－1　做多 430 跨式组合

跨式组合的名称相当合适，因为这种策略颇有“脚跨两条船”的味道——不论标的指数上涨或下跌，只要走势幅度够大，这个策略都能够获利。

到期盈亏结构

期权到期的时候，标的指数只有三种可能性：高于履约价格、等于履约价格或低于履约价格。图 11－1 的折线部分显示这三种可能性。如果到期指数高于履约价格，看涨期权处于价内状态，看跌期权到期没有价值。举例来说，如果到期指数为 470、430 看涨期权的价值为 40 点，430 看跌期权没有价值；扣减头寸的起始成本 25 点，获利 15 点或$ 1 500。如果到期指数高于履约价格，但低于上端损益平衡点，意味着看涨期权的到期价值低于起始做多成本，头寸还是会发生亏损。就目前这个例子而言，上端损益平衡点为 455（参考图 11－1），等于履约价格 430 加上做多成本 25。

如果到期指数低于履约价格，看跌期权处于价内状态，看涨期权到期没有价值。举例来说，如果到期指数为 380、430 看跌期权的价值为 50 点，430 看涨期权没有价值；扣减头寸的起始成本 25，获利 25 点或$ 2 500。如果到期指数低于履约价格但高于下端损益平衡点，头寸还是会发生亏损。图 11－1显示，下端损益平衡点为 405，等于履约价格 430 减去做多成本 25。

如果到期指数刚好等于履约价格，看涨与看跌期权都到期没有价值，头寸发生最大的损失，相当于最初的做多成本（这个例子是$ 2 500）。

顾名思义，到期盈亏结构只能分析期权到期的可能绩效。可是，短线交易者需要评估到期之前的策略盈亏结构，以下的分析将着重于到期之前。

做多跨式组合

XCI 的数只成分股将在未来一周内宣布盈利报告，老周认为 XCI 将发生重大的走势变化，但不确定指数将上涨或下跌。如果盈利数据高于市场预期，XCI 将大涨；反之，如果盈利数据低于市场预期，XCI 将大跌。所以，老周考虑购买 60 天的 XCI430 跨式组合——只要 XCI 发生重大走势，这个头寸就能够获利。

表 11－1 的理论价值显示老周的看法没错，但如果 XCI 的走势不够大的话，还是会发生损失。表 11－1 是利用 OP－EVAL 3™的两个期权分析页面计算；每周方格的数据都是加总 430 看涨期权与 430 看跌期权的理论价值。

第 1 列/第 5 行代表老周的起始头寸：430 跨式组合价值为 25 点。

假定股息发放率、利率与价格波动率都维持不变，表 11－1 显示 430 跨式组合在各种指数水平与到期天数之下的理论价值。举例来说，如果指数在 10 天之后上涨 15 点，第 2 列/第 4 行（指数 445/到期天数 50）显示跨式组合的理论价值为 $26^{7/8}$，扣除起始做多成本 25 点，获利为 $1^{7/8}$（不考虑交易佣金）。如果指数在 30 天之后上涨 15 点，跨式组合的理论价值为 $22^{3/8}$（第 4 列/第 4 行），损失为 $2^{5/8}$。

表 11－1　各种指数水平与到期天数之下的 430 跨式组合理论价值

行	指数	(1) 60 天	(2) 50 天	(3) 40 天	(4) 30 天	(5) 20 天	(6) 10 天	(7) 到期
1	490	$62^{3/4}$	$62^{1/8}$	$61^{1/2}$	61	$60^{5/8}$	$60^{3/8}$	60
2	475	$49^{1/4}$	$48^{1/8}$	$47^{1/4}$	$46^{3/8}$	$45^{3/4}$	$45^{3/8}$	45
3	460	$37^{1/2}$	$35^{7/7}$	$34^{3/8}$	$32^{7/8}$	$31^{1/2}$	$30^{3/8}$	30
4	445	$28^{7/8}$	$26^{7/8}$	$24^{3/4}$	$22^{3/8}$	$19^{3/4}$	$16^{7/8}$	15
5	430	25	$22^{3/4}$	$20^{3/8}$	$17^{5/8}$	$14^{1/2}$	$10^{1/4}$	0
6	415	$26^{1/2}$	$24^{3/4}$	$22^{7/8}$	$20^{3/4}$	$18^{1/2}$	$16^{1/8}$	15
7	400	$33^{5/8}$	$32^{1/2}$	$31^{1/2}$	$30^{5/8}$	$29^{7/8}$	$29^{5/8}$	30
8	385	$44^{5/8}$	$44^{3/8}$	$44^{1/4}$	$44^{1/8}$	$44^{1/4}$	$44^{5/8}$	45
9	370	$58^{1/4}$	$58^{3/8}$	$58^{5/8}$	$58^{7/8}$	$59^{1/4}$	$59^{5/8}$	60

说明：股息发放率 2%，价格波动率 18%，利率 5%。

表 11－1 凸显跨式组合的一项特质。如果当初采用价平期权建立跨式组合，对于相同获利程度的标的指数走势，指数下跌程度必须大于上涨程度（从另一个角度说，对于相同幅度的标的指数涨势与跌势，涨势造成的跨式组合获利程度大于跌势）。就目前的例子来说，如果标的指数在 10 天之后上涨 15 点，跨式组合价值上升为 $26^{7/8}$，获利为 $1^{7/8}$点。可是，如果标的指数在 10 天之后下跌 15 点，跨式组合价值下降为 $24^{3/4}$，不仅没有获利，反而发生 $1^{1/4}$点的损失。为什么？因为价平看涨期权的 delta 值大于价平看跌期权的 delta 绝对值，我们稍后会深入讨论这方面的问题。

标的指数在多少时间内，发生多大程度的走势，才值得做多跨式组合呢？不幸的，这个问题没有绝对的答案。老周必须根据自己的行情预测，评估各种市场情况下的风险/报酬结构。表 11－1 可以协助解答前述的问题，同时风险衡量值也能够提供重要的信息。

风险衡量值

表 11－2 显示做多 1 口 430 看涨期权/做多 1 口 430 看跌期权/做多 1 单位 430 跨式组合的头寸 delta、gamma、vega 与 theta 值，这份表格也是取自 OP－EVAL 3™的看涨/看跌期权定价页面。做多 430 跨式组合的数据等于做多 430 看涨期权与做多 430 看跌期权对应数据的加总和。头寸风险衡量值等于成分期权风险衡量值的加总和。举例来说，430 看涨期权的 delta 值为 +0.541，430 看跌期权的 delta 值为 －0.451，所以 430 跨式组合的 delta 值为 +0.090。

表 11－2 透露哪些信息呢？第一，请注意跨式组合的 vega 值相当大，这意味着跨式组合对于价格波动率的变动非常敏感。第二，theta 值为负数，绝对值相当大，这意味着跨式组合对于时间耗损非常敏感。第三，跨式组合的 delta 值略微大于 0。

表 11－2　　头寸 Delta、Gamma、Vega 与 Theta 值

	430 看涨期权	430 看涨期权	430 跨式组合
价　格	$13^{1/2}$	$11^{1/2}$	25
Delta 值	+0.541	－0.451	+0.090
Gamma 值	+0.031	+0.023	+0.054
Vega 值	+0.203	+0.148	+0.351
Theta 值	－0.707	－0.459	－1.166

跨式组合的头寸 vega 值为 +0.351，意味着价格波动率上升或下降 1 个百分点，头寸价值将相应上升或下降 0.351 点（假定其他定价因素维持不变）。头寸 vega 值偏高是相当合理的现象，因为跨式组合是由多头看涨期权与多头看跌期权构成。

跨式组合的头寸 theta 值为 －1.166，意味着时间变化 7 天，头寸价值将下降 1.166 点（假定其他定价因素维持不变）。头寸 theta 绝对值偏高也是相当合理的现象，因为跨式组合是由多头看涨期权与多头看跌期权构成。

跨式组合的头寸 delta 值非常接近零，因为做多看涨期权的 delta 值为正数，做多看跌期权的 delta 值为负数，两者相互抵消。换言之，如果标的指数发生特定方向的些微走势，跨式组合价值也会发生相同方向的走势，但价值变动量非常小。唯有当标的指数的走势够大，头寸 gamma 值——代表头寸 delta 值的变动速度——才会显现影响力，使得跨式组合价值发生变化。

当标的指数等于履约价格，跨式组合的 delta 值不会刚好等于零，这是因为 Black - Scholes 期权定价公式内的一些技术因子造成。我们不准备解释这些技术因子，但希望强调一点：如果标的指数等于履约价格，跨式组合的 delta 值略微大于 0。基于这个缘故，对于相同幅度的标的指数涨势与跌势，涨势造成的跨式组合获利程度大于跌势。

头寸 vega 值与 theta 绝对值偏高而 delta 值接近零，这有什么风险涵义？对于跨式组合的买方来说，他希望“重大走势”发生在“短期间”之内，而且“价格波动率几乎没有下降”，否则可能发生亏损的结果。

情景分析

OP - EVAL 3™可以用来评估各种情景发展。举例来说，就老周预期的发展：XCI 在 7 天之后上涨或下跌 15 点，价格波动率下降 4 个百分点。如同前文的说明，当盈利报告分布之后，价格应该会发生重大的涨势或跌势，但价格波动率将因为不确定因素消失而下降。

请参考表 11 - 3，第 1 列代表起始状态的定价因素与计算结果。第 2 列与第 3 列分别代表标的指数上涨或下跌 15 点，而且价格波动率由 18% 下降为 14% 的情况。结论如何？如果老周预料的行情确实发生，就不应该购买 60 天期的 430 跨式组合，因为不论标的指数上涨或下跌，头寸都会发生损失。

表 11 - 3　情景 1：XCI 在 7 天之后变动 15 点，价格波动率下降 4%

	第 1 列 起始状态		第 2 列 指数上涨		第 3 列 指数下跌
定价因素					
指数水平	430	→	445	→	415
履约价格	180				
股息发放率	2%				
价格波动率	18%	→	14%	→	14%
利　率	5%				

续表

	第 1 列 起始状态		第 2 列 指数上涨		第 3 列 指数下跌
到期天数	60	→	53	→	53
结 果					
430 看涨期权价值	$13^{1/2}$	→	20	→	$3^{7/8}$
430 看跌期权价值	$11^{1/2}$	→	$3^{1/4}$	→	17
430 跨式组合价值	25	→	$23^{1/4}$	→	$20^{7/8}$

可是，如果老周认为标的指数将在 10 天之后发生 30 点的走势，而且价格波动率下降 4 个百分点，结论可能就不同了。请参考表 11－4，在这种情况下，如果指数上涨 30 点，430 跨式组合的价值为 $33^{3/8}$，获利为 $8^{3/8}$（\$ 837.50）；如果指数下跌 30 点，跨式组合价值为 $29^{7/8}$，获利为 $4^{7/8}$（\$ 487.50）。

表 11－4 情景 2：XCI 在 10 天之后变动 30 点，价格波动率下降 4%

	第 1 列 起始状态		第 2 列 指数上涨		第 3 列 指数下跌
定价因素					
指数水平	430	→	460	→	400
履约价格	430				
股息发放率	2%				
价格波动率	18%	→	14%	→	14%
利率	5%				
到期天数	60	→	50	→	50
结 果					
430 看涨期权价值	$13^{1/2}$	→	$32^{1/2}$	→	7/8
430 看跌期权价值	$11^{1/2}$	→	7/8	→	29
430 跨式组合价值	25	→	$33^{3/8}$	→	$29^{7/8}$

老周应该相信哪种情景发展呢？这属于个人的主观判断，取决于自己的信念与风险容忍程度。总之，当期权交易者评估未来的行情发展，必须同时兼顾指数变动、时间与价格波动率。对于跨式组合来说，由于涉及两单位的期权，尤其必须考虑时间与价格波动率。

做空跨式组合

做空 1 单位跨式组合（a short straddle）是同时做空履约价格、到期日与标的指数都相同的 1 口看涨期权与 1 口看跌期权。请注意，由于同时无保护的空头看涨与看跌期权，头寸涉及无限的风险，采用这类策略必须符合某些特定条件，例如，具备最低净资产价值与最低账户净值，而且有经纪商相关单位的许可。图 11－2 显示做空（放空）1 单位 XCI 430 跨式组合的盈亏结构图。做空 1 口 430 看涨期权，单价为 $13^{1/2}$，同时做空 1 口 430 看跌期权，单价为 $11^{1/2}$，权利金总收入为 25 点。

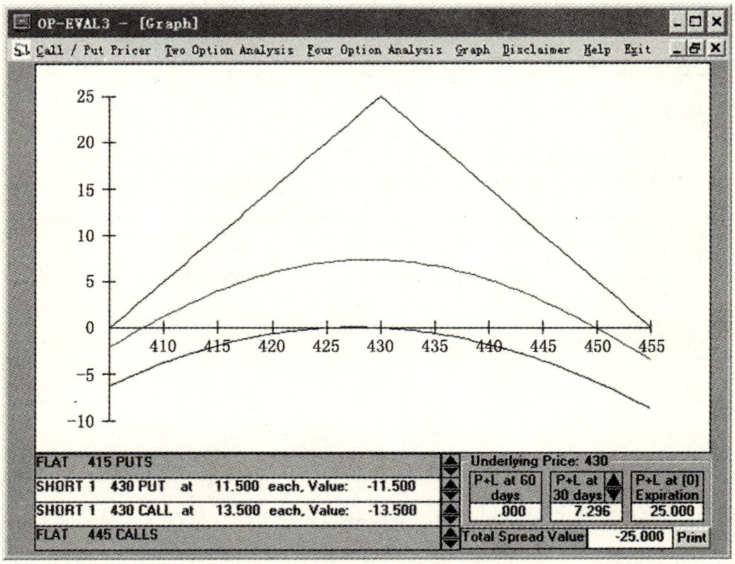

图 11－2 做空 430 跨式组合

到期盈亏结构

期权到期的时候，标的指数只有三种可能性：高于履约价格、等于履约价格或低于履约价格。图 11－2 的折线部分显示这三种可能性。如果到期指数高于履约价格，所做空的看涨期权处于价内状态而被指派，看跌期权到期没有价值。举例来说，如果到期指数为 435，所做空的 430 看涨期权发生 5

点损失，430 看跌期权没有价值；起始权利金收入 25 点减去 5 点损失，获利为 20 点或$ 2 000。如果到期指数高于上端损益平衡点，意味着所做空看涨期权的损失大于起始权利金收入，头寸还是会发生亏损。就目前这个例子而言，上端损益平衡点为 455（见图 11 – 2），等于履约价格 430 加上起始权利金收入 25 点。

如果到期指数低于履约价格，所做空的看跌期权会因处于价内状态而被指派，看涨期权到期没有价值。举例来说，如果到期指数为 422，做空 430 看跌期权的损失为 8 点，430 看涨期权没有价值；头寸的起始权利金收入 25 点减去 8 点损失，获利为 17 点或$ 1 700。如果到期指数低于下端损益平衡点，意味着看跌期权的损失大于起始权利金收入，头寸还是会发生亏损。就目前这个例子而言，下端损益平衡点为 405（见图 11 – 2），等于履约价格 430 减去起始权利金收入 25 点。

如果到期指数刚好等于履约价格，看涨与看跌期权到期都没有价值，头寸发生最大的获利，相当于最初的权利金收入（这个例子是$ 2 500）。

做空跨式组合

做空跨式组合与购买跨式组合的盈亏结构刚好相反。买方希望标的指数发生重大的走势（不论涨或跌），价格波动率上升，卖方则希望标的指数没有变动，价格波动率下降。

表 11 – 2 显示做空跨式组合的适当行情发展。在期权到期之前 60 天，假定指数为 430（第 1 列/第 5 行），430 跨式组合的价值为 25。表 11 – 1 显示，在期权到期的 20 天或 30 天之前，只要标的指数介于 415—445 的 30 点区间内，跨式组合价值都不会明显下降。

做空跨式组合的头寸 delta、gamma、vega 与 theta 的数值都与做多跨式组合相同，但正负符号相反。继续引用表 11 – 2，做空 430 跨式组合的 delta 值为 – 0.090，gamma 值为 – 0.054，vega 值为 – 0.351，theta 值为 + 1.166。虽然 theta 值偏高经常吸引交易者做空跨式组合，但必须考虑这个头寸的价格波动率风险也很可观，而且只要标的指数发生重大走势（不论涨跌），头寸就会发生损失。

不论做空一般期权或跨式组合，务必要留意价格波动率的影响。所做空的期权隐含价格波动率应该明显“偏高”。可是，这只是尽可能降低风险而已，并不能保证不会发生损失。

做多宽跨式组合

做多 1 单位宽跨式组合（a long strangle）是同时做多到期日与标的指数都相同的 1 口看涨期权与 1 口看跌期权，但看涨期权的履约价格高于看跌期权。图 11－3 显示做多 1 单位 XCI 415—445 宽跨式组合的盈亏结构图：做多 1 口 415 看跌期权，单价为 $5^{5/8}$，同时做多 445 看涨期权，单价为 $7^{1/4}$，总成本为 $12^{7/8}$点。由于看跌期权与看跌期权的履约价格一定低于看涨期权，这个宽跨式组合可以直接表示为“XCI 415—445 宽跨式组合”。我们称此为做多头寸或多头头寸，因为策略中同时购买看涨与看跌期权。我们并不清楚“宽跨式”（strangle）的名称由来，可能是基于方便起见，因为 strangle 与 straddle 的第一个英文字母相同。

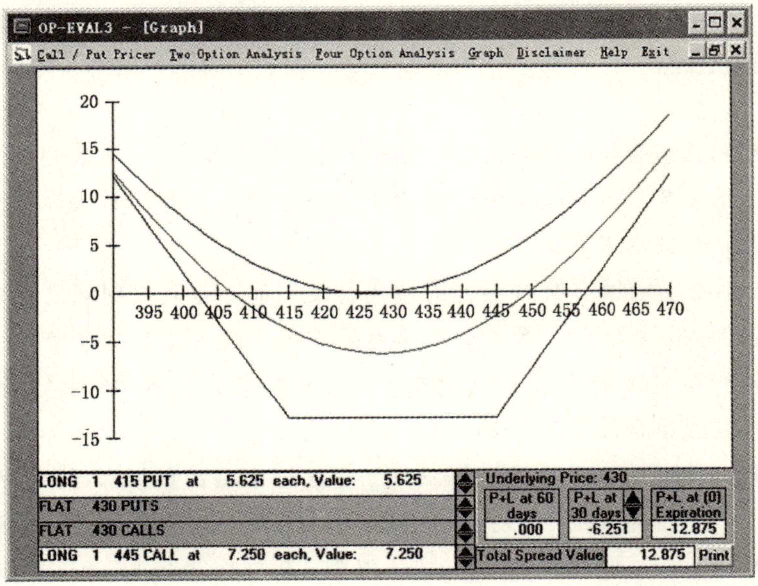

图 11－3 做多 415—445 宽跨式组合

期权到期的时候，标的指数只有三种可能性：高于看涨期权履约价格、低于看跌期权履约价格或介于两个履约价格之间。图 11－3 的折线部分显示这三种可能性。如果到期指数高于看涨期权履约价格，看涨期权处于价内状态，看跌期权到期没有价值。举例来说，如果到期指数为 475，445 看涨期权的价值为 30 点，415 看跌期权没有价值；扣减头寸的起始成本 $12^{7/8}$点，获利 $17^{1/8}$点或$ 1 712.5。如果到期指数高于看涨期权履约价格，但低于上端损益平衡点，意味着看涨期权的到期价值低于起始做多成本，头寸还是会发生亏损。就目前这个例子而言，上端损益平衡点为 $457^{7/8}$（参考图 11－3），等于看涨期权履约价格 445 加上做多成本 $12^{7/8}$。

如果到期指数低于看跌期权履约价格，看跌期权处于价内状态，看涨期权到期没有价值。举例来说，如果到期指数为 400，415 看跌期权的价值为 15 点，445 看涨期权没有价值；扣减头寸的起始成本 $12^{7/8}$点或$ 212.50。如果到期指数低于看跌期权履约价格，但高于下端损益平衡点，意味着看跌期权的到期价值小于起始做多成本，头寸还是会发生亏损。就目前这个例子而言，下端损益平衡点为 $402^{1/8}$（参考图 11－3），等于看跌期权履约价格 415 减去做多成本 $12^{7/8}$。

如果到期指数介于两个履约价格之间，看涨与看跌期权都到期没有价值，头寸发生最大的损失，相当于最初的做多成本（这个例子是$ 1 287.50）。

做空宽跨式组合

做空 1 单位宽跨式组合（a long strangle）是同时做空到期日与标的指数都相同的 1 口看涨期权与 1 口看跌期权，但看涨期权的履约价格高于看跌期权。图 11－4 显示做空（放空）1 单位 XCI 415—445 宽跨式组合的盈亏结构图，做空 1 口 415 看跌期权，单价为 $5^{5/8}$，同时做空 1 口 415 看涨期权，单价为 $7^{1/4}$，权利金总收入为 $12^{7/8}$点。

由于宽跨式组合空头头寸同时未平仓的空头看涨与看跌期权，头寸涉及无限的风险，唯有经验丰富而条件适合的交易者才能够采用这类的策略。

期权到期的时候，标的指数只有三种可能性：高于看涨期权履约价格、低于看跌期权履约价格或介于两个履约价格之间。图 11－4 的折线部分显示这三种可能性。如果到期指数高于看涨期权履约价格，所做空的看涨期权处于价内状态而被指派，看跌期权到期没有价值。举例来说，如果到期指数为 452，所做空的 445 看涨期权发生 7 点损失，415 看跌期权没有价值；起始权

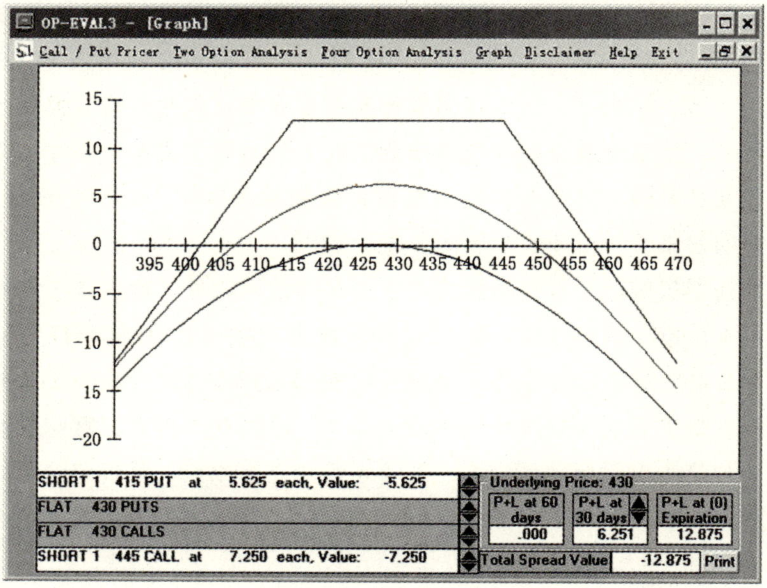

图 11-4　做空 415—445 宽跨式组合

利金收入 $12^{7/8}$点减去 7 点损失，415 看跌期权没有价值；起始权利金收入 $12^{7/8}$点减去 7 点损失，获利为 $5^{7/8}$点或$ 587.50。如果到期指数高于上端损益平衡点，意味着所做空看涨期权的损失大于起始权利金收入，头寸还是会发生亏损。就目前这个例子而言，上端损益平衡点为 $457^{7/8}$（参考图 11-4），等于看涨期权履约价格 445 加上起始权利金收入 $12^{7/8}$点。

如果到期指数低于看跌期权履约价格，所做空的看跌期权处于价内状态，看涨期权到期没有价值。举例来说，如果到期指数为 411，做空 415 看跌期权的损失为 4 点，445 看涨期权没有价值；头寸的起始权利金收入 $12^{7/8}$点减去 4 点损失，获利为 $8^{7/8}$点或$ 887.50。如果到期指数低于下端损益平衡点，意味着看跌期权的损失大于起始权利金收入，头寸还是会发生亏损。就目前这个例子而言，下端损益平衡点为 $402^{1/8}$（参考图 11-4），等于看跌期权履约价格 415 减去起始权利金收入 $12^{7/8}$点。

如果到期指数介于两个履约价格之间，看涨与看跌期权都到期没有价值，头寸发生最大的获利，相当于最初的权利金收入（这个例子是$ 1 287.50）。

跨式组合与宽跨式组合的比较

比较跨式组合与宽跨式组合的到期盈亏结构，就可以发现两者之间存在一些“得失”的区别。本节只准备讨论这两种策略的多头（做多）头寸，但类似的推论也适用于空头（做空）头寸。

首先，请观察图 11－1 与图 11－3 的到期盈亏结构。跨式组合的做多成本为 25 点，宽跨式组合的做多成本为 $12^{7/8}$点，前者比较昂贵，这显然是一种缺点，但跨式组合的损益平衡点为 455 与 405，宽跨式组合的损益平衡点为 $457^{7/8}$与 $402^{1/8}$，前者的间距比较窄，这是一种优点。

另外，让我们比较这两种策略发生最大损失的可能性，换言之，损失全部的权利金成本。对于 430 跨式组合来说，除非到期指数刚好等于履约价格 430，否则不可能发生最大损失。对于 415—445 宽跨式组合来说，只要到期指数介于两个履约价格之间，就会发生最大损失。不论跨式组合发生最大损失的几率有多高，宽跨式组合发生最大损失的几率必定更高。

所以，某个策略都不会绝对优于另一种策略。做多跨式组合的成本较高，但损益平衡点的间距较窄，发生最大损失的几率较小。其次，让我们考虑这两种策略到期之前的短线报酬/风险结构。

表 11－5 对应先前讨论的表 11－1，其中显示 415—445 宽跨式组合在各种指数水平与到期时间之下的理论价值。同样地，此处假定股息发放率为 2%，价格波动率为 18%，利率为 5%。

表 11－5　各种指数水平与到期天数之下的 415—445 宽跨式组合理论价值

行	指　数	(1) 60 天	(2) 50 天	(3) 40 天	(4) 30 天	(5) 20 天	(6) 10 天	(7) 到期
1	490	$48^{3/8}$	$47^{5/8}$	$46^{7/8}$	$46^{1/4}$	$45^{3/4}$	$45^{3/8}$	45
2	475	$35^{3/8}$	$34^{1/4}$	$33^{1/8}$	32	$31^{1/8}$	$30^{3/8}$	30
3	460	$25^{3/8}$	$22^{7/8}$	$12^{1/4}$	$19^{5/8}$	$17^{7/8}$	$16^{1/4}$	15
4	445	$16^{1/2}$	$14^{5/8}$	$12^{5/8}$	$10^{1/2}$	$8^{1/8}$	$5^{1/2}$	0
5	430	$12^{7/8}$	$10^{7/8}$	$8^{7/8}$	$6^{5/8}$	$4^{1/8}$	$1^{1/2}$	0
6	415	$14^{1/4}$	$12^{5/8}$	$10^{7/8}$	9	7	$4^{3/4}$	0
7	400	$20^{1/2}$	$19^{3/8}$	$18^{3/8}$	$17^{1/4}$	$16^{1/4}$	$15^{3/8}$	15
8	385	$30^{3/4}$	$30^{3/8}$	30	$29^{5/8}$	$29^{1/2}$	$29^{5/8}$	30
9	370	$43^{3/4}$	$43^{3/4}$	$43^{7/8}$	44	$44^{1/4}$	$44^{5/8}$	45

说明：股息发放率 2%，价格波动率 18%，利率 5%。

假定标的指数最初为430，期权还有60天到期（第1列/第5行）。在任何时间架构内，如果标的指数上涨或下跌45点，跨式组合的获利金额都大于宽跨式组合。举例来说，如果期权还有50天到期，标的指数上涨至475（第2列/第2行），跨式组合价值为$48^{1/8}$，增加$23^{1/8}$点，宽跨式组合价值为$34^{1/4}$，增加$21^{3/8}$，前者的绝对金额增加量大于后者。可是，就百分比来说，宽跨式组合的报酬率变动量较高。对于较长的时间架构，前述结论仍然成立。举例来说，当期权还有20天到期，标的指数上涨为475（第5列/第2行），跨式组合价值为$31^{1/8}$，增加$20^{3/4}$点，宽跨式组合价值为$30^{3/8}$，增加$19^{1/2}$。同样的，跨式组合的绝对金额变动量较大，但宽跨式组合的相对百分比变动量较大。

可是，在损失的情况下，前述的结论就不成立。当期权还有10天到期，标的指数为445，两个策略都发生亏损。跨式组合价值为$16^{7/8}$，下跌$8^{1/8}$，跌幅相当于起始投资金额的33%；宽跨式组合价值为$5^{1/2}$，下跌$7^{3/8}$，跌幅相当于起始投资金额的57%。

衡量绩效的过程中，绝对金额与相对百分比之间的概念差异很重要，因为交易者需要先界定获利目标。某种策略是否优于另一种策略，往往取决于获利目标的界定方法。

跨式组合与宽跨式组合：比较风险衡量值

风险衡量值透露哪些信息？表11-6比较跨式组合与宽跨式组合的delta、gamma、vega与theta值。做多430跨式组合的相关数据取自表11-2，做多415—445宽跨式组合的相关数据也是通过相同方法计算。

表11-6　　比较风险衡量值：跨式组合/宽跨式组合

	做多430跨式组合	做多415-445宽跨式组合
理论价值	25	$12^{7/8}$
Delta值	+0.090	+0.080
Gamma值	+0.054	+0.038
Vega值	+1.351	+0.238
Theta值	-1.166	-1.133

说明：指数430，股息发放率2%，利率5%，价格波动率18%，到期天数60天。

表 11－6 内数据的最大特色，就是两种策略彼此之间的近似程度。举例来说，430 跨式组合的 vega 值为＋1.351，415—445 宽跨式组合的对应数据为＋0.238。因此，价格波动率变动对于两种策略的影响非常类似。可是，由百分比的角度观察，则宽跨式组合对于价格波动率的敏感程度较高。

基于篇幅有限的缘故，我们不打算讨论其他定价因素的风险衡量，如果读者有兴趣的话，可以自行分析各种情景变化的影响，琢磨各种指数水平、到期时间与价格波动率之下的跨式组合与宽跨式组合价格行为。

本章小结

做多跨式组合是同时做多相同数量的看涨与看跌期权，两个期权的标的指数、到期时间与履约价格都相同。做空跨式组合则刚好相反，同时做空看涨与看跌期权。宽跨式组合与跨式组合的结构非常类似，唯一的差别只在于看涨与看跌期权的履约价格不同。当我们评估这两种策略，首先必须绘制到期盈亏结构图，了解最佳与最糟的到期结果。做空跨式组合或宽跨式组合，其中的无保护空头头寸涉及无限的风险，只适合财务上与心理上都有充分准备的老练交易者，而且必须取得经纪商的允许。

关于跨式组合的分析，本章仍然引用先前章节介绍的方法。首先，进行三部分的预测：标的指数的目标水平，预测行情发生的时间，对于价格波动率的看法。其次，估计成分期权的价值，计算整体策略的盈亏。最后，评估各种替代策略的优点与缺点，按照自己的风险/报酬偏好，挑选最适当的策略。

跨式组合与宽跨式组合之间存在“得失”的区别。相对于宽跨式组合，购买跨式组合的成本较高，但损益平衡点的间距较窄，最大理论风险较小。评估这两种策略的短期风险（到期之前的风险），交易者必须留意绝对金额与相对百分比的基准差异。因此，采取某种策略之前，应该预先设定获利目标。通过比较两种策略的 delta、gamma、vega、theta 等风险衡量值，可以发现宽跨式组合对于定价因素变动的百分比敏感性较高。

第 12 章 比率价差组合

简 介

比率价差组合（ratio spreads）是购买特定数量的某种期权，同时购买不同数量的另一种期权，两种期权的形态、标的指数与到期日都相同，但履约价格不同。顾名思义，所谓“比率”是指两个期权数量之间的比率，例如：1×2 或 2×3。虽然我们可以采用任何比率，但本章只准备讨论 1×2 的比率价差组合，相关的分析方法与策略筛选准则也能够运用到其他的比率价差组合。

本章讨论的某些策略包含未平仓的空头头寸，其中涉及无限的风险。这类策略只适合财务上与心理上都有充分准备的老练交易者，而且必须取得经纪商的允许。

本章的例子都不考虑佣金、其他交易成本与保证金。由于比率价差组合都是由两个以上的期权头寸构成，交易成本与保证金都高于单纯做多或做空期权。因此，当交易者考虑这类策略的可行性，务必评估交易成本与保证金的问题。

比率垂直价差组合

1 单位的 1×2 看涨期权比率垂直价差组合（a 1×2 ratio vertical spread

with call）是购买 1 口某履约价格的看涨期权，做空 2 口较高履约价格的看涨期权，两种看涨期权的标的指数与到期日相同。1 单位的 1×2 看跌期权比率垂直价差组合（a 1×2 ratio vertical spread with put），是购买 1 口某履约价格的看跌期权，做空 2 口较低价格的看跌期权。两种看跌期权的标的指数与到期日相同。利用看涨期权构成的比率垂直价差组合涉及无限的风险，利用看跌期权架构的比率垂直价差组合也涉及可观的风险。由于策略涉及未平仓的指数期权空头头寸，运用这类策略必须先取得经纪商的许可。

请注意，“垂直”不只是意味着履约价格不同而已。在比率价差组合的范畴内，“垂直”还代表策略做空的期权数量多于做多。虽然“垂直”本身并未蕴含这方面的意义，但市场习惯上都是如此运用。

图 12－1 显示 XAU 95—100 的 1×2 看涨期权比率垂直价差组合。XAU 是美国证券交易所挂牌的黄金与白银类股指数期权，属于美式期权。详细来说，这个策略在 $3^{3/8}$做多 1 口 XAU 95 看涨期权，在 $1^{1/2}$做空 2 口 XAU 100 看涨期权，这个头寸的净借差为 3/8（不含佣金）。“净借差”（net debit）是权利金费用减去权利金收入的净差额，代表每单位策略的“做多”净成本。“净贷差”（net credit）是权利金收入减去权利金费用的净差额，代表每单位策略的“做空”净收入。

请注意，建立头寸时的起始净借差或净贷差，未必代表头寸的潜在风险或获利。头寸的净获利等于平仓当时的头寸价值，加上起始净贷差或减去起始净借差。许多人认为“建立头寸必须支付成本，结束头寸有净收入”，这种想法未必适用于比率价差组合，因为建立头寸之初可能支付净借差或收取净贷差，结束头寸也可能发生支出或收入。乍看之下，这似乎非常复杂，但经过一阵子练习之后，应该不会产生困扰。

以下的说明是以看涨期权的比率垂直价差组合为准，但也适用于看跌期权的比率垂直价差组合。

到期盈亏

期权到期，看涨期权的比率垂直价差组合可能出现三种结果：标的指数等于或小于较低履约价格，标的指数介于两个履约价格之间，标的指数等于或大于较高履约价格。图 12－1 的折线部分即是这种策略的到期盈亏结构图。如果到期指数等于或小于较低履约价格，所有的看涨期权都没有到期价值，该头寸损失所有的权利金支出（目前这个例子是3/8点）。可是，请注意，当初支付的权利金成本并不是这个策略可能发生的最大损失。如图12-1所示，如果到期指数高于上端损益平衡点，损失将因为标的指数上涨而持续增加。

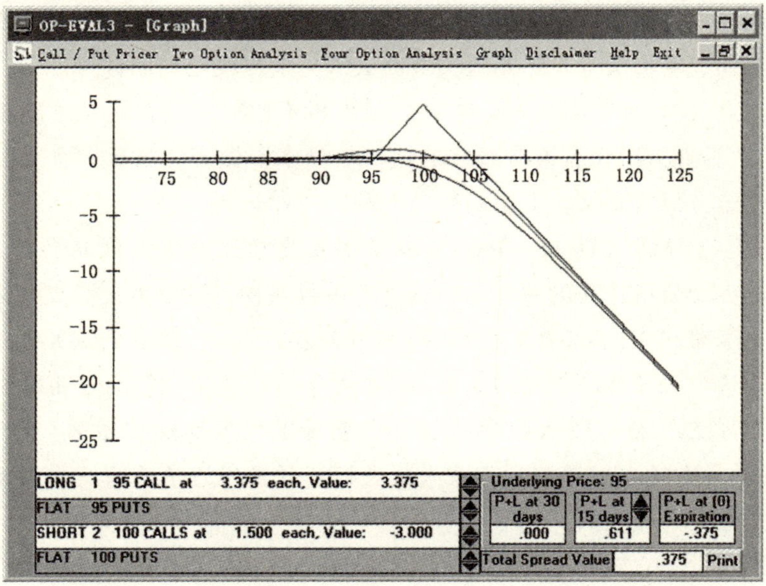

图12-1 XAU 95—100的1×2看涨期权比率垂直价差组合

如果到期指数介于两个履约价格之间，则95看涨期权的价值是标的指数减去较低履约价格，而做空的100看涨期权没有价值。举例来说，在图12-1中，如果XAU到期为97，95看涨期权的价值为2点，100看涨期权没有价值；所以，整个头寸的到期价值为2点，扣减当初的权利金成本3/8点，净获利为$1^{5/8}$点，相当于$162.50（不考虑佣金）。

如果标的指数大于较高履约价格，所做多与所做空的看涨期权都有价值；做多看涨期权的价值为标的指数减去较低履约价格，做空看涨期权的价值为较高履约价格减去标的指数。如图12-1所示，如果到期指数大于较高履约价格，这个策略可能发生净获利或净亏损。举例来说，如果XAU到期为102，95看涨期权的价值为7点，做空2口100看涨期权的价值为-4点；整体头寸的到期价值为3点，扣减起始权利金成本3/8点，净获利为$2^{5/8}$点，相当于$ 262.50（不考虑佣金）。

损益平衡点与最大获利潜能

请参考图 12－1，就到期盈亏结构而言，这种策略存在两种损益平衡点，下端的损益平衡点为 $95^{3/8}$，相当于做多看涨期权履约价格（95）加上起始净借差（3/8）。

计算上端的损益平衡点，首先需要知道这种策略的最大获利潜能。就看涨期权的 1×2 比率垂直价差组合来说，当到期指数等于较高履约价格（看涨期权做空头寸的履约价格），可以实现最大的获利。为什么？当标的指数上涨而接近较高履约价格，看涨期权做多头寸的价值增加，做空头寸没有价值，所以整体头寸价值因为指数上涨而持续增加。可是，一旦标的指数超过较高履约价格之后，指数每增加 1 点，做多头寸的价值也增加 1 点，但做空头寸的价值减少 2 点；换言之，如果标的指数超过较高履约价格，指数每增加 1 点，整体头寸价值减少 1 点。所以，当标的指数等于较高履约价格，这个策略的获利为最大，相当于履约价格间距减去起始权利金成本。就图 12－1来说，履约价格间距为 5 点，起始权利金为 3/8 点，最大获利潜能是 $4^{5/8}$点。

我们知道，如果到期指数刚好等于较高履约价格，这个策略的获利潜能最大；一旦到期指数超过较高履约价格，指数每上涨 1 点，获利就会下降 1 点。所以，上端损益平衡点等于“较高履约价格”加上“最大获利潜能”。就图 12－1 的例子来说，上端损益平衡点等于 100 加上 $4^{5/8}$。如果到期指数高于 $104^{5/8}$，策略就会发生亏损。

价格行为

运用 OP－EVAL 3™的两个期权分析页面，表 12－1 显示 95—100 看涨期权比率垂直价差组合在各种到期时间/指数水平之下的理论价值。对于这份表格内的每个理论价值，我们都假设做多 1 口 95 看涨期权/做空 2 口 100 看涨期权。举例来说，第 1 列/第 8 行假定标的指数为 95.00，期权还有 30 天到期；虽然表格内没有显示个股期权的理论价值，但我们知道 95 看涨期权

的单价为 $3^{3/8}$，100 看涨期权的单价 $1^{1/2}$，所以整个头寸——购买 1 口 95 看涨期权/做空 2 口 100 看涨期权——的净价值为 3/8 点（$3^{3/8}$ × 1 口 - $1^{1/2}$ × 2 口）。所以，在前述的假设条件下，建立这个策略的净借差是 3/8 点（不考虑佣金）。

在表 12-1 内，正数代表建立该策略将发生权利金净成本（净借差），负数代表采用该策略将发生权利金净收入（净贷差）。请参考第 1 列/第 5 行，购买 1 口 95 看涨期权/做空 2 口 100 看涨期权将发生权利金净收入 $1^{1/2}$点。

表 12-1　各种指数水平与到期天数之下的 95—100 看涨期权比率垂直价差组合理论价值（做多 1 口 95 看涨期权/做空 2 口 100 看涨期权）

行	指　数	(1) 30 天	(2) 25 天	(3) 20 天	(4) 15 天	(5) 10 天	(6) 5 天	(7) 到期
1	112.50	$-8^{1/2}$	$-8^{1/4}$	-8	$-7^{7/8}$	$-7^{7/8}$	$-7^{1/2}$	$-7^{1/2}$
2	110.00	$-6^{3/8}$	$-6^{1/8}$	$-5^{3/4}$	$-5^{1/2}$	$-5^{1/4}$	-5	-5
3	107.00	$-4^{1/2}$	$-4^{1/8}$	$-3^{3/4}$	$-3^{3/8}$	-3	$-2^{5/8}$	$-2^{1/2}$
4	105.00	$-2^{7/8}$	$-2^{1/2}$	-2	$-1^{1/2}$	-7/8	-3/8	-0
5	102.00	$-1^{1/2}$	$-1^{1/8}$	-5/8	-1/8	-5/8	$-1^{1/2}$	$2^{1/2}$
6	100.00	-5/8	-1/8	1/4	3/4	$1^{3/8}$	$2^{3/8}$	5
7	97.50	0	3/8	3/4	7/8	$1^{1/2}$	2	$2^{1/2}$
8	95.00	3/8	5/8	3/4	1	$1^{1/8}$	$1^{1/8}$	0
9	92.50	1/2	5/8	5/8	3/4	5/8	3/8	0

说明：股息发放率 1%，价格波动率 30%，利率 5%。

表 12-1 的解释可能有些困难。为了避免混淆，最好采用“开仓”/“平仓”，不要由“做多”/“做空”的角度思考。计算 1×2 比率垂直价差组合的盈亏，需要把适当的平仓借记金额（收入）减去开仓借记金额（成本）或加上开仓贷记金额（收入），所得的结果代表头寸的获利。同理，把适当的平仓贷记金额（成本）加上开仓借记金额（成本）或减去开仓贷记金额（收入），结果的数据代表头寸的损失。开仓建立头寸，借记金额代表成本或现金流出，贷记金额借记代表收入或现金流入。平仓结束头寸，借记金额代表收入或现金流入，贷记金额代表支出或现金流出。让我们举几个例子来说明。

第一，假定我们在表 12－1 的第 1 列/第 8 行开仓建立头寸，在第 6 列/第 7 行平仓结束头寸。所以，开仓建立头寸必须支付 3/8 点，平仓结束头寸可以收取 2 点，获利为 $1^{5/8}$点。

第二，假定在第 1 列/第 5 行开仓建立头寸，在第 6 列/第 7 行平仓结束头寸。所以，开仓建立头寸可以收取 $1^{1/2}$点权利金，平仓结束头寸可以收取 2 点权利金，获利为 $3^{1/2}$点。

第三，假定在第 1 列/第 9 行开仓建立头寸，在第 3 列/第 1 行平仓结束头寸。所以，开仓建立头寸必须支付 1/2 点权利金，平仓结束头寸还必须支付 8 点，总损失为 $8^{1/2}$点。

最后，假定在第 2 列/第 4 行开仓建立头寸，在第 5 列/第 5 行平仓结束头寸。所以，开仓建立头寸可以收取 $2^{1/2}$点权利金，平仓结束头寸还必须支付 5/8 点，净获利为 $1^{7/8}$点。

由表 12－1 与图 12－1 发现，当到期指数位于做空期权的履约价格附近，比率垂直价差组合的表现最理想。因此，除非交易者预期这类的行情发展，否则不适合采用这种策略。

风险衡量值

表 12－2 显示下行三个头寸的 delta、gamma、vega 与 theta 值，三个头寸分别为：做多 1 口 95 看涨期权，做空 1 口 100 看涨期权，比率垂直价差组合（做多 1 口 95 看涨期权/做空 2 口 100 看涨期权）。第 1 列与第 2 列的数据直接取自 OP－EVAL 3^{TM}的看涨/看跌期权定价页面，第 3 列的数据是加总第 1 列数据与两倍的第 2 列数据。期权头寸风险衡量值，是计算头寸个股期权风险衡量值的总和。举例来说，头寸 vega 值等于－0.084，相当于＋0.108 加上－0.192（2×(－0.096)）。

表 12－2 显示比率垂直价差组合具备哪些特质呢？首先，头寸 vega 值为负数，意味着该策略将因为价格波动率下降而受惠。其次，头寸 theta 值为正数，意味着时间变化有利该策略。最后，头寸 gamma 值为负数，任何重大的价格涨势或跌势都会造成不利的后果。根据这些特质判断，最适合采用比率垂直价差组合的市场情况是：标的指数盘整于做空期权的履约价格附近，而且价格波动率趋于下降。

表 12-2 头寸风险衡量值

	第1列做多1口 95看涨期权	第2列做多1口 100看涨期权	第3列95—100 看涨期权1×2 比率垂直价差组合
理论价值	$3^{3/8}$	$1^{1/2}$	3/8 （每单位）
Delta值	+0.532	-0.302	-0.072（每单位）
Gamma值	+0.048	-0.044	-0.040（每单位）
Vega值	+0.108	-0.096	-0.084（每单位）
Theta值	-0.440	+0.366	+0.292（每单位）

说明：指数95.00，股息发放率1%，价格波动率30%，利率5%，到期天数30天。

情景分析

现在，让我们根据一些行情预测来评估比率垂直价差组合的表现。OP-EVAL 3™可以用来测试各种情景。举例来说，假定包小姐是一位有经验的交易者，适合承担未平仓的空头期权的风险，她预测XAU指数将呈现中性而稍微偏多的走势。在这个例子中，假定当时的XAU指数为92.50，20天期的95看涨期权价格为$1^{5/8}$，20天期的100看涨期权价格为1/2。换言之，如果包小姐购买1口95看涨期权，做空2口100看涨期权，必须支付5/8的净权利金（不含佣金）。目前这个例子对应表12-1的第3列/第9行。

包小姐认为，XAU指数在未来20天内将缓步攀升到100左右。可是，由于10天之后即将公布通货膨胀报告，所以包小姐希望测试一些不利情景发展的风险。

根据表12-1，如果XAU指数在5天之后上涨到105（第4列/第4行），该头寸的价值将是$-1^{1/2}$点，损失为$2^{1/8}$点。包小姐愿意承担这部分的风险，但表12-1假定价格波动率维持在30%的水平。包小姐希望知道，如果价格波动率上升到38%，对于头寸将构成什么影响。

表12-3显示OP-EVAL 3™的情景分析。第1列的数据包括定价因素的起始状态与各种期权的理论价值。第2列是根据包小姐对于定价因素的预测，重新计算期权的理论价值；95看涨期权的理论价值为$10^{1/2}$，100看涨期权的价值为$6^{3/8}$。因此，比率垂直价差组合的价值为$-2^{1/4}$点（$10^{1/2}-2\times 6^{3/8}$）；加上建立头寸的起始成本5/8点，当时结束头寸的总损失为$2^{7/8}$点。

这部分损失大于表 12－1 的估计损失 $2^{1/8}$点，主要是因为价格波动率由 30%上升为 38%的缘故。

表 12－3　　预测价格波动率上升

	第 1 列起始状态		第 2 列包小姐的预测
定价因素			
指数水平	92.50	→	105.00
履约价格	95—100		
股息发放率	1%		
价格波动率	30%	→	38%
利　率	5%		
到期天数	20	→	15
结　果			
95 看涨期权价值	1.625	→	10.500
100 看跌期权价值	0.500	→	6.375
1×2 比率垂直价差组合	0.625	→	(2.250)

拟定交易决策的过程中，包小姐可以运用相关的资料，如果她认为价格波动率上升的风险可以接受，而且对于自己的行情预测很有信心，仍然可以采用比率垂直价差组合。反之，如果价格波动率上升的可能性，造成包小姐不能接近比率垂直价差组合的风险/报酬关系，那就应该寻找另外的策略。

我们曾经提到，比率垂直价差组合适用于中性的行情预测。接下来准备讨论的比率价格波动率价差组合则适用于不同的市场情况。

比率价格波动率价差组合

1 单位的 1×2 看涨期权比率价格波动率价差组合（a 1×2 ratio volatility spread with call）是做空 1 口某履约价格的看涨期权，购买 2 口较高履约价格的看涨期权，两种看涨期权的标的指数与到期日相同。1 单位的 1×2 看跌期权比率垂直价差组合（a 1×2 ratio volatility spread with put）是做空 1 口某履约价格的看跌期权，购买 2 口较低履约价格的看跌期权，两种看跌期权的标的指数与到期日相同。

在比率价差组合的范畴内，“价格波动率”意味着策略做多的期权数量多于做空。这已经成为市场的习惯用法，因为这种策略将受惠于标的指数的“重大走势”（换言之，较高的价格波动率）。

图 12－2 显示 DTX 250—255 的 1×2 看涨期权比率价格波动率价差组合。DTX 是道·琼斯运输类股指数，属于欧式期权，由 CBOE 提供交易。这个策略在 9 做空 1 口 DTX 250 看涨期权，在 $6^{3/4}$购买 2 口 DTX 255 看涨期权，净借差为 $4^{1/2}$点（不含佣金），代表该策略建立的成本。

以下的说明是以看涨期权的比率价格波动率价差组合为准，但也适用于看跌期权的比率价格波动率价差组合。

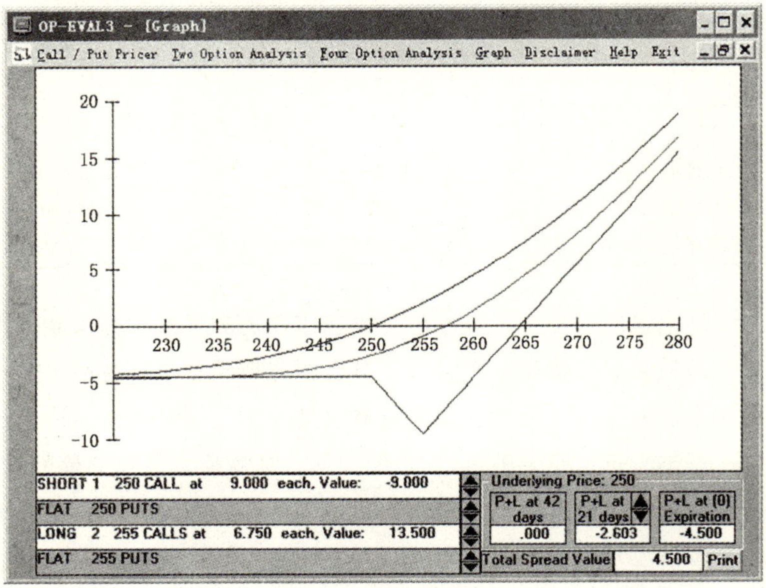

图 12－2　DTX 250—255 的 1×2 看涨期权比率价格波动率价差组合
（做空 1 口 DTX 250 看涨期权/购买 2 口 DTX 255 看涨期权）

到期盈亏

期权到期，看涨期权的比率价格波动率价差组合可能出现三种结果：标的指数等于或小于较低履约价格，标的指数介于两个履约价格之间，标的指数等于或大于较高履约价格。图 12－2 的折线部分显示了这三种可能性。如果到期指数等于或小于较低履约价格，所有的看涨期权都到期没有价值，该头寸损失所有的权利金支出（目前这个例子是 $4^{1/2}$ 点）。可是，请注意，当初支付的权利金成本并不是这个策略可能发生的最大损失。我们稍后会说明最大风险的计算方法。

如果到期指数介于两个履约价格之间，则所做空的看涨期权的价值是较低履约价格减去标的指数，所购买的看涨期权没有价值。举例来说，在图 12－2 中，如果 DTX 到期为 253，250 看涨期权的价值为 －3 点，255 看涨期权没有价值；所以，整个头寸的到期价值为 －3 点，扣减当初的权利金成本 $4^{1/2}$ 点，总损失为 $7^{1/2}$ 点，相当于$ 750.00（不考虑佣金）。

如果到期指数刚好等于较高履约价格，头寸将发生最大损失。如果到期指数为 255，空头 250 看涨期权的价值等于 －5 点，多头 255 看涨期权没有价值，整体头寸的到期价值为 －5 点，扣减当初的权利金成本 $4^{1/2}$ 点，总损失为 $9^{1/2}$ 点（请参考图 12－2）。

如果标的指数大于较高履约价格，所做多与所做空的看涨期权都有价值；做多看涨期权的价值为标的指数减去较高履约价格，做空看涨期权的价值为较低履约价格减去标的指数。如图 12－2 所示，如果到期指数大于较高履约价格，这个策略可能发生净获利或净亏损。举例来说，如果 DTX 到期为 256，250 看涨期权的价值为 －6 点，做空 2 口 255 看涨期权的价值为 2 点；整体头寸的到期价值为 －4 点，扣减起始权利金成本 $4^{1/2}$ 点，总损失为 $8^{1/2}$ 点（不考虑佣金）。

可是，如果到期指数为 268，所做空的 1 口 250 看涨期权价格为 －18 点，所购买的 2 口 255 看涨期权价格为 26 点；所以，整体头寸的总价值为 8 点，扣减起始权利金成本 $4^{1/2}$ 点，总损失为 $3^{1/2}$ 点或$ 350.00（不考虑佣金）。

损益平衡点与最大获利潜能

请参考图 12－2，就到期盈亏结构而言，比率价格波动率价差组合的损益平衡点为 $264^{1/2}$。这是最大潜在损失 $9^{1/2}$ 加上较高履约价格 255。对于到期指数高于 255 部分，这个策略相当于净做多 1 口 255 看涨期权，因为另外 1 口 255 看涨期权的获利刚好冲销空头 250 看涨期权的损失。当标的指数等于损益平衡点 $264^{1/2}$（$255+9^{1/2}$）时，这口 255 看涨期权的价值为 $9^{1/2}$ 点，等于最大潜在损失，这个策略的上端最大获利潜能为无限。

价格行为

运用 OP－EVAL 3™的两个期权分析页面，表 12－4 显示 250—255 看涨期权比率价格波动率价差组合在各种到期时间/指数水平之下的理论价值。对于这份表格内的每个理论价值，我们都假设做空 1 口 250 看涨期权/做多 2 口 255 看涨期权。举例来说，第 1 列/第 7 行假定标的指数为 250，期权还有 42 天到期；虽然表格内没有显示个股期权的理论价值，但我们知道 250 看涨期权的单价为 9，255 看涨期权的单价 $6^{3/4}$，所以整个头寸——做空 1 口 250 看涨期权/购买 2 口 255 看涨期权——的净价值为 $4^{1/2}$点（9×1 口－$6^{3/4}$×2 口）。所以，在前述的假设条件下，建立这个策略的净借差是 $4^{1/2}$点（不考虑佣金）。

表 12－4　各种指数水平与到期天数之下的 250—255 看涨期权比率价格波动价差组合理论价值（做空 1 口 250 看涨期权/做多 2 口 255 看涨期权）

行	指　数	(1) 42 天	(2) 35 天	(3) 28 天	(4) 21 天	(5) 14 天	(6) 7 天	(7) 到期
1	280	$23^{3/8}$	$22^{5/8}$	22	$21^{3/8}$	$20^{3/4}$	$20^{1/4}$	20
2	275	$19^{1/4}$	$18^{1/2}$	$17^{5/8}$	$16^{7/8}$	16	$15^{3/8}$	15
3	270	$15^{1/2}$	$14^{5/8}$	$13^{3/4}$	$12^{3/4}$	$11^{5/8}$	$10^{1/2}$	10
4	265	12	$11^{1/8}$	$10^{1/8}$	9	$7^{3/4}$	$6^{1/4}$	5
5	260	$9^{1/8}$	$8^{1/8}$	$7^{1/8}$	6	$4^{5/8}$	$2^{3/4}$	0
6	255	$6^{5/8}$	$5^{5/8}$	$4^{3/4}$	$3^{5/8}$	$2^{1/4}$	5/8	－5
7	250	$4^{1/2}$	$3^{3/4}$	$2^{7/8}$	$1^{7/8}$	7/8	－3/8	0
8	245	3	$2^{3/8}$	$1^{5/8}$	7/8	1/8	－3/8	0
9	240	$1^{7/8}$	$1^{3/8}$	3/4	1/4	－1/8	－1/4	0

说明：股息发放率 0%，价格波动率 25%，利率 5%。

在表 12－4 内，正数代表建立该策略将发生权利金净成本（净借差），负数代表采用该策略将发生权利金净收入（净贷差）。请参考第 6 列/第 7 行，做空 1 口 250 看涨期权/ 购买 2 口 255 看涨期权将发生权利金净收入 3/8 点。表 12－4 的解释可能有些困难。计算头寸的盈亏，需要知道开仓与平仓过程中发生的净借记或贷记金额。

由表 12 - 4 与图 12 - 2 发现，当到期指数远高于损益平衡点，比率价格波动率价差组合的表现最理想。因此，除非交易者预期这类的行情发展，否则不适合采用这种策略。如果到期指数盘整在做多期权的履约价格附近（换言之，较高履约价格），这个策略将发生最大的损失。

风险衡量值

表 12 - 5 显示下列三个头寸 delta、gamma、vega 与 theta 值：做空 1 口 250 看涨期权，购买 2 口 255 看涨期权，比率价格波动率价差组合（做空 1 口 250 看涨期权/购买 2 口 255 看涨期权）。

表 12 - 5 的资料可以确认图 12 - 2 与表 12 - 4 的一些结论。首先，头寸 vega 值为正数，意味着该策略将因为价格波动率上升而受惠。其次，头寸 theta 值为负数，意味着时间变化不利于该策略。最后，头寸 gamma 值为正数，任何重大的价格涨势或跌势都会造成有利的后果。适用比率价格波动率价差组合的最理想市场情况，是标的指数大涨而超过多头看涨期权的履约价格。如果采用看跌期权架构比率价格波动率价差组合，则最理想的市场情况是标的指数大跌而远低于多头看跌期权的履约价格。

表 12 - 5　　**头寸风险衡量值**

	第 1 列 做空 1 口 250 看涨期权	第 2 列 购买 2 口 255 看涨期权	第 3 列 250 - 255 看涨期权 × 2 比率价格波动率价差组合
理论价值	9	$6^{3/4}$	$4^{1/2}$（每单位）
Delta 值	- 0.544	+ 0.450	+ 0.356（每单位）
Gamma 值	- 0.019	+ 0.019	+ 0.019（每单位）
Vega 值	- 0.336	+ 0.336	+ 0.336（每单位）
Theta 值	+ 0.840	- 0.820	- 0.800（每单位）

说明：指数 250，股息发放率 0%，价格波动率 25%，利率 5%，到期天数 42 天。

第 3 列数据 = （第 1 列数据 × 1） + （第 2 列数据 × 2）。举例来说，第 3 列的头寸 Delta 值 = （ - 0.544 × 1） + （ + 0.450 × 2） = + 0.356。请特别留意 + / - 符号。

本章小结

比率价差组合同时做多与做空两种期权，期权的标的指数、形态与到期日相同，但履约价格与数量不同。在比率垂直价差组合中，做空的期权数量多于做多。在比率价格波动率价差组合中，购买的期权数量多于做空。

比率垂直价差组合涉及未平仓的做空头寸，所以风险非常可观或无限。这种策略最适用的市场情况是标的指数盘整于做空期权的履约价格附近，而且价格波动率趋于下降。

比率价格波动率价差组合的风险有限，但该风险可能超过建立头寸的起始借差。这种策略最适用的市场情况是标的指数出现重大走势，远超过看涨期权多头头寸的履约价格或远低于看跌期权多头头寸的履约价格。

如同个股期权一样，我们可以根据各种市场情况计算与编制比率价差组合的理论价值表格，借以分析短期价格行为。可是，这些理论价值表格的解释经常造成困扰，因为比率价差组合建立当初可能涉及权利金成本或收入，结束头寸的情况也是如此。所以，估计策略盈亏的过程中，必须适当加总借/贷金额。

拟定交易决策的过程中，应该考虑与测试各种情景发展，针对三个部分的预测进行分析：标的指数的变动，预测行情变动发生的时间，以及价格波动率的可能变化。

第13章

时间价差组合

简　介

对于初学者来说，时间价差组合（time spread）是一种相对少用的策略，但在某些市场状况中非常适合采用这种策略。在本章的讨论过程中，首先说明时间价差组合的定义，其次解释相关的机制与条件，然后通过理论价值表格分析时间价差组合的行为与风险敏感性（希腊字母），最后提供一个例子。本章的目的是协助你了解时间价差组合的风险/报酬潜能与操作时效。在实际运用时间价差组合之前，务必要了解策略的价格行为与价格波动率变动的影响。本章只讨论看涨期权时间价差组合，但相同的概念也适用于看跌期权。

借差时间价差组合的最大风险是当初支付的权利金。对于贷差时间价差组合来说，如果多头头寸到期之后继续持有空头头寸，或策略中采用美式期权而空头头寸发生提前指派的情况，做空者将承担无限的风险。基于这个缘故，如果采用贷差时间价差组合，未平仓的空头指数期权需要预先经由经纪商许可。

时间价差组合必须通过保证金账户进行操作，而且由于策略中涉及两个期权，交易成本通常高于单一期权。本章的例子不考虑佣金、其他交易成本或保证金，但这些因素对于实务操作非常重要。

时间价差组合

时间价差组合是同时做多与做空 1 口期权，两个期权的形态、标的资产与履约价格都相同，但到期时间不同。举例来说，在 $19^{1/4}$ 做空 1 口 SPX 9 月份 900 看涨期权，同时在 29 做多 1 口 SPX 10 月份 900 看涨期权。SPX 是 S&P 500 的代码，这种欧式期权在 CBOE 挂牌交易。

关于时间价差组合的表达方式，习惯上首先标示标的代码，其次是较短期的合约月份，然后是较长期的合约月份，接着是履约价格，最后是期权种类。前一段的例子可以表示为“SPX 9 月份—10 月份 900 看涨期权时间价差组合”。

所谓的“多头时间价差组合”（long time spread）、“做多时间价差组合”（purchased time spread）或“借差时间价差组合”（debit time spread）是指头寸建立当初发生权利金成本；换言之，策略中做空较短期的期权/购买较长期的期权。对于其他合约条件完全相同的期权，短期期权的权利金低于长期期权。前文讨论的“SPX 9 月份—10 月份 900 看涨期权时间价差组合”，做多 10 月份 900 看涨期权的成本是 29，做空 9 月份 900 看涨期权的收入是 $19^{1/4}$，所以建立这个头寸的借差是 $9^{3/4}$ 点。

所谓的“空头时间价差组合”(short time spread)、“做空时间价差组合”(sold time spread)或“贷差时间价差组合”(credit time spread)是指头寸建立当初发生权利金收入；换言之，策略中做空较长期的期权/购买较短期的期权。举例来说，假定 NDX 6 月份 900 看涨期权的价格为 9，NDX 7 月份 900 看涨期权的价格为 16，做空 1 单位“NDX 6 月份—7 月份 900 看涨期权时间价差组合”的权利金收入是 7 点。就保证金的角度来说，这个策略的期权空头头寸没有经过平仓。

到期风险

如果策略中采用欧式期权，当短期期权到期的时候，时间价差组合就不存在了。那时短期期权可能处于价内状态而被执行或指派，也可能处于价外状态而没有价值。不论哪种情况，时间价差组合都只剩下长期期权的头寸。

如果时间价差组合采用美式期权，一旦短期期权在到期之前执行或指派，整体头寸也只剩下长期期权的头寸。交易者必须考虑这种可能性。

到期盈亏

当所做空的短期期权到期，图 13－1 显示看涨期权时间价差组合做多头寸的盈亏结构。请注意，盈亏结构不是由线段构成，因为短期期权到期，剩余的长期期权还没有到期，头寸 delta 值介于 0 与 1 之间。如果价差组合采用两个到期日相同的期权，则到期盈亏结构将由水平线段与 45 度线段构成；水平线段代表到期价外的部分，delta 值为 0，45 度线段代表到期价内的部分，delta 值为 ±1。

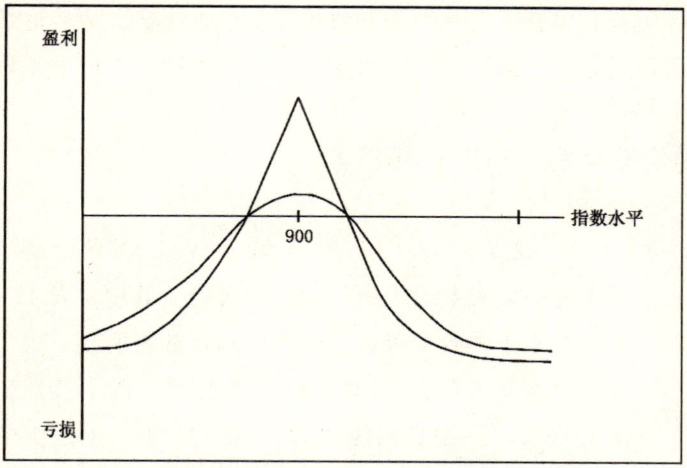

图 13－1　做多时间价差（看涨期权）

我们可以利用 OP－EVAL 3™评估时间价差组合的价格行为，但不能绘制图形，因为这套软件的绘图功能需要所有的成分期权都有相同的到期日。如果你打算利用两个期权分析页面或四个期权分析页面评估时间价差组合，只需要把“Days”（天数）行的 A 设定改为 I 设定，然后分别输入个股期权的到期天数。

当短期期权到期，指数有两个可能结果：等于或低于履约价格，高于履约价格。

对于看涨期权时间价差组合的做多头寸，如果到期指数等于或低于履约价格，所做空的短期看涨期权到期没有价值，继续持有的长期看涨期权还有时间价值。如果到期指数高于履约价格，所做空的短期看涨期权到期被指派，整体头寸演变为长期看涨期权的单纯多头头寸。不论哪一种情况，一旦短期期权到期之后，这个策略不再是价差组合，只是单纯持有看涨期权的多头头寸，也承担做多看涨期权的风险/报酬结构。

对于看涨期权时间价差组合的做空头寸，如果到期指数等于或低于履约价格，所购买的短期看涨期权到期没有价值，所卖掉的长期看涨期权还有时间价值。如果到期指数高于履约价格，执行短期看涨期权后，整个头寸演变为长期看涨期权的单纯空头头寸。不论哪一种情况，一旦短期期权到期后，这个策略不再是价差组合，只是单纯持有看涨期权的空头头寸，也承担做空看涨期权的风险/报酬结构。

针对时间价差组合，虽然两个期权头寸都结束之后，才能够计算明确的盈亏，但我们还是能够估计各种指数水平与到期天数之下的理论价值。

多头时间价差组合头寸的价格行为

表 13－1、表 13－2 与表 13－3 是利用 OP－EVAL 3™两个期权分析页面估计各种指数水平与到期天数之下的期权理论价值。其中，表 13－1 考虑的对象是拥有不同指数水平和到期天数的 9 月份 900 看涨期权，表 13－2 考虑的对象是相对应指数水平下的 10 月份 900 看涨期权。请注意，在这个例子中，9 月份与 10 月份合约到期日相隔 28 天；表 13－1 与 13－2 相互对应的每一列到期天数都相隔 28 天。举例来说，表 13－1 的第 1 列代表 9 月份合约还有 24 天到期，表 13－2 的第 1 列则代表 10 月份合约还有 52 天到期。

表 13－1　各种指数水平与到期天数之下的 9 月份 900 看涨期权理论价值

行	指　数	(1) 24 天	(2) 20 天	(3) 16 天	(4) 12 天	(5) 8 天	(6) 4 天	(7) 到期
1	980	$82^{5/8}$	82	$81^{1/2}$	81	$80^{5/8}$	$80^{1/4}$	80
2	960	64	$63^{1/8}$	$62^{1/8}$	$61^{3/8}$	$60^{3/4}$	$60^{1/4}$	60
3	940	$46^{5/8}$	$45^{3/8}$	44	$42^{5/8}$	$41^{3/8}$	$40^{1/2}$	40
4	920	$31^{1/2}$	$29^{7/8}$	$21^{1/8}$	$26^{1/4}$	24	$21^{3/4}$	20
5	900	$19^{1/4}$	$17^{5/8}$	$15^{5/8}$	$13^{1/2}$	11	$7^{5/8}$	0
6	880	$10^{1/2}$	9	$7^{3/8}$	$5^{1/2}$	$3^{1/2}$	$1^{3/8}$	0
7	860	5	$3^{7/8}$	$2^{3/4}$	$1^{3/4}$	3/4	1/8	0
8	840	2	$1^{3/8}$	3/4	3/8	1/8	—	0
9	820	5/8	3/8	1/8	—	—	—	0

说明：股息发放率 1.8%，价格波动率 20%，利率 5%。

表 13-2 各种指数水平与到期天数之下的 10 月份 900 看涨期权理论价值

行	指 数	(1) 52 天	(2) 48 天	(3) 44 天	(4) 40 天	(5) 36 天	(6) 32 天	(7) 28 天
1	980	$87^{7/8}$	$87^{1/8}$	$86^{3/8}$	$85^{5/8}$	$84^{7/8}$	84	$83^{3/8}$
2	960	$70^{3/4}$	$69^{3/4}$	$68^{3/4}$	$67^{7/8}$	$66^{7/8}$	$65^{7/8}$	65
3	940	56	$53^{7/8}$	$52^{3/4}$	$51^{5/8}$	$50^{3/8}$	$49^{1/4}$	$47^{7/8}$
4	920	41	$39^{3/4}$	$38^{1/2}$	$37^{1/4}$	$35^{7/8}$	$34^{1/2}$	33
5	900	29	$27^{7/8}$	$26^{5/8}$	$25^{1/4}$	24	$22^{1/2}$	21
6	880	$19^{1/2}$	$18^{3/8}$	$17^{1/4}$	16	$14^{5/8}$	$13^{3/8}$	12
7	860	$12^{1/4}$	$11^{1/4}$	$10^{1/4}$	$9^{1/4}$	$8^{1/4}$	$7^{1/8}$	$6^{1/8}$
8	840	$7^{1/8}$	$6^{3/8}$	$5^{5/8}$	$4^{7/8}$	$4^{1/8}$	$3^{3/8}$	$2^{5/8}$
9	820	$3^{3/4}$	$3^{1/4}$	$2^{3/4}$	$2^{1/4}$	$1^{7/8}$	$1^{3/8}$	1

说明：股息发放率 1.8%，价格波动率 20%，利率 5%。

表 13-3 各种指数水平与到期天数之下的 9—10 月份 900 看涨期权时间价差组合理论价值

行	指 数	(1) 52—24 天	(2) 48—20 天	(3) 44—16 天	(4) 40—12 天	(5) 36—8 天	(6) 32—4 天	(7) 28—0 天
1	980	$5^{1/4}$	$5^{1/8}$	$4^{7/8}$	$4^{5/8}$	$4^{1/4}$	$3^{3/4}$	$3^{3/8}$
2	960	$6^{3/4}$	$6^{5/8}$	$6^{5/8}$	$6^{1/2}$	$6^{1/8}$	$5^{5/8}$	5
3	940	$8^{3/8}$	$8^{1/2}$	$8^{3/4}$	9	9	$8^{3/4}$	$7^{7/8}$
4	920	$9^{1/2}$	$9^{7/8}$	$10^{3/8}$	11	$11^{7/8}$	$12^{3/4}$	13
5	900	$9^{3/4}$	$10^{1/4}$	11	$11^{3/4}$	13	$14^{7/8}$	21
6	880	9	$9^{3/8}$	$9^{7/8}$	$10^{1/2}$	$11^{1/8}$	12	12
7	860	$7^{1/4}$	$7^{3/8}$	$7^{1/2}$	$7^{1/2}$	$7^{1/2}$	7	$6^{1/8}$
8	840	$5^{1/8}$	5	$4^{3/4}$	$4^{1/2}$	4	$3^{3/8}$	$2^{5/8}$
9	820	$3^{1/8}$	$2^{7/8}$	$2^{5/8}$	$2^{1/4}$	$1^{7/8}$	$1^{3/8}$	1

说明：股息发放率 1.8%，价格波动率 20%，利率 5%。

表 13-3 的数值来自于两个期权分析页面内的价差组合的价值（Spread Value）方格；另外，对于每个对应方格，表 13-3 的读数都是表 13-2 读数减去表 13-1 读数。举例来说，考虑这三份表格的第 1 列/第 5 行，表 13-3 的读数 $9^{3/4}$，刚好是表 13-2 读数 29 减去表 13-1 读数 $19^{1/4}$。

表 13-3 显示的时间价差读数呈现一些独特的行为。首先，请注意第 1 列的读数，当标的指数为 880、900 与 920 的时候，9 月份至 10 月份 900 看涨期权的理论价值分别为 9、$9^{3/4}$ 与 $9^{1/2}$。相对于个别看涨期权来说，这些时间

价差的变动很小。当标的指数由 880 上涨为 920，9 月份 900 看涨期权的价值由 $10^{1/2}$上涨为 $31^{1/2}$，10 月份 900 看涨期权的价值由 $19^{1/2}$上涨为 41。

其次，在 9 月份看涨期权到期之前，当标的指数位在履约价格 900 时，时间价差的价值最高。另外，当标的指数等于履约价格，时间价差的价值将因为 9 月份看涨期权接近到期而增加。如果标的指数上涨或下跌而超过或低于履约价格，时间价差的价值将因为 9 月份看涨期权接近到期而减少。

我们可以由表 13－3 归纳一些结论：做多时间价差组合是一种“中性”或“缓慢走势”的策略。在最理想的情况下，交易者在价平附近购买时间价差组合，而且短期期权到期的时候，标的指数刚好等于履约价格。

举例来说，假定 SPX 的目前水平是 860，9 月份合约还有 24 天到期，10 月份合约还有 52 天到期。王先生预期 SPX 在 24 天之后将上涨 900，他希望在 $12^{1/4}$做多 1 口 10 月份 900 看涨期权，同时在 5 做空 1 口 9 月份 900 看涨期权，做多所谓的 9 月份至 10 月份 900 看涨期权时间价差组合，单位成本为 $7^{1/4}$（请参考表 13－3 的第 1 列/第 7 行）。

如果采用欧式期权，购买前述时间价差组合涉及的风险（$7^{1/4}$）小于单纯做多 10 月份 900 看涨期权（$12^{1/4}$）。另外，如果王先生的预测正确，时间价差组合的获利潜能也大于 10 月份 900 看涨期权。举例来说，当 9 月份期权在 24 天之后到期，假定 SPX 指数上涨为 900，9 月份 900 看涨期权没有价值，10 月份 900 看涨期权的价值为 21（表 13－2 的第 7 列/第 5 行），扣减起始成本 $7^{1/4}$，时间价差组合的获利为 $13^{3/4}$。如果单独做多 10 月份 900 看涨期权，当初的权利金成本是 $12^{1/4}$，获利为 $8^{3/4}$（$21-12^{1/4}$）。

即使王先生的行情预测不完全正确，某些情况下，购买时间价差组合的获利还是大于单独购买 10 月份 900 看涨期权。举例来说，当 9 月份期权到期，如果标的指数上涨为 880，单独购买 10 月份 900 看涨期权的损失为 1/4 点($12^{1/4}-12$)，购买时间价差组合的获利为 $4^{3/4}$点（$12-7^{1/4}$）。

可是，如果标的指数的上涨幅度或行情发展速度远快于王先生的预期，那又如何呢？在这些情况下，单独购买 10 月份 900 看涨期权的绩效通常优于购买时间价差组合。举例来说，如果标的指数在 20 天之内由 860 上涨为 920，10 月份 900 看涨期权的价值上升为 $34^{1/2}$（表 13－2 的第 6 列/第 4 行），获利为 $22^{1/4}$。反之，购买时间价差组合的获利只有 $5^{1/2}$（$12^{3/4}-7^{1/2}$）。

空头时间价差组合头寸的价格行为

做空看涨期权的时间价差组合，也可以利用表 13－3 估计理论价值，但需要改变 ± 符号。举例来说，表 13－3 的第 1 列/第 5 行数据为 $9^{3/4}$，这代表做空 1 口 9 月份 900 看涨期权/购买 1 口 10 月份 900 看涨期权的权利金净成本（净借差 29－$19^{1/4}$）。反之，如果我们做空这个时间价差组合——换言之，购买 1 口 9 月份 900 看涨期权/做空 1 口 10 月份 900 看涨期权——将有 $9^{3/4}$的权利金收入（净贷差）。

时间价差组合的空头头寸，建立当初通常会发生净贷差或权利金收入，结束头寸的时候通常会发生现金流出（净借差）。所以，表 13－3 内的数据可以视为“先放空/后回补”的价值。

举例来说，假定 SPX 的目前水平是 900，9 月份合约还有 24 天到期，10 月份合约还有 52 天到期。李小姐预期 SPX 在 24 天之后将下跌至 840，她希望在 $19^{1/4}$做多 1 口 9 月份 900 看涨期权，同时在 29 做空 1 口 10 月份 900 看涨期权，做空所谓的 9 月份—10 月份 900 看涨期权，时间价差组合，每单位的权利金收入为 $9^{3/4}$（不含佣金）。如果行情确实按照预期发展，指数在 24 天之后下跌为 840，9 月份 900 看涨期权到期没有价值，10 月份 900 看涨期权的理论价值为 $2^{5/8}$。如果李小姐在此回补 10 月份 900 看涨期权，净获利为 $7^{1/8}$：9 月份 900 看涨期权的损失为 $19^{1/4}$，10 月份 900 看涨期权的获利为 $26^{3/8}$（29－$2^{5/8}$）。

如表 13－3 所示，时间价差组合空头头寸最好建立在价平状态，然后标的指数在短期期权到期的时候大涨或大跌。

大体来说，时间价差组合多头头寸适用于中性的行情预测，空头头寸适用于价格波动剧烈的行情。

风险衡量：看涨期权的时间价差组合

表 13－4 显示下列四个头寸的 delta、gamma、theta 与 vega 值：9 月份 900 看涨期权、10 月份 900 看涨期权，以及这两个期权构成的时间价差组合多/空头寸。第 1 列与第 2 列的数据是取自于 OP－EVAL 3™的看涨/看跌期权定

价页面。第 3 列做多时间价差组合的数据等于第 2 列数据减去第 1 列数据。举例来说，第 3 列的 delta 值 +0.012 等于 +0.539 减去 +0.527。第 4 列做空时间价差组合的数据等于第 1 列数据减去第 2 列数据。举例来说，第 4 列的 vega 值 -0.427 等于 +0.918 减去 +1.345。

表 13-4　　时间价差组合的头寸风险衡量值

	第 1 列 9 月份 看涨期权 24 天	第 2 列 10 月份 看涨期权 52 天	第 3 列 做多* 时间价差组合	第 4 列 做空** 时间价差组合
价　格	$19^{1/4}$	29	$9^{3/4}$（借差）	$9^{3/4}$（贷差）
Delta	+0.527	+0.539	+0.012	-0.012
Gamma	+0.009	+0.006	-0.003	+0.003
Vega	+0.918	+1.345	+0.427	-0.427
Theta	-3.180	-2.147	+1.033	-1.033

说明：指数水平 900，股息发放率 1.8%，价格波动率 20%，利率 5%。

* 第 3 列数据等于第 2 列数据减去第 1 列数据。举例来说，第 3 列的 delta 值等于 +0.539 - 0.527 = 0.012。

** 第 4 列数据等于第 1 列数据减去第 2 列数据。举例来说，第 4 列的 delta 值等于 -3.180 + 2.147 = -1.033。

表 13-4 可以解释时间价差组合的行为。首先，我们发现第 3 列的 delta 值很小，theta 值偏高，所以时间价差组合做多头寸适用于中性的行情预测。头寸 delta 值偏低，意味着头寸价值对于标的指数变动的敏感性很低；theta 值偏高，意味着头寸价值将因为时间变化而受惠。

时间价差组合做多头寸的 vega 值为正数，gamma 值为负数。正数据的 vega 值意味着头寸将因为价格波动率上升（下降）而受益（受害）。虽然短期价格走势与隐含价格波动率变动之间不存在已知的相关性，但标的资产的横向走势可能导致隐含价格波动率下降。因此，如果交易者希望运用时间价差组合做多策略，应该预期隐含价格波动率维持不变或增加。什么情况下可能产生这类的现象？当政府即将公布重要的经济报告或多家公司即将宣布盈利报告，标的指数可能陷入横向盘整，但期权价格将上涨，隐含价格波动率上升。

虽然 gamma 绝对值很小，但负值读数意味着标的指数的重大走势将造成不利的影响，这一点可以由表 13-3 看出：价外（第 1 行）与价内（第 9

行）状态下的价差组合的价值远小于价平状态（第 5 行）。因此，如果在价平状态下购买时间价差组合，只要标的指数发生重大走势，头寸就会出现亏损。

请参考表 13 – 4 的第 4 列，做空时间价差组合的风险衡量值 ± 符号刚好与做多头寸相反。时间价差组合空头头寸的 delta 值为负数；gamma 值为正数，意味着标的指数的重大走势有利于头寸；vega 值为负数，意味着价格波动率上升将不利于头寸；theta 值为负数，意味着头寸将因为时间变化而受害。总之，标的指数发生重大走势将有利于时间价差组合空头头寸，但时间变化与价格波动率上升都不利于这种策略。

什么情况下，标的指数可能出现重大的走势，而且隐含价格波动率下降？市场等待的重要经济报告公布之后，就可能发生这类情况；标的指数将因为利多或利空消息而大涨或大跌，但重大消息公布之后，不确定因素将消失，原先偏高的隐含波动率也会恢复正常水平。

如同其他策略一样，OP – EVAL 3™也可以估计时间价差组合的结果。我们通过下面的例子分析时间价差组合做多头寸。

情景分析

马先生是一位有经验的交易者，通过保证金账户进行操作，足以承担时间价差组合内空头期权的风险。在这个例子中，假定 9 月份期权还有 24 天到期，10 月份期权还有 52 天到期，SPX 指数水平为 900，9 月份 900 看涨期权的价格为 $19^{1/4}$，10 月份 900 看涨期权的价格为 29。马先生做多 1 口 10 月份 900 看涨期权，同时做空 1 口 9 月份 900 看涨期权，净借差为 $9^{3/4}$（不考虑佣金），这个头寸对应表 13 – 3 的第 1 列/第 5 行。

由于夏季的盈利报告刚公布不久，短期之内不会再公布重大盈利信息，所以马先生预计 SPX 指数短期之内将呈现窄幅盘整，隐含价格波动率在未来 24 天之内维持不变。可是，马先生也了解这类的预期可能错误，希望估计不利行情发展的风险。

根据表 13 – 3 的数据显示，如果标的指数介于 880 到 920 之间，而且其他定价因素保持不变，9 月份至 10 月份 900 看涨期权多头头寸的价值将由 $9^{3/4}$上升到 12 ~ 21 之间，当 9 月份期权到期（10 月份期权还有 28 天到期），如果标的指数为 880，9 月份 900 看涨期权到期没有价值，10 月份 900 看涨期权的价值为 12（第 7 列/第 6 行）。如果当时的标的指数刚好等于 900（第 7 列/第 5 行），9 月份 900 看涨期权到期没有价值，10 月份 900 看涨期权的价值为 21。马先生对于该策略的风险/报酬结构相当满意。可是，表 13－3 假定隐含价格波动率维持在 20%的水平，马先生希望估计隐含价格波动率下降到 15%的情况。

表 13－5 显示 OP－EVAL 3™ 如何分析这类的情景发展。第 1 列是起始输入变量与估计的期权价值。当 9 月份期权到期（10 月份期权还有 28 天到期），假定价格波动率下降为 15%，第 2 列数据代表标的指数保持在 900 的情况，第 3 列数据代表标的指数下跌为 880 的情况。

表 13－5　　马先生的预测

	第 1 列 起始状态		第 2 列 指数 900		第 3 列 指数 880
定价因素					
指数水平	900	→	900	→	880
履约价格	900				
股息发放率	1.8%				
价格波动率	20%	→	15%	→	15%
利　率	5%				
到期天数	24/25	→	0/28	→	0/28
结　果					
9 月份 900 看涨期权价值	19.250	→	0	→	0
10 月份 900 看涨期权价值	29.000	→	16.000	→	7.500
做多时间价差组合	9.750	→	16.000	→	7.500

当 9 月份期权到期（表 13－5 第 2 列代表当时的市场情况），9 月份看涨期权到期没有价值，10 月份看涨期权的价值为 16。如果马先生在该价位卖掉 10 月份看涨期权，获利为 $6^{1/4}$（$16-9^{3/4}$）。请参考表 13－3 的第 7 列/第 5 行，如果隐含价格波动率维持在 20%的水平，10 月份看涨期权的价值为 21，获利为 $11^{1/4}$。表 13－5 第 3 列显示指数水平由 900 下降至 880 时的情况，9 月份看涨期权到期没有价值，10 月份看涨期权的价值为 $7^{1/2}$。如果马先生在该价位卖掉 10 月份看涨期权，损失为 $2^{1/4}$（$7^{1/2}-9^{3/4}$）。请参考表 13－3 的第 7 列/第 6 行，如果隐含价格波动率维持在 20%的水平，10 月份看涨期权

的价值为 12，获利为 $2^{1/4}$。

所以，隐含价格波动率由 20%下降为 15%，绝对会对风险/报酬结构造成不利的影响（然而，这一可能发生的变动并不能决定马先生是否应该进行前述交易）。就价格波动率的可能演变来说，马先生是否应该进行前述的交易，这属于主观判断的问题，唯有马先生才能决定。

本章小结

时间价差组合是同时做多与做空 1 口期权，两个期权的形态、标的资产与履约价格都相同，但到期时间不同。做多时间价差组合是购买较长期期权，做空较短期期权，建立这类头寸将发生权利金成本（净借差）。做空时间价差组合是购买较短期期权，做空较长期期权，建立这类头寸将有权利金收入（净贷差）。

做多时间价差组合属于中性行情策略，做空时间价差组合属于重大行情波动策略。OP - EVAL 3™可以用来估计时间价差组合的价格行为或计算理论价值，但不能绘制盈亏结构图。对于做多时间价差组合，最理想的市场情况发展是：在价平附近建立头寸，然后标的指数在短期期权到期的时候处在履约价格。对于做空时间价差组合，最理想的市场情况发展是：标的指数由履约价格附近出现重大的偏离走势。

时间价差组合的风险衡量值可以解释策略的价格行为。多头时间价差组合的 delta 值稍大于零，gamma 值为负数，vega 值为负数，theta 值为正数。所以，这种策略对于标的指数变动的敏感性不高，但对标的指数的重大走势将构成不利影响，时间变化与价格波动率下降则有利于头寸。空头时间价差组合的情况刚好相反，delta 值稍微呈现负数，gamma 值为正数，vega 值为正数，theta 值为负数。标的指数的重大走势有利于头寸，但价格波动率下降或时间变化都不利于头寸。

实际建立时间价差组合之前，应该针对各种可能的市场情况发展进行测试与分析。当然，这类的盈亏分析不存在绝对客观的方法。如同本书所不断强调的，交易者应该采用三个部分的行情预测：标的指数的变动，行情发生的时间，行情发生之后的隐含价格波动率水平。

第14章 个案研究

简介

本章准备讨论三位交易者如何根据自己对行情的预测，挑选适当的指数期权策略。整个说明过程中，首先介绍交易者的相关背景、交易风格、交易目标与承担风险的态度；然后解释每种行情预测，分析与比较各种替代策略，在行情预测的时间架构内评估报酬/风险关系。

我们直接接受这三位交易者的行情预测，不打算探讨其中的理由。策略涉及的风险是行情预测错误所发生的损失。另外，我们假定每位交易者都得到经纪商的许可，能够采取相关的策略。请注意，本章的宗旨只是说明如何由多种替代策略中挑选某种适当的策略，我们并不尝试针对某种行情预测提出所有的可行策略。

本章的例子不考虑佣金、其他交易成本、保证金存款或买/卖差价。可是，在实际交易过程中，这些都是非常重要的考量因子。

苏小姐：金融专业人员

苏小姐是某大型银行的财务规划师。由于工作性质的缘故，她对于金融行情非常熟悉。为了为自己的退休生活做准备，苏小姐把95%的资金配置于几个投资领域：长期持有的保守型股票、积极成长型股票（包括平仓做空之类的期权策略在内)，以及高息债券基金。苏小姐积极管理这些头寸，每年的资产配置百分比都各自不同，取决于她对于当时股票与债券市场的预期与看法。

苏小姐把剩余的 5%资金运用于短线操作，操作原则是“承担较高的风险而博取较高的获利”。这方面的操作中，她每个月进行 1 笔或 1 笔以上的期权交易。以去年为例，苏小姐总共进行 15 笔交易，其中 7 笔获利，5 笔发生亏损，3 笔大约持平。苏小姐把短线交易的获利目标设定为每年起始金额的 30%；如果这些交易确实获利的话，把 50%的获利纳入标的退休投资组合，另外 50%则充做“度假特殊基金”。当然，苏小姐未必能够达成 30%的获利目标；某些年份的表现超过标准，另一些年份甚至发生亏损。

苏小姐进行交易的构想是“留意金融市场的发展”。她每天早上在家里阅读一份全国性的金融报纸，上班的时候又浏览另一份报纸。另外，她通过网络取得行情评价与图形走势，包括个别股票与主要股价指数的走势图，例如：S&P 500（SPX）、S&P 100（OEX）与 NASDAQ100（NDX）。

苏小姐自认为是积极而谨慎的交易者。原则上，她不会交易未平仓的空头期权，交易数量通常为 10 ~ 20 口合约或价差组合，开仓期间平均为 2 ~ 5 天。当然，如果不顺利的话，可能在开仓当天就止损出场。

苏小姐希望掌握的交易对象是：发生在 2 ~ 5 天之内的 2.5% ~ 3.5%股价走势；对于 800 点左右的指数来说，这大约是 20 点到 30 点之间的行情。如果采用价平或价平附近的期权，苏小姐认为上述交易机会可以创造 50%的获利。万一行情没有按照预期发展，苏小姐通常会在损失 20%或 30%左右认赔出场。除此之外，她还采用一项准则：不论盈亏，交易头寸必须在 5 个交易日之内平仓；换言之，如果预期之中的行情没有在 5 天之内发生，就必须结束头寸。

最近，苏小姐看空道·琼斯工业指数的走势。近来一些基本面的利多经济报告只不过造成道·琼斯指数早盘上涨 30 ~ 50 点，但显然缺乏跟进的力道，收盘指数大多没有太大的变动。因此，苏小姐打算采用 DJX 期权建立偏空的策略。在未来一周内，三家重要的指数成分股将公布盈利报告，苏小姐认为这些报告的数据将不如市场预期的程度，道·琼斯指数很可能下跌。

目前，DJX 指数水平为 80.36，相当于 DJIA 的 8 036。苏小姐相信，5 个交易日之后，DJX 可能下跌到 77.50 到 78.50 之间。另外，过去 3 个星期以来，DJX 期权隐含的价格波动率都维持在 25%左右，但苏小姐认为，如果她的判断正确，隐含价格波动率应该下降到 22%。假设苏小姐的风险资本有$7 500，考虑下列几种替代策略（2 月份期权还有 16 天到期，3 月份期权还有 44 天到期）：

1. 购买 100 口 2 月份 78 DJX 看跌期权，单价为 3/4（每口$75）。

2. 购买 46 口 3 月份 78 DJX 看跌期权，单价为 $1^{5/8}$（每口$162.50）。

3. 做空 66 口 2 月份 80—82 看涨期权价差组合，贷差 7/8（每天单位权利金收入为$87.50）。

2 月份 80 看涨期权的单价为 $1^{7/8}$或$187.50，2 月份 82 看涨期权的单价为 1 或$100。请注意，做空这个 2 月份 80—82 看涨期权价差组合的风险与获利潜能都有限，因为 DJX 期权属于欧式。当然，除了前述三种策略之外，当时市场情况适合采用许多其他的策略。可是，目前这个例子主要是说明交易决策的拟定程序，不是列举所有的可行策略。

表 14-1 简单列出了 DJX 的目前资料、苏小姐的行情预测、各种期权与价格，以及苏小姐如何决定每种策略的交易数量。关于每种策略采用的期权数量，这是利用风险资本$7 500 除以每种策略的最大风险，不是除以每种策略的价格。2 月份 78 看跌期权与 3 月份 78 看跌期权的价格刚好等于这两个期权做多头寸的最大风险，但做空 2 月份 80—82 看涨期权价差组合的最大风险是履约价格间距减去权利金净收益。就目前这个例子来说，履约价格间距是 2 点，权利金净收益是 7/8 点，最大风险是 $1^{1/8}$点或$112.50。风险资本$7 500 除以单位最大风险$112.50，结果是 66 口合约。

表 14-1 最下方一行显示每种策略的头寸 delta 值。这些数据的运算，可以利用 OP-EVAL 3^{TM}的两个期权分析页面或四个期权分析页面。头寸 delta 值等于个股期权 delta 值乘以期权数量，但必须考虑做多或卖出的适当 ± 符号。举例来说，做多 1 口 2 月份 78 看跌期权的 delta 值为 -0.267，做多 100 口 2 月份 78 看跌期权的 delta 值为 -26.7，这个头寸的风险/报酬结构相当于放空 26.70 口 DJX 期货合约。做多 46 口 3 月份 78 看跌期权的 delta 值为 -15.32，做空 66 口 2 月份 80—82 看涨期权价差组合的 delta 值为 -12.27。苏小姐希望知道，如果行情预测完全正确，哪种策略的 delta 值估计出的绩效最理想。

表 14-1 苏小姐的期权

	DJX		行情预测	
指数水平	80.36		78.00	
隐含价格波动率	25%		22%	
到期天数	2 月份：16		9（5 个交易日之后）	
	3 月份：44		37（5 个交易日之后）	
	2月份78看跌期权	3月份78看跌期权	2月份80看涨期权	2月份82看涨期权
价　格	3/4	$1^{5/8}$	$1^{7/8}$	1
到期天数	16	44	16	16
隐含价格波动率	25%	25%	25%	25%
风险资本	$7 500	$7 500	$7 500	$7 500
风险/每口	$75	$162.50	$112.50*	
期权数量+	100	46	66	
策　略	购买 100 口	购买 46 口	做空 66 口	
头寸 delta 值	-26.70	-15.32	-12.27	

说明：* 按照净贷差 7/8 做空 80—82 看涨期权价差组合的风险为 11/8 或$112.50，不考虑佣金。
+ 期权数量 = “风险资本”（$7 500）÷“风险/每口”。

为了预测在不同指数水平下她的各项策略的运行结果，苏小姐编制了表 14-2，其中 DJX 指数为 77.5—81.5，相当于 DJIA 的 7 750—8 150。策略 1—3 包括了苏小姐对三种替代策略表现的预计。在每两栏中，左边的数据是每口期权或价差组合的预期价格；右边的数据是在预期价格结束头寸的情况下，预计发生的总收益/亏损。

苏小姐编制表 14-2，可以直接把相关定价因素输入 OP-EVAL 3™的看涨/看跌期权定价页面或两个期权分析页面。这份表格根据各种有利与不利市场情况发展，计算每种策略的盈亏结果，协助苏小姐拟定交易决策。

苏小姐考虑的每种策略都各有优点与缺点。我们曾经重复强调，除非你知道未来的行情发展，否则没有所谓的最佳策略。首先考虑“策略 1”，做多 100 口 2 月份 78 看跌期权，如果 DJX 在 5 天之后下跌到 77.50，这种策略的获利最大；然而，如果 DJX 不跌反涨，5 天之后上涨到 81.50，这种策略的损失也最大。“策略 2”，是购买 46 口 3 月份 78 看跌期权，不论行情朝有利或不利方向发展，这种策略的盈亏结果都居于中等地位。因此，究竟应该挑选策略 1 还是策略 2，基本上取决于个人的风险/报酬偏好。虽然这两种策略的最大风险都是$ 7 500，但在苏小姐考虑的时间框架与指数区间之内，购买 100 口 2 月份 78 看跌期权的获利与损失程度都分别超过购买 46 口 3 月份 78 看跌期权。

“策略 3”是做空 66 口 2 月份 80—82 看涨期权价差组合，头寸的性质不同于前两种策略。如果标的指数在 5 天之后下跌到 77.50，策略 3 的获利少于策略 1。可是，如果指数小跌到 79.00，策略 3 呈现获利而策略 1 发生损失。我们发现，策略 3 获利的指数区间超过策略 1 与策略 2。另外，在 7 800 与 78.50 的指数水平，策略 3 的获利程度也超过其他两种策略。最后，如果指数下跌到 81.50，策略 3 的损失最小。

表 14 – 2　　苏小姐估计的操作结果

	策略 1：做多 100 口 2 月份 78 看跌期权（单价 3/4）		策略 2：做多 46 口 3 月份 78 看跌期权（单价 $1^{5/8}$）		策略 3：做空 66 口 2 月份 80—82 看跌期权价差组合（单价 7/8）	
指数水平	单价	盈亏	单价	盈亏	单价	盈亏
77.50	$1^{1/2}$	+ 5 000	$2^{1/4}$	+ 2 875	1/4	+ 4 125
78.00	1	+ 2 500	2	+ 1 725	5/16	+ 3 712
78.50	13/16	+ 625	$1^{13/16}$	+ 862	7/16	+ 1 137
79.00	5/8	– 1 250	$1^{9/16}$	– 287	1/2	+ 825
81.50	1/8	– 6 250	13/16	– 3 737	$1^{1/8}$	– 1 650

说明：股息发放率 1.7%，价格波动率 22%，利率 5%。
到期天数：2 月份 9 天，3 月份 37 天（5 个交易日之后）。

如何挑选三种策略，完全取决于行情预测。如果苏小姐坚信 DJX 指数将在 5 天之后下跌到 77.50 或以下，而且愿意承担行情判断错误的损失，那她或许应该做多 100 口 2 月份 78 看跌期权（策略 1），因为这种策略在前述行情发展下的获利最大。

可是，如果苏小姐只相信“5 个交易日（7 个日历天数）之后，DJX 可能下跌到 77.50 到 78.50 之间”，并不认定指数必须低于 77.50 或以下。所以，她或许应该考虑策略 3：做空 66 口 2 月份 80—82 看涨期权价差组合。

包先生：积极而保守

包先生是一位退休的经济学教授，平常从事一些慈善活动，含饴弄孙，管理自己的投资。基本上，包先生的投资态度非常保守，但也持有一个投机账户，偶尔从事股价指数期权的交易。包先生通常每天都会通过有线频道收看一两个小时的股市行情，而且不会错过收盘的行情摘要评论，整理可能的交易机会。

包先生喜欢金融市场，偶尔也会从事股价指数期权的交易，因为他认为这是由整体市场发展中获利的最简单方法，而且也可以在原本非常保守的投资领域内增添一些趣味。包先生的生活并不需要依赖这些投机获利（如果能够获利的话），他把这些获利充做孙子与孙女的教育基金。

最近一段期间内，航空类股指数（Airline Index，XAL）由 540 下跌到 490，包先生认同某位电视评论员的看法，该指数在未来一个月之内将盘整于 490 到 510 之间。另外，包先生也认为，在这段期间内，XAL 指数期权的隐含价格波动率将保持不变。

对于这种中性而稍微偏多的预测，包先生准备利用 8 月份 XAL 看跌期权建立多头垂直价差组合，期权还有 28 天到期。包先生利用欧式期权建立价差组合，主要是为了避免提前执行的可能性；他不希望所做空的看跌期权被提前指派。另外，包先生决定自己愿意承担的最大风险为$ 5 000（不含佣金）。

当时的指数水平为 490，包先生考虑三种可行的看跌期权空头价差组合：470—480 看跌期权价差组合、480—490 看跌期权价差组合与 490—500 看跌期权价差组合。表 14 – 3 显示这些个别看跌期权的价格、delta 值与 theta 值。表 14 – 4 提供看跌期权空头价差组合的重要资料。第 1 列/第 1 行显示 8 月份 470—480 看跌期权多头价差组合的净权利金收入为每单位 $3^{3/8}$（不含佣金）。这个头寸是在 $6^{1/2}$ 做多 470 看跌期权，在 $9^{7/8}$ 做空 480 看跌期权（见表 14 – 3）。

表 14 – 4 第 2 行显示“头寸单位数量”，这是风险资本$ 5 000 所允许建立的最大头寸数量；换言之，“头寸单位数量”等于“风险资本$ 5 000”除以“单位价差组合的最大风险”。根据第 10 章的说明，我们知道看跌期权空

头价差组合的最大风险等于履约价格间距减去起始权利金收益。对于 470—480 看跌期权空头价差组合，履约价格间距是 10 点，起始权利金收益是 $3^{3/8}$ 点，最大风险为 $6^{5/8}$ 点或$ 662.50。所以，头寸单位数量等于$ 5 000 除以$ 662.50,结果是 7.54。取整数合约口数，470—480 看跌期权空头价差组合的头寸单位数量为 7 口。第 2 列与第 3 列的对应数据也是采用相同的计算方法。

表 14－3　　包先生采用的个股期权

期　　权	价　　格	Delta 值	Theta 值
8 月份 470 看跌期权	$6^{1/2}$	－0.27	－1.896
8 月份 480 看跌期权	$9^{7/8}$	－0.36	－2.124
8 月份 490 看跌期权	$14^{3/8}$	－0.47	－2.209
8 月份 500 看跌期权	$19^{7/8}$	－0.57	－2.134

说明：指数 490，股息发放率 1%，价格波动率 28%，利率 5%，到期天数 28 天。

表 14－4　　替　代　策　略

行	价差组合	第 1 列 470—480	第 2 列 480—490	第 3 列 490—500
1	价差组合单位价格	$3^{3/8}$	$4^{1/2}$	$5^{1/2}$
2	头寸单位数量	7	9	11
3	最大风险	$ 4 638	$ 4 950	$ 4 950
4	最大获利潜能	$ 2 362	$ 4 050	$ 6 050
5	头寸 delta 值	＋0.63	＋0.99	＋1.10
6	头寸 theta 值	＋1.596	＋0.085	－0.075

第 3 行显示策略承担的最大风险，相当于每单位价差组合最大风险乘以单位数量。举例来说，470—480 看跌期权空头价差组合的头寸单位数量为 7 口。第 2 列与第 3 列的对应数据也是采用相同的计算方法。

第 3 行显示策略承担的最大风险，相当于每单位价差组合最大风险乘以单位数量。举例来说，470—480 看跌期权多头价差组合的单位最大风险为 $6^{5/8}$ 点或$ 662.50，7 口合约的最大风险为$ 662.50×7＝$ 4 638。

最大获利潜能（第 4 行）是把每单位价差组合的净权利金收入乘以单位数量：$3^{3/8}$ 相当于$ 337.50，$ 337.50×7＝$ 2 362.50，取整数为$ 2 362。

头寸 delta 值与 theta 值（第 5 行与第 6 行），是把表 14－3 的数据乘以第

2 行的单位数量。举例来说，470—480 看跌期权价差组合是做多 1 口 470 看跌期权，同时做空 1 口 480 看跌期权，前者的头寸 delta 值为 -0.27，后者的头寸 delta 值是 +0.36。所以，这个价差组合的头寸 delta 值为 +0.09，7 单位头寸的 delta 值为 7×0.09 = +0.63。

请注意，包先生最关心的问题是风险；他不希望整体头寸承担的最大理论风险超过$5 000（不含佣金）。因此，每个价差组合的数量将受到最大风险的限制。所以，表 14-4 考虑的三种策略虽然有不同的获利潜能、delta 与 theta 值，但它们承担的最大风险则大约相同。由这个角度来说，包先生可以任意选择三种替代策略。

即使不考虑盈亏潜能，表 14-4 也可以提供一些重要的资料。头寸 delta 值显示每种策略价值对于标的指数变动的敏感性；就这方面来说，每个策略的数据都各自不同。目前的指数水平为 490，470—480 看跌期权价差组合可以视为价外，480—490 看跌期权价差组合可以视为价平，490—500 看跌期权价差组合可以视为价内，其中价外状况的头寸 delta 值最小，价内状况的头寸 delta 值最大。换言之，当标的指数上涨或下跌，490—500 看跌期权价差组合将出现相同方向的最大变动，470—480 看跌期权价差组合将出现相同方向的最小变动。

表 14-4 的 theta 值显示，每种策略对于时间变化的敏感性也不同。470—480 看跌期权价差组合将因为时间变化而受惠；反之，如果时间变化 1 个星期而其他定价因素维持不变，480—490 与 490—500 看跌期权价差组合的价值几乎不受影响。

由头寸 delta 与 theta 值可以归纳一些结论，这些价差组合的获利来源不同。470—480 看跌期权价差组合将因为指数上涨或时间变化而获利；另外两个价差组合的获利来源完全依赖指数上涨。包先生必须了解这点，因为策略选择完全取决于行情预测：随后将出现中性的行情，或者指数可能上涨 10 点或 20 点。当然，任何行情预测都未必正确，但对于既定的行情预测，应该挑选特定的策略。

其次，包先生应该比较每种策略的盈亏结构。表 14-5 在各种指数水平与时间结构下，计算三种价差组合的理论价值与盈亏状况（不考虑佣金）。

举例来说，如果 7 天之后的指数水平为 475（第 1 行/第 1 列），策略 1 的单位价值为 5，7 单位头寸的总损失为$1 138。这方面的运算采用 OP-

EVAL 3^{TM}。每一栏最顶端显示的是必须从假定的到期天数 28 天中扣除的天数。请参考表 14－3，建立策略 1 当初的每单位权利金收益为 $3^{3/8}$点，7 天之后必须支付 5 点的价格结束该头寸，每单位的损失为 $1^{5/8}$点或$ 162.50，7 单位的总损失为$ 1 137.50。

包先生可以利用表 14－5 比较三种策略的盈亏结构。由目前至到期日，如果指数只上涨或下跌 5 点，我们发现三种策略的绩效差异颇大。

如果指数在最初 14 天之内下跌 5 点，三种策略都不能获利（第 2 列的第 3 行/第 3 行/第 10 行）。可是，在这种情况下，策略 1（做空 7 单位 470—480 看跌期权价差组合）几乎持平（第 2 行），策略 2 与策略 3 的损失分别为 $ 450（第 6 行）与$ 1 100（第 10 行）。

表 14－5　　看跌期权多头价差组合的估计绩效

		第 1 列 7 天		第 2 列 14 天		第 3 列 21 天		第 4 列 28 天	
策略 1：建立 7 单位 470—480 看跌期权空头价差组合，单价 $3^{3/8}$									
行	指数	价值	盈亏	价值	盈亏	价值	盈亏	价值	盈亏
1	475	5	－1 138	5	－1 137	5	－1 137	5	－1 138
2	485	$3^{3/4}$	－263	$3^{1/2}$	－84	3	＋262	0	＋2 362
3	495	$2^{5/8}$	＋525	$2^{1/4}$	＋787	$1^{1/2}$	＋1 312	0	＋2 362
4	505	$1^{7/8}$	＋1 050	$1^{3/8}$	＋1 400	5/8	＋1 925	0	＋2 362
策略 2：建立 7 单位 480—490 看跌期权空头价差组合，单价 $4^{1/2}$									
行	指数	价值	盈亏	价值	盈亏	价值	盈亏	价值	盈亏
1	475	$6^{1/4}$	－1 575	$6^{1/2}$	－1 800	7	－2 250	10	－4 950
2	485	5	－450	5	－450	5	＋450	5	－450
3	495	$3^{3/4}$	＋675	$3^{1/2}$	＋900	3	＋1 350	0	＋4 050
4	505	$2^{3/4}$	＋1 575	$2^{3/8}$	＋1 912	$1^{1/2}$	＋2 700	0	＋4 050
策略 3：建立 11 单位 490—500 看跌期权空头价差组合，单价 $5^{1/2}$									
行	指数	价值	盈亏	价值	盈亏	价值	盈亏	价值	盈亏
1	475	$7^{1/4}$	－1 925	$7^{3/4}$	－2 475	$8^{1/2}$	－3 300	10	－4 950
2	485	$6^{1/8}$	－687	$6^{1/2}$	－1 100	7	－1 650	10	－4 950
3	495	5	＋550	5	＋550	$5^{1/2}$	＋550	1	＋4 950
4	505	$3^{7/8}$	＋1 787	$3^{5/8}$	＋2 062	3	＋2 750	0	＋6 050

说明：股息发放率 1%，价格波动率 28%，利率 5%。

如果行情上涨，头寸 delta 值愈大，策略获利愈高。举例来说，如果 7

天之后的指数上涨到 505（第 1 列的第 4 行/第 8 行/第 12 行），策略 3 的获利为$ 1 787，策略 1 与策略 2 的获利分别为$ 1 050 与$ 1 575。

这三种策略各有适用的市场情况，包先生必须根据自己的行情看法挑选适当的策略。如果他预期指数在未来 28 天之内上涨 5 点到 15 点，而且愿意承担行情判断错误的风险，应该采用策略 3（490—500 看跌期权空头价差组合）。如果他认为标的指数将在目前水平 490 附近上下波动 5 点，或许应该利用价外的 470 看跌期权与 480 看跌期权建立空头价差组合。

当然，包先生也可能由不同的角度解释特定的行情预测。对于态度保守的交易者来说，他或许偏好接受具有较低获利潜能而发生几率较高的策略。所以，如果包先生决定建立 7 单位 470—480 看跌期权空头价差组合，也是完全可以理解的。

李先生：积极交易者

李先生是一位电脑软件顾问，住家也就是办公室，桌上摆着数个电脑显示器，其中之一显示股票市场的即时信息。李先生的交易心态非常积极，每天早上花费 10 分钟到 30 分钟的时间研究股票行情，由网络下载股价走势图。每个星期，他至少从事一两笔交易，半数依赖经纪人的建议，半数则由自己决定。

李先生对于目前的情况相当满意；软件业务进行得很顺利，指数期权的交易则是一种嗜好与消遣。每年的年底，李先生会计算该年的操作绩效。过去 5 年的交易有 4 年处于获利状况，其中一年的绩效非常理想。如果某年的交易获利，李先生会提领三笔款项。第一笔用来准备缴纳税金，存放于付息账户。第二笔款项通常是税后获利金额的 33%，用来补充成长型股票投资组合，这是李先生筹措退休基金的长期投资组合。李先生发现，从事股价指数期权的交易也有助于长期投资，因为分析短期行情走势也会接触一些长期投资机会。第三笔也大约是 33%左右，做为“犒赏基金”，奖励自己的操作绩效。过去，他曾经利用年度获利购买一辆新车，也曾经购买新的服饰或重新装潢自己的办公室。其余的获利则保留在交易账户内，做为风险资本，扩大交易规模。如果某一年的交易发生净亏损，李先生不会通过其他账户转移资金，他会继续利用既有的资金，同时减少交易频率与规模。

目前距离4月份期权到期还有10天，距离5月份期权到期还有38天；OEX指数为900，隐含价格波动率为17%。李先生认为，政府2天之后公布的经济报告将造成OEX指数在未来5~10天之内发生20~40点的走势，但不确定行情究竟是上涨或下跌。另外，当这份重要经济报告公布之后，李先生担心价格波动率会下降。

针对上述的行情预测，李先生考虑了下列三种策略：

1. 购买5月份900跨式组合（straddle）：做多5月份900看涨期权/做多5月份900看跌期权。

2. 购买5月份875—925宽跨式组合（strangle）：做多5月份875看涨期权/做多5月份925看涨期权。

3. 做空4月份至5月份900看涨期权时间价差组合（time spread）：做多4月份900看涨期权/做空5月份900看涨期权。

李先生准备投入的风险资本总额为$15 000（不含保证金与佣金），但只要损失累积到$5 000，他就打算认赔出场。当然，万一标的指数突然发生重大行情改变，或隐含价格波动率突然发生大幅变动，头寸的损失未必能够局限在$5 000之内，即使预先采用止损单也不能保证。面对这些风险，李先生开始进行分析。

表14-6显示相关期权与替代策略的资料。虽然还有很多履约价格与到期时间的期权可供运用，但目前这个例子只考虑三种策略：购买4单位5月份900跨式组合，购买8单位5月份875—925宽跨式组合，做空12单位4月份至5月份900看涨期权时间价差组合。

跨式组合与宽跨式组合的风险结构非常单纯，因为这些策略只涉及做多期权，最大风险就是当初支付的权利金（以及佣金成本）。可是，如果李先生准备在期权到期之前结束头寸，未必能够把损失局限在$5 000的范围之内。

时间价差组合的风险比较难以评估。由于OEX属于美式期权，空头头寸虽然存在提前指派的风险，但时间价差组合的风险毕竟不同于未平仓的空头期权，后者的风险非常可观或无限。就时间价差组合来说，空头期权在提前指派之前，价格风险至少有一部分会被多头期权冲销。对于做空时间价差组合而言，只要标的指数发生重大走势，理论上都有利于头寸。所以，为了评价4月份至5月份900看涨期权时间价差组合空头头寸的风险，李先生只考虑不利的行情发展。

表 14-6　　李先生考虑的替代策略

期权	价格	Delta 值	隐含价格波动率（%）	到期天数
4 月份 900 看涨期权	$10^{1/2}$	+0.52	17	10
5 月份 875 看跌期权	$8^{1/2}$	-0.27	17	38
5 月份 900 看跌期权	$18^{1/2}$	-0.46	17	38
5 月份 900 看跌期权	$21^{1/8}$	+0.53	17	38
5 月份 925 看跌期权	$10^{7/8}$	+0.34	17	38

策略 1：做多 4 单位 5 月份 900 跨式组合

做多 4 口 5 月份 900 看涨期权每口价格 $21^{1/8}$	4×21.125＝	84.50 借记
做多 4 口 5 月份 900 看跌期权每口价格 $18^{1/8}$	4×18.125＝	+ 72.50 借记
		157.00 借记
		$ 15 700 借记
借记金额（157×乘数 100）		$ 15 700 借记

策略 2：做多 8 单位 5 月份 875—925 宽跨式组合

做多 8 口 5 月份 925 看涨期权每口价格 $10^{7/8}$	8×10.875＝	87.00 借记
做多 8 口 5 月份 875 看跌期权每口价格 $8^{1/2}$	8×8.50 ＝	+ 68.00 借记
		155.00 借记
借记金额（155×乘数 100）		$ 15 500 借记

策略 3：做多 12 单位 4 月份至 5 月份 900 看涨期权时间价差组合

做多 12 口 5 月份 900 看涨期权每口价格 $21^{1/8}$	12×21.125＝	253.50 贷记
做多 12 口 4 月份 900 看涨期权每口价格 $10^{1/2}$	12×10.50 ＝	+ 126.50 借记
		127.50 贷记
贷记金额（127.50×乘数 100）		$ 12 750 贷记

对于时间价差组合空头头寸，不利的行情发展有两种（请参考第 13 章）：标的指数没有出现走势变化，隐含价格波动率上升。做空时间价差组合的 theta 值为负数，时间变化将造成损失（假定其他定价因素维持不变）；头寸 vega 值也是负数，价格波动率上升将造成损失（假定其他定价因素维持不变）。因此，李先生在两个假设之下——标的指数没有变化/价格波动率上升——利用 OP-EVAL 3™估计 4 月份至 5 月份 900 看涨期权时间价差组合

的亏损程度。

图 14－1 是利用两个期权分析页面评估 4 月份至 5 月份 900 看涨期权时间价差组合的价值变动。标的价格设定为 900，因为我们假定标的指数继续保持目前的水平。目前距离 4 月份期权到期日还有 10 天，距离 5 月份期权到期日还有 38 天；因此，经过 5 天之后，4 月份期权还有 5 天到期，5 月份期权还有 33 天到期（请参考图 14－1 的“天数”行）。如何设定价格波动率，这纯粹是个人的主观判断；在图 14－1 中，李先生假定价格波动率由目前的 17%上升为 20%。

根据图 14－1 的估计，5 月份 900 看涨期权价值上涨到 22.845，大约是 $22^{7/8}$；4 月份 900 看涨期权价值下跌到 8.599，大约是 $8^{5/8}$。所以，每单位 4 月份至 5 月份看涨期权空头时间价差组合的价值将由原来的 $10^{5/8}$ 上升为 $14^{1/4}$，损失为 $3^{5/8}$，相当于$ 362.50（不含佣金）。为了处理方便起见，李先生把前述损失估计为 4 点或$ 400。

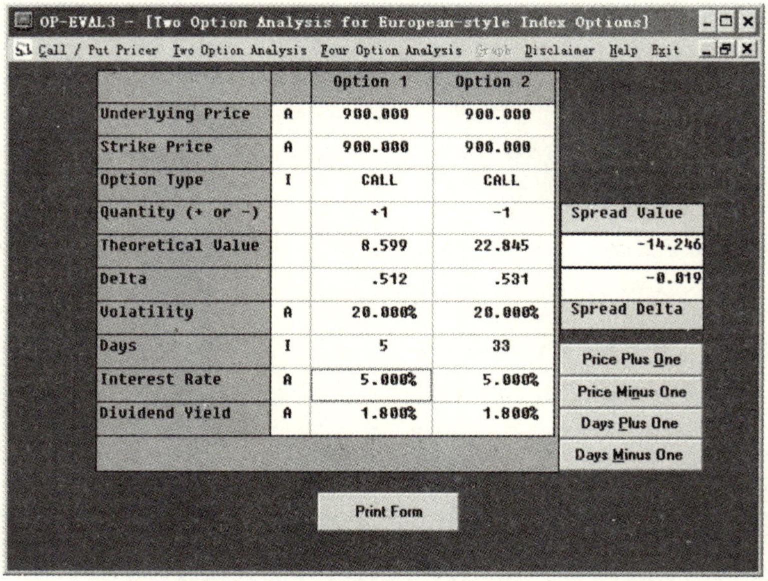

图 14－1 李先生评估 4 月份至 5 月份 900 看涨期权空头时间价差组合的风险

李先生希望把损失局限在$ 5 000 之内，所以把$ 5 000 除以单位损失$ 400，结果是 12.5 单位，取整数单位 12。换言之，李先生准备建立 12 单位的 4 月份至 5 月份 900 看涨期权空头时间价差组合。当然，这并不能保证实际发生的损失绝对不会超过$ 5 000，但李先生在财务上与心理上都能够接受更严重的损失，所以仍然把这种策略视为可行策略之一。

现在，李先生考虑的三种可行策略为：购买 4 单位 5 月份 900 跨式组合，单价 $39^{1/4}$；购买 8 单位 5 月份 875—925 宽跨式组合，单价 $19^{3/8}$；做空 12 单位 4 月份至 5 月份 900 看涨期权时间价差组合，单价 $10^{5/8}$。接下来，我们运用 OP－EVAL 3™估计每种策略在各种市场情况发展下的绩效。

表 14－7 考虑两个时间架构（5 天与 10 天之后）与 5 个股价指数（860、880、900、920 与 940）条件下各策略的绩效。此处假定价格波动率下降为 14%。表 14－7 显示在每个时间架构与指数水平下策略的单位价值与整体盈亏金额。举例来说，请参考策略 1/指数 860/到期天数 5 天的情况，跨式组合的单价估计为 $43^{3/8}$，整体头寸获利$ 1 650（（平仓卖价 $43^{3/8}$ － 开仓买价 $39^{1/4}$）×4 单位 ×100 = $ 1 650）。

表 14－7　　三种替代策略的估计绩效（隐含价格波动率 14%）

策略 1：购买 4 单位 5 月份 900 跨式组合每口价格 $39^{1/4}$
（头寸建立当初，期权还有 38 天到期，隐含价格波动率 17%）

指 数	5 天之后（33 天到期） 价 值	盈 亏	10 天之后（28 天到期） 价 值	盈 亏
860	$43^{3/8}$	+1 650	$42^{1/4}$	+1 200
880	33	－2 500	31	－3 300
900	$30^{1/4}$	－3 600	$27^{7/8}$	－4 550
920	$35^{5/8}$	－1 450	$33^{3/8}$	－2 350
940	$46^{1/4}$	+3 400	$46^{1/4}$	+2 800

策略 2：购买 8 单位 5 月份 875—925 宽跨式组合每口价格 $19^{3/8}$
（头寸建立当初，期权还有 38 天到期，隐含价格波动率 17%）

指 数	5 天之后（33 天到期） 价 值	盈 亏	10 天之后（28 天到期） 价 值	盈 亏
860	$22^{1/4}$	+2 300	$21^{1/4}$	+1 500
880	$13^{3/4}$	－4 500	$12^{1/8}$	－5 800
900	$11^{5/8}$	－6 200	$9^{3/4}$	－7 700
920	$16^{1/8}$	－2 600	$14^{1/4}$	－4 100
940	$26^{1/2}$	+5 700	25	+4 500

续表

策略 3：购买 12 单位 4 月份—5 月份 900 看涨期权空头时间价差组合每口价格 $10^{5/8}$（头寸建立当初，期权还有 38 天到期，隐含价格波动率 17%）				
	5 天之后（到期天数：5/33）		10 天之后（到期天数：5/33）	
指 数	价 值	盈 亏	价 值	盈 亏
860	3	+9 150	$2^{1/4}$	+10 050
880	$7^{1/8}$	+4 200	$6^{5/8}$	+4 800
900	$10^{1/4}$	+450	15	−5 250
920	$8^{1/8}$	+3 000	$7^{7/8}$	+3 300
940	$4^{3/4}$	+7 050	$4^{1/4}$	+7 650

三种替代策略的盈亏结果各自不同。就 5 天之后的情况考虑，策略 1 的最大获利为$ 3 400，最大损失为$ 3 600；策略 2 的最大获利为$ 5 700，最大损失为$ 6 200；策略 3 的最大获利为$ 9 150，最糟情况的获利为$ 450。

表 14－7 没有唯一“正确”的解释方法，但确实可以提供重要的信息，使交易者根据本身的市场情况预测与风险容忍程度，在多种可行策略中挑选最恰当的方案。对于一位有经验而态度积极的交易者来说（如李先生），做空 12 口时间价差组合具有数种优点。这个策略的最大获利程度超过其他两种替代策略（跨式组合与宽跨式组合）。为什么？理由有两点：第一，空头时间价差组合将因为价格波动率下降而受惠，跨式/宽跨式组合做多头寸则会因此而受害。第二，时间变化对于多头跨式/宽跨式组合的负面影响超过空头时间价差组合，因为跨式/宽跨式组合是由两个期权做多头寸构成，空头时间价差组合则包括一个多头期权与一个空头期权。

时间价差组合的最大缺点，是风险很难控制在$ 5 000 的目标范围内。请记住，止损单未必能够在止损价位成交。可是，多头跨式/宽跨式组合也存在类似的问题，这两种策略的最大理论风险分别为$ 15 700 与$ 15 500。

重复强调一次，策略选择没有绝对客观的准则。对于李先生之类的老练交易者，或许决定做空 12 单位 4 月份至 5 月份 900 看涨期权时间价差组合，因为这种策略在表 14－7 的可行性评估中，结果显然优于另外两种策略。

本章小结

从事股价指数期权的交易，每个人的背景、目标、风险容忍程度或可供运用的时间都不尽相同。为了选择可行策略，首先需要有明确的行情预测，其次必须设定风险限度。风险程度可以采用不同的设定基准，包括：最大风险金额、价格波动率水平、行情发生时间或者上述因素的综合。请注意，即使采用止损单，头寸也不一定能够在预先设定的止损价位平仓出场。另外，对于未平仓的空头指数期权的头寸，实际发生的损失可能超过预先设定的目标水平。估计某种策略在各种市场情况发展下的结果，可以运用 OP－EVAL 3™之类的电脑软件进行评估。你可以在各种有利与不利市场情况下，测试某种策略的风险/报酬结构。最后，你应该按照本身的行情预测与风险容忍程度，挑选最恰当的策略。

第Ⅳ篇

头寸管理

第 15 章

获利头寸的管理方法

简　介

两位交易者闲聊着。某位交易者说："我手头上有一些看涨期权，但不知道如何处置。"另一位交易者表示："你可以继续持有、结束头寸或加码。三种方法随你挑选。"

这种看法正确吗？答案明显是否定的。

如同前文讨论的，期权的最大优点在于弹性；对于特定的市场情况预测，交易者可以通过期权拟定各种对应策略。这种弹性不只适用于开仓建立头寸。头寸开仓之后，随着市场情况发展，头寸可能处于获利或亏损状态；除了单纯继续持有或结束头寸之外，交易者还可以采取其他的行动。至于何谓"最佳行动"，一切都取决于交易者对于行情后续发展的判断。

本章采用的例子仍然不考虑交易成本、保证金或税务问题。可是，实际从事期权交易或评估期权策略的过程中，这些因素都是绝对不可忽略的重要考量。另外，每个例子的行情预测都视为假设条件，我们不准备讨论这些行情预测的理由。采取任何行动之前，我们也假定交易者已经了解而且愿意承担相关的风险。做多期权的风险局限于所支付的权利金，未平仓的空头期权则涉及无限或可观的风险。

何谓“管理”?

管理某个头寸（managing a position）是通过一笔交易改变既有头寸的风险/报酬结构，但不完全结束该头寸。任何头寸都有获利潜能、潜在风险与损益平衡点；任何交易行为都将改变上述三者。

基本的管理技巧

首先考虑“减少头寸数量”的管理技巧。上个星期，交易者A做多2口看涨期权，单价为5。经过一段涨势之后，这个看涨期权的目前价格是7，此时该交易者卖掉1口看涨期权。当初，该交易者的损益平衡点是5。在7卖掉1口看涨期权之后，剩余头寸的损益平衡点是3（不考虑交易成本）。这项行动可以降低该交易者承担的风险，但也减少获利潜能，因为1口看涨期权的获利潜能低于2口看涨期权。

当然，情况也可能朝相反方向发展。几天之前，交易者B做多2口看跌期权，当时的单价为8，目前价格为6。如果他认赔卖出1口看跌期权，剩下1口看跌期权的价格必须上涨到10，整个头寸才能扯平。这种管理技巧也能够降低既有头寸的潜在报酬与风险。

“摊平加码”是另一种管理策略。最初的头寸发生亏损之后，在较低的价格加码做多，做多的数量通常与当初的头寸数目相同。这种管理方法有一个明显的优点，可以降低既有头寸的损益平衡点。就前一段交易者B的情况来说，当看跌期权的价格下跌到6之后，他再做多2口看跌期权，整体头寸的损益平衡点为7，低于最初头寸的损益平衡点8，两者相差1点。可是，这种方法会提高整体风险。

针对获利头寸加码，这种方法会提高获利潜能与潜在风险，新的损益平衡点低于当时的市价。让我们回头考虑交易者A的情况，他在5做多2口看涨期权，随后价格上涨到7，他在7又加码做多2口看涨期权，整体4口看涨期权的损益平衡点为6，较当时的市价7低1点。可是，整体头寸的潜在风险上升为24点（$2 \times 5 + 2 \times 7$）。

为何管理头寸?

前述的每个例子中，“管理”行为会改变头寸的潜在获利、风险与损益平衡点。交易者为什么需要采取这类的行动呢? 理由只有一个：对市场情况的预测发生了变化。唯有当交易者对于原来行情预测的信心减弱，他才会考虑降低风险程度。反之，如果他对于行情预测的信心转强，就会考虑增加头寸承担的风险。由于交易者会不断观察头寸发展与行情演变，所以会根据新的看法调整头寸。

而期权让交易者享有独特的弹性，能够采用其他交易工具所不具备的管理技巧。

获利状况下多头看涨期权的管理方法

以下讨论的四种策略，涉及的风险都超过单纯做多看涨期权，所以这些策略只适用于有经验的交易者，而且财务条件符合经纪商的规定。另外，这些例子都涉及两种或两种以上的期权，交易者必须具备充分的资金规模，而且需要考虑成本效率的问题。

让我们利用唐先生的情况作为例子来说明。唐先生偏好从事 OEX 期权的交易，这是采用现金结算的美式期权，标的指数为 S&P100。12 天以前，OEX 指数为 850，4 月份期权还有 40 天到期，唐先生做多 1 口 OEX 4 月份 860 看涨期权，单价为 $19^{1/4}$。现在，4 月份期权还有 28 天到期，OEX 上升到 867，这个看涨期权的价格为 24。当然，唐先生可以结束头寸，获利为 $4^{3/4}$ 点，但他希望在评估各种履约价格的 4 月份看涨期权之后（见表 15-1），再考虑一下其他可行的管理策略。

表 15-1　　OEX 看涨期权报价

履约价格	卖出价	买入价
4 月份 860 看涨期权	24	$24^{1/2}$
4 月份 870 看涨期权	$18^{3/4}$	$19^{1/4}$
4 月份 880 看涨期权	$14^{3/8}$	$14^{3/4}$
4 月份 890 看涨期权	$10^{5/8}$	$10^{7/8}$

说明：指数 867，股息发放率 1.6%，价格波动率 20%，到期天数 28 天。

替代策略1：转换为看涨期权多头价差组合

如果交易者已经持有1口看涨期权,再做空相同标的指数与到期时间而履约价格较高的看涨期权,整个头寸将转换为看涨期权的多头价差组合(见图15-1)。唐先生原本在$19^{1/4}$做多1口4月份860看涨期权,到期损益平衡点为$879^{1/4}$,头寸的获利潜能为无限。经过一段期间,假定4月份860看涨期权上涨为24,4月份870看涨期权为$18^{3/4}$。在这种情况下,如果唐先生继续持有860看涨期权,同时做空1口870看涨期权,整体头寸的获利潜能、潜在风险与到期损益平衡点都会变动:整体净投资金额由原来的$19^{1/4}$下降为1/2;如果所做空的看涨期权没有被提前指派,到期损益平衡点由$879^{1/4}$下降为$860^{1/2}$(较低履约价格860加上净权利金支出1/2),最大获利潜能为$9^{1/2}$(履约价格间距10减去净权利金支出1/2)。

为了建立OEX指数的看涨期权价差组合，唐先生必须取得经纪商的许可，能够通过保证金账户做空美式指数期权，后者存在提前指派的风险。由现金结算的美式看涨期权构成的价差组合，理论风险大于最初的权利金支出，因为期权买方发出的执行通知，做空者在次日早上才知道，而当时的行情可能发生重大变化。可是，如果唐先生能够、也愿意承担这些风险，他可以依据行情预测把看涨期权多头头寸转换为多头价差组合。

步骤1：距离到期日还有40天，指数为850，在$19^{1/4}$购买1口860看涨期权。

步骤2：12天之后，指数为867，在$18^{3/4}$做空1口870看涨期权。

步骤3：做多860—870看涨期权价差组合，单价为1/2。

替代策略2：转换为蝶式价差组合

看涨期权的多头蝶式价差组合由四个期权构成：在较低履约价格做多1口看涨期权，在中间履约价格做空2口看涨期权，在较高履约价格做多1口看涨期权；所有看涨期权的到期日相同，相邻履约价格的间距相同。由于策略中涉及四个期权，佣金成本非常可观，务必谨慎评估交易成本的问题。如果策略中采用美式期权，空头看涨期权也可能造成提前指派的风险。

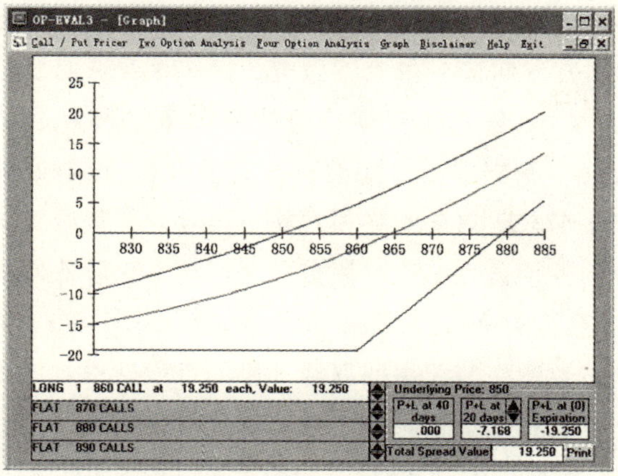

(a)

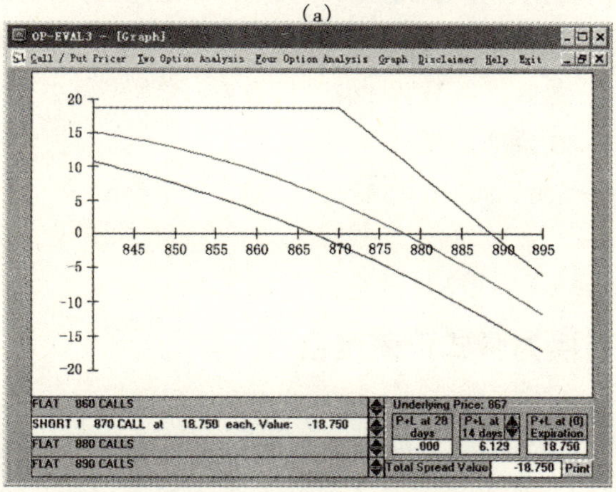

(b)

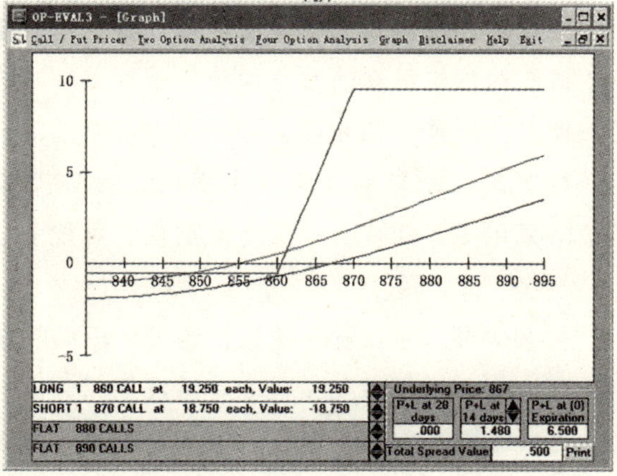

(c)

图 15－1　建立看涨期权的多头价差组合

唐先生在 $19^{1/4}$ 做多 4 月份 860 看涨期权；经过一段期间之后，他又在 $14^{3/4}$ 做多 1 口 880 看涨期权，在 $18^{3/4}$ 做空 2 口 870 看涨期权；最初一笔交易的权利金支出为 $19^{1/4}$，随后 3 口期权的权利金净收入为 $22^{3/4}$。所以，把多头看涨期权转换为多头蝶式价差组合之后，整体头寸的权利金收入为 $3^{1/2}$。由于头寸涉及空头期权，唐先生必须在账户内存入保证金。图 15－2 显示这个蝶式价差组合的到期盈亏结构（假定空头期权 870 看涨期权没有被提前指派）。如果到期指数刚好等于中间履约价格 870，这个策略将发生最大的获利。可是，到期指数刚好等于中间履约价格的可能性毕竟不高，所以交易者采用这种策略，应该预期指数将落在中间履约价格附近。

步骤 1：距离到期日还有 40 天，指数为 850，在 $19^{1/4}$ 购买 1 口 860 看涨期权。

步骤 2：12 天之后，指数为 867，另外在 $18^{3/4}$ 做空 2 口 870 看涨期权，在 $14^{3/4}$ 做多 1 口 880 看涨期权。

步骤 3：860—870—880 看涨期权多头蝶式价差组合，每单位净贷差为 $3^{1/2}$。

替代策略 3：转换为鹰式价差组合

鹰式价差组合（condor spreads）又称为“加长蝶式交易”（elongated butterflies）。看涨期权的多头鹰式价差组合是由四个履约价格各自不同的看涨期权构成：做多 1 口履约价格较低的看涨期权，做空 1 口履约价格次高的看涨期权，做空 1 口履约价格更高的看涨期权，做多 1 口履约价格最高的看涨期权；这些看涨期权的到期日都相同，相邻履约价格的间距也相同。如同蝶式交易的情况一样，鹰式交易的佣金成本很高，务必谨慎评估成本的问题。另外，如果策略采用美式期权，空头看涨期权也可能造成提前指派的风险。

唐先生在 $19^{1/4}$ 做多 4 月份 860 看涨期权；经过一段期间之后，他在 $18^{3/4}$ 与 $14^{3/8}$ 分别做空 1 口 870 看涨期权与 1 口 880 看涨期权，并且在 $10^{7/8}$ 做多 1 口 890 看涨期权，后来进行的这三笔交易，权利金净收入为 $22^{1/4}$，最初一笔交易的权利金支出为 $19^{1/4}$。所以，把多头看涨期权转换为多头鹰式价差组合之后，整体头寸的权利金收入为 3。图 15－3 显示这个鹰式价差组合的到

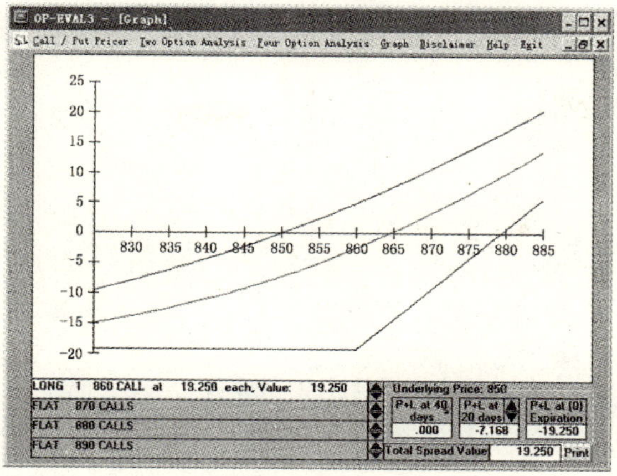

(a)

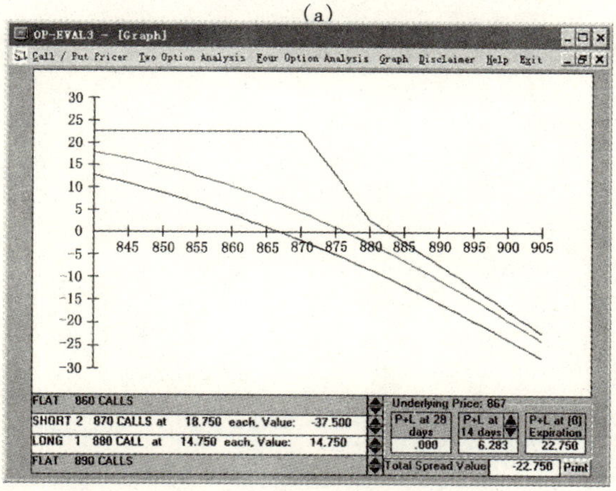

(b)

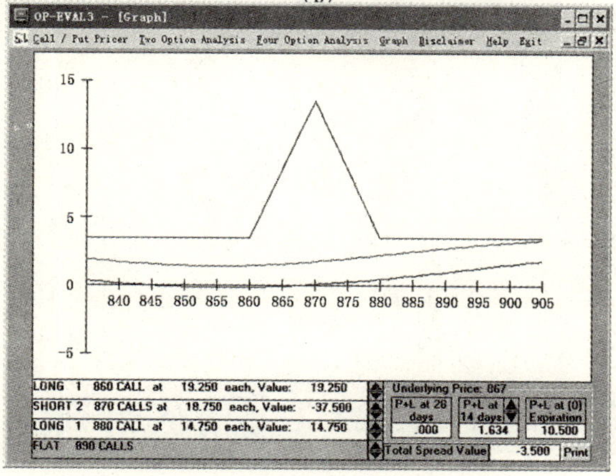

(c)

图 15－2　建立看涨期权的多头蝶式价差组合

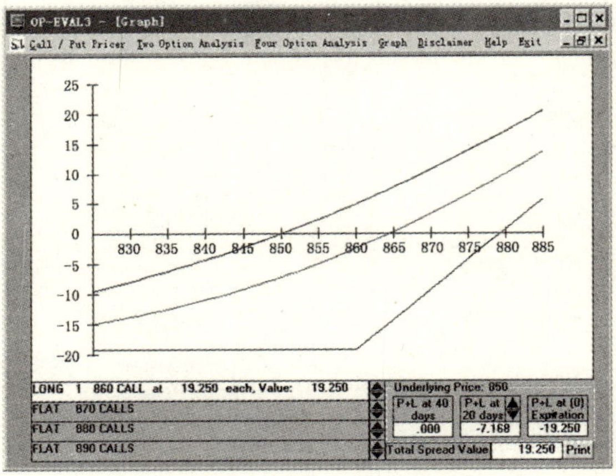

(a)

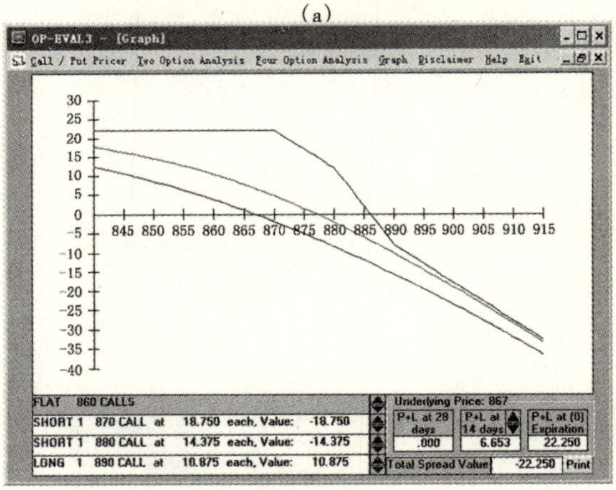

(b)

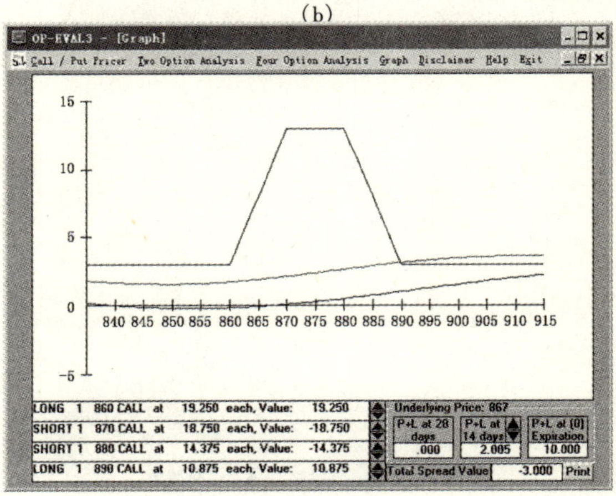

(c)

图 15-3　建立看涨期权的鹰式价差组合

期盈亏结构（假定空头期权没有被提前指派），当到期指数介于 870 与 880 之间时，这个策略将发生最大的获利。

步骤 1：距离到期日还有 40 天，指数为 850，在 $19^{1/4}$购买 1 口 860 看涨期权。

步骤 2：12 天之后，指数为 867，在 $18^{3/4}$做空 1 口 870 看涨期权，在 $14^{3/8}$做空 1 口 880 看涨期权，在 $10^{7/8}$做多 1 口 890 看涨期权。

步骤 3：860—870—880—890 看涨期权多头鹰式价差组合，每单位净贷差为 3。

替代策略 4：转换为圣诞树价差组合

看涨期权的圣诞树价差组合由 6 个期权构成，涉及 3 个不同履约价格：在较低履约价格做多 1 口看涨期权，在较高履约价格做空 3 口看涨期权，在最高履约价格做多 2 口看涨期权；所有看涨期权的到期日相同，最低的履约价格与中间履约价格的间距是中间价格与最高履约价格间距的两倍。圣诞树价差组合的佣金成本很高，务必谨慎评估成本的问题。另外，如果策略采用美式期权，空头看涨期权也可能造成提前指派的风险。

唐先生在 $19^{1/4}$做多 4 月份 860 看涨期权；经过一段期间之后，他在 $14^{3/8}$做空 3 口 880 看涨期权，并且在 $10^{7/8}$做多 2 口 890 看涨期权，后来进行的这两笔交易，权利金净收入为 $21^{3/8}$；最初一笔交易的权利金支出为 $19^{1/4}$。所以，把多头看涨期权转换为多头圣诞树价差组合之后，整体头寸的权利金收入为 $2^{1/8}$。图15－4 显示这个价差组合的到期盈亏结构（假定空头期权没有被提前指派），当到期指数刚好等于 880 时，这个策略将发生最大的获利。

步骤 1：距离到期日还有 40 天，指数为 850，在 $19^{1/4}$购买 1 口 860 看涨期权。

步骤 2：12 天之后，指数为 867，在 $14^{3/8}$做空 3 口 880 看涨期权，在 $10^{7/8}$做多 2 口 890 看涨期权。

步骤 3：860—880—890 看涨期权圣诞树价差组合，每单位净贷差为 $3^{3/8}$。

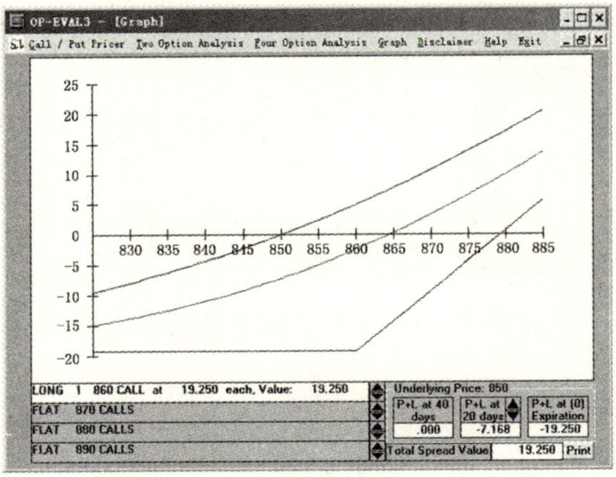

(a)

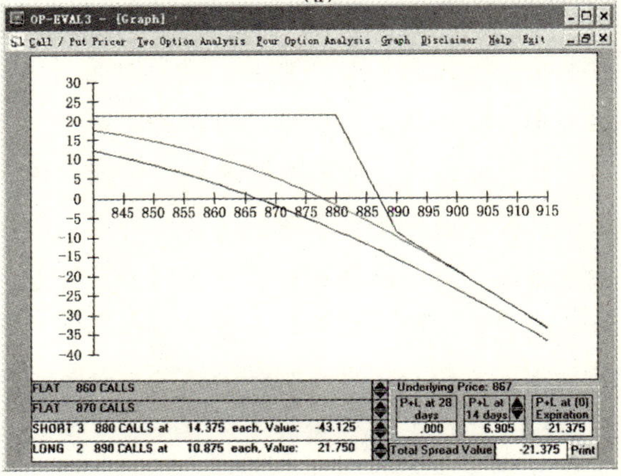

(b)

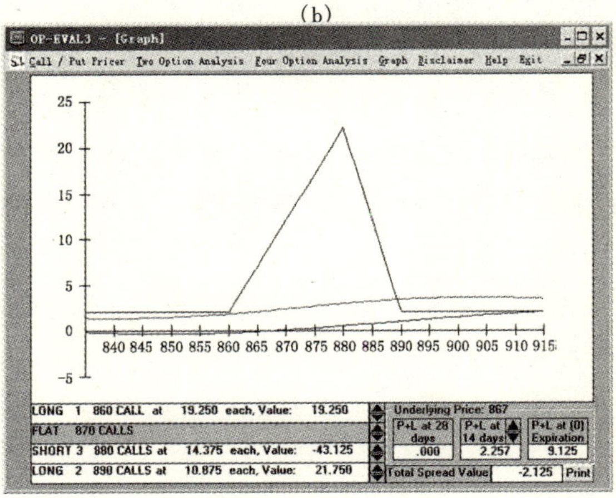

(c)

图 15－4 建立看涨期权的圣诞树价差组合

如何挑选？

除了在 24 的价位获利了结之外，唐先生还有其他四种替代方案，他应该怎么做？哪种替代策略最理想？

不幸地，此处并没有所谓的最佳策略。表 15－2 显示每种策略各有优点与缺点，分别适用于特定的市场情况。直接在 24 卖掉 860 看涨期权，可以得到 $4^{3/4}$的获利，这是最高的可以立即实现的获利水平。其他替代策略的最大获利潜能超过 $4^{3/4}$，但也伴随着获利减少或损失的可能性。举例来说，如果把多头看涨期权转换为看涨期权的多头价差组合，最大获利潜能是 $9^{1/2}$，但可能发生1/2的损失。如果把多头看涨期权转换为蝶式价差组合，最糟的结果是获利 $3^{1/2}$，但最大获利潜能为 $13^{1/2}$。当然，这些盈亏结果都不考虑佣金成本。我们应该在概念上了解这些替代策略的绩效为何会产生差异，请参考下面的讨论。

表 15－2　　唐先生的替代策略

替代策略	收取款项	最糟结果*	最佳结果*	最佳结果的指数水平
卖出看涨期权	24	$+4^{3/4}$	$+4^{3/4}$	不适用
看涨期权多头价差组合	$18^{3/4}$	$-1/2$	$+9^{1/2}$	≥870
蝶式价差组合	$22^{3/4}$	$+3^{1/2}$	$+13^{1/2}$	870
鹰式交易	$22^{1/4}$	+3	+13	870～880
圣诞树	$21^{3/8}$	$+2^{1/8}$	$+22^{1/8}$	880

说明：*假定期权空头头寸都没有被提前指派。

替代策略的优点与缺点

在四种替代策略中，看涨期权多头价差组合的最糟与最佳结果都最不理想，但这个策略实现最佳结果的几率最高，因为只要到期指数等于或超过 870，这个策略就可以实现最佳结果（假定所做空的期权没有被提前指派）。

与之相对，不论由最糟或最佳结果考虑，蝶式价差组合的绩效都最理想，但最佳结果只发生在到期指数刚好等于 870 的位置时。鹰式交易最糟与最佳结果的获利金额，都介于看涨期权多头价差组合与蝶式价差组合之间；另外，只要到期指数介于 870 与 880 之间，鹰式交易就能够实现最佳结果。

在四种替代策略中，圣诞树价差组合的最佳获利潜能最大，但最糟结果的获利金额只胜过看涨期权多头价差组合。请注意，唯有当到期指数刚好等于 880——机会相当渺茫——圣诞树价差组合才能实现最大获利。另外，这种策略涉及 6 个期权，开仓与平仓的交易成本都非常昂贵。

期权可以提供策略弹性，但不会让交易决策程序变得更简单。唐先生还是必须针对行情预测挑选最恰当的策略，并且承担行情判断错误的风险。

其他考虑

本章讨论的策略都是由数个期权构成，它们的盈亏结构显然不同于单纯做多或做空期权。蝶式、鹰式与圣诞树价差组合都不属于“短线交易工具”，它们都需要一些时间来运作。因此，如果你把既有头寸转换为这三种策略结构，就应该准备持有至到期日，不应该抱着短线进出的心理。

当然，如果唐先生进行交易的数量不只是 1 口或 1 单位期权，那他可以在 24 的价位把半数头寸获利了结，剩余的半数头寸转换为四种替代策略中的一种。在这种情况下，唐先生可以实现部分的获利，而且可以提高获利潜能。

本章小结

管理某个头寸是通过一笔交易改变既有头寸的风险/报酬结构以及损益平衡点，但不完全结束头寸。如果交易者原本持有看涨期权的多头头寸，可以稍后转换为看涨期权的多头价差组合、蝶式价差组合、鹰式价差组合或圣诞树价差组合，但这些策略的交易成本都很高，不属于短线交易工具。如果交易者运用美式期权架构这些策略，事先必须取得经纪商的许可，因为所做空的期权存在提前指派的风险。请注意，每种替代策略都各有优点与缺点，没有所谓的“最佳”策略。

第 16 章

亏损头寸的管理方法

简　介

本章准备讨论如何处理亏损头寸。

某些交易不能获利，这是理所当然的事情。如何处理亏损头寸呢？认赔出场显然是可行策略之一，但交易者还需要了解其他的替代策略以及它们各自适用的情况。面对亏损头寸，本章准备讨论五种对应策略，让交易者能够针对某种行情预测，改变既有头寸的风险/报酬结构，提高转亏为盈的机会。这五种策略包括三种滚动方法、一种修整策略，以及把既有头寸转换为时间价差组合。每种策略的说明过程中，首先解释运作机制，其次讨论相关的优点与缺点。最后，我们提供详细的例子，说明这五种策略的短期价格行为。

唯有在行情预测正确的情况下，本章讨论的五种管理策略才能够让操作结果改善。请注意，某些管理策略的风险程度甚至超过起始头寸。另外，本章讨论的例子都不考虑佣金、保证金或其他交易成本；然而这些都是重要的考量因素，实务上绝对会对你的决策行为产生影响。本章的例子全部采用看涨期权，但相同的概念也适用于看跌期权。

亏损头寸

林小姐是某园艺材料批发公司的经理，她与另外两位员工形成一个非正式的交易小组。他们经常讨论行情趋势的发展,研究各种股价指数的走势。两个星期之前,林小姐做多一些 DTX 11 月份 290 看涨期权,单价为 $7^{1/2}$。DTX 是道·琼斯运输类股指数的期权代号,属于欧式期权,由 CBOE 提供交易。当林小姐做多这些看涨期权的时候,DTX 指数为 285,11 月份期权还有 58 天到期,适用利率为 5%,DTX 的股息发放率为 2%。利用 OP－EVAL 3^{TM}计算,她认为 11 月份 290 看涨期权权利金 $7^{1/2}$隐含的价格波动率为 20%左右。

林小姐认为，DTX 指数将在两个星期内上涨 12 点，价格波动率将维持 20%水平。因此，利用 OP－EVAL 3^{TM}估计，11 月份 290 看涨期权价格将上涨至 $12^{3/4}$。

不幸地，行情并没有按照林小姐的预期发展。

DTX 指数在 285 附近游走数天，然后在 5 个交易日之内下跌到 270，昨天的 DTX 上涨 5 点到 275。现在，11 月份期权还有 44 天到期，虽然隐含价格波动率上升到 22%，但林小姐的 290 看涨期权价格只有 $3^{3/8}$，每口期权损失 $4^{1/8}$点。虽然当初的预测错误，但林小姐相信昨天指数上涨 5 点不只是短线反弹而已，她预期 DTX 指数在两个星期内将上涨到 285，所以打算继续持有偏多的头寸，希望目前发生亏损的头寸能够转亏为盈。

目前头寸的分析

首先，林小姐需要知道的是，如果她对行情的预测完全正确，11 月份 290 看涨期权的价格将如何变化。她把目前的相关定价因素资料输入 OP－EVAL 3^{TM}的看涨/看跌期权定价页面，计算期权价格隐含的价格波动率（见表16－1）。然后，输入 14 天之后的行情预测：指数水平为 285，到期天数为 30 天，假定价格波动率与其他定价因素维持不变。根据前述的行情预测，11 月份 290 看涨期权的价格应该上涨到 $5^{1/4}$。

表 16－1　　林小姐对于 290 看涨期权的绩效估计

	目　前		林小姐预测
输入变量			
指数水平	275	→	285
履约价格	290		
股息发放率	2%		

续表

	目　前		林小姐预测
价格波动率	22%		
利　率	5%		
到期天数	44	→	30
输出变量			
290 看涨期权价格	$3^{3/8}$	→	$5^{1/4}$

即使林小姐的预测完全正确——指数在两个星期内上涨到 285，价格波动率维持不变——11 月份 290 看涨期权的价格将由 $3^{3/8}$ 上涨为 $5^{1/4}$，仍然低于当初的做多成本 $7^{1/2}$。所以，林小姐希望利用表 16 - 2 中 8 个 DTX 看涨期权，采用某些替代策略来调整既有的头寸。

表 16 - 2　　期权的目前价格

履约价格	11 月份看涨期权（44 天到期）	12 月份看涨期权（72 天到期）
280	$6^{1/2}$	$9^{1/8}$
285	$4^{3/4}$	$7^{1/4}$
290	$3^{3/8}$	$5^{5/8}$
295	$2^{1/2}$	$4^{1/4}$

说明：指数水平 275。

滚　动

所谓“滚动”（rolling），是指结束既有期权头寸，同时开仓建立另一个期权头寸，两个头寸的风险/报酬结构很类似，但不完全相同。滚动多头看涨期权（rolling a long call）是卖出手中持有的看涨期权，同时做多相同标的资产而履约价格/到期日不同的另一个看涨期权。经过滚动之后，头寸的损益平衡点将发生变动，希望因此而改变获利潜能。滚动的绩效如何，还是要取决于对行情的判断是否正确。

向下滚动

如果原本持有看涨期权，向下滚动（rolling down）是卖掉原有的看涨期权，同时开仓做多相同到期日而履约价格较低的另一个看涨期权。

林小姐可以把11月份290看涨期权向下滚动为11月份280看涨期权，换言之，她可以在$3^{3/8}$卖掉11月份290看涨期权，同时在$6^{1/2}$做多11月份280看涨期权。这笔滚动交易的净成本是$3^{1/8}$（$6^{1/2}-3^{3/8}$，不含佣金）。

经过滚动之后，林小姐持有11月份280看涨期权，新的到期损益平衡点可以通过两个步骤计算。第一，计算目前头寸的总成本，这相当于起始头寸的成本（$7^{1/2}$），加上滚动交易的成本（$3^{1/8}$），结果是$10^{5/8}$。第二，损益平衡点等于目前履约价格（280）加上目前头寸总成本（$10^{5/8}$）。所以，滚动之后的头寸损益平衡点为$290^{5/8}$。相比之下，低于当初做多11月份290看涨期权的损益平衡点为$297^{1/2}$（履约价格290加上权利金成本$7^{1/2}$）。

可是，到期损益平衡点的变动，未必是林小姐关心的问题，因为她预期标的指数在两个星期之内上涨，并不打算持有期权至6个星期之后的到期日。所以，我们必须了解向下滚动的短期价格行为。相对于起始头寸，向下滚动既有优点也有缺点。较低履约价格的看涨期权具有较高的delta值，这显然是一个优点——如果标的指数上涨的话。可是，把原来的看涨期权向下滚动为履约价格较低的看涨期权，必须支付额外的成本，提高整体头寸承担的风险。表16-3简要说明向下滚动之前与之后的情况。

表16-3　既有的看涨期权向下滚动

起始头寸：做多1口11月份290看涨期权	$7^{1/2}$
起始损益平衡点	$297^{1/2}$
向下滚动	
卖出1口11月份290看涨期权	$3^{3/8}$
做多1口11月份280看涨期权	$6^{1/2}$
净成本	$3^{1/8}$
调整之后的头寸：持有1口11月份280看涨期权	$10^{5/8}$
新头寸的损益平衡点	$290^{5/8}$

优点：降低到期损益平衡点，delta值上升。

缺点：风险提高，需要投入额外的资本。

向后滚动

如果原本持有看涨期权，向后滚动（rolling out）是卖掉原有的看涨期权，同时开仓做多相同履约价格而较迟到期的另一个看涨期权。

林小姐可以把 11 月 290 看涨期权向后滚动为 12 月份 290 看涨期权，换言之，她可以在 $3^{3/8}$卖掉 11 月份 290 看涨期权，同时在 $5^{5/8}$做多 12 月份 290 看涨期权。这笔滚动交易的净成本是 $2^{1/4}$（$5^{5/8}-3^{3/8}$，不含佣金）。

经过滚动之后，林小姐持有 12 月份 290 看涨期权，新的到期损益平衡点相当于既有头寸的损益平衡点加上滚动成本。我们知道，当初做多 11 月份 290 看涨期权的损益平衡点为 $297^{1/2}$，滚动成本为 $2^{1/4}$，所以新头寸的损益平衡点为 $299^{3/4}$。请注意，经过滚动之后，合约到期日多出 28 天；这意味着滚动头寸有较长的时间可供行情发展。可是，时间延长未必具有意义，因为林小姐预期行情将发生在两个星期之后。虽说如此，向后滚动还是具有两个优点与一个缺点。优点是时间充裕而 delta 值较大，缺点是成本提高。表 16－4 简要说明向后滚动之前与之后的情况。

表 16－4　　既有的看涨期权向后滚动

起始头寸：做多 1 口 11 月份 290 看涨期权	$7^{1/2}$
起始损益平衡点	$297^{1/2}$
向后滚动	
卖出 1 口 11 月份 290 看涨期权	$3^{3/8}$
做多 1 口 12 月份 290 看涨期权	$5^{5/8}$
净成本	$2^{1/4}$
调整之后的头寸：持有 1 口 12 月份 290 看涨期权	$9^{3/4}$
新头寸的损益平衡点	$299^{3/4}$

优点：时间较充裕，delta 值上升。
缺点：风险提高，需要投入额外的资本。

向下/向后滚动

如果原本持有看涨期权，向下/向后滚动（rolling down and out）是卖掉原有的看涨期权，同时开仓做多履约价格较低而较迟到期的另一个看涨期权。

林小姐可以把 11 月 290 看涨期权向下/向后滚动为 12 月份 280 看涨期权，换言之，她可以在 $3^{3/8}$卖掉 11 月份 290 看涨期权，同时在 $9^{1/8}$做多 12 月份 280 看涨期权。这笔滚动交易的净成本是 $5^{3/4}$（$9^{1/8}-3^{3/8}$，不含佣金）。

经过滚动之后，林小姐持有12月份280看涨期权，新的到期损益平衡点相当于新履约价格加上总投资成本。我们知道，当初做多11月份290看涨期权的成本是$7^{1/2}$，滚动成本是$5^{3/4}$，所以总投资成本是$13^{1/4}$；新的履约价格是280，新的损益平衡点是$293^{1/4}$。

相对于起始头寸来说，经过向下/向后滚动之后，新头寸有三个优点与一个缺点。优点是到期损益平衡点较低、时间较充裕，而且delta值较大；缺点是成本较高，造成较高的风险。另外，向下/向后滚动的成本自然高于向下或向后滚动。表16－5摘要说明这种滚动之前与之后的情况。

表16－5　　既有的看涨期权向下/向后滚动

起始头寸：做多1口11月份290看涨期权	$7^{1/2}$
起始损益平衡点	$297^{1/2}$
向下/向后滚动	
卖出1口11月份290看涨期权	$3^{3/8}$
做多1口12月份280看涨期权	$9^{1/8}$
净成本	$5^{3/4}$
调整之后的头寸：持有1口12月份290看涨期权	$13^{1/4}$
新头寸的损益平衡点	$293^{1/4}$

优点：损益平衡点较低，时间较充裕，delta值上升。
缺点：风险提高；需要投入额外的资本。

期权修整策略

前述的滚动策略虽然具备一些优点，如降低损益平衡点、提供较多的时间与较高的delta值，但也会造成额外的投入资金，显然违背“亏损头寸不该加码”的准则。是否存在两全其美的方法——不至于提高成本，又可以降低损益两价平位？这正是修整策略的目标。

采用期权修整策略，处于亏损状的多头看涨期权，可以向下滚动为看涨期权的多头价差组合（bull spread），其中涉及三个同时的操作。第一，平仓卖掉手头上的亏损看涨期权。第二，开仓做空相同履约价格与相同到期日的看涨期权。第三，开仓做多相同到期日而履约价格较低的看涨期权。最终得到看涨期权的多头价差组合：（1）多头看涨期权头寸的到期日与最初看涨期权相同，但履约价格较低；（2）空头看涨期权头寸的到期日与履约价格都与最初看涨期权相同。

林小姐通过下列三笔交易进行期权修护策略（见表 16－6）：

1. 平仓卖掉原本持有的 11 月份 290 看涨期权，单价为 $3^{3/8}$。

2. 开仓做空 1 口 11 月份 290 看涨期权，单价为 $3^{3/8}$。

3. 开仓做多 1 口 11 月份 280 看涨期权，单价为 $6^{1/2}$。

表 16－6　期权修整策略的到期状况

11 月份到期指数	平仓卖出 1 口 11 月份 290 看涨期权，每口价格 $3^{3/8}$	开仓做空 1 口 11 月份 290 看涨期权，每口价格 $3^{3/8}$	开仓做多 1 口 11 月份 280 看涨期权，每口价格 $6^{1/2}$	净头寸：11 月份 280—290 看涨期权多头价差组合
291	$-4^{1/8}$	$+2^{3/8}$	$+4^{1/2}$	$+2^{3/4}$
290	$-4^{1/8}$	$+3^{3/8}$	$+3^{1/2}$	$+2^{3/4}$
289	$-4^{1/8}$	$+3^{3/8}$	$+2^{1/2}$	$+1^{3/4}$
288	$-4^{1/8}$	$+3^{3/8}$	$+1^{1/2}$	$+3/4$
287	$-4^{1/8}$	$+3^{3/8}$	$-1/2$	$-1/4$
286	$-4^{1/8}$	$+3^{3/8}$	$-1/2$	$-1^{1/4}$
285	$-4^{1/8}$	$+3^{3/8}$	$-1^{1/2}$	$-2^{1/4}$
284	$-4^{1/8}$	$+3^{3/8}$	$-2^{1/2}$	$-3^{1/4}$
283	$-4^{1/8}$	$+3^{3/8}$	$-3^{1/2}$	$-4^{1/4}$
282	$-4^{1/8}$	$+3^{3/8}$	$-4^{1/2}$	$-5^{1/4}$
281	$-4^{1/8}$	$+3^{3/8}$	$-5^{1/2}$	$-6^{1/4}$
280	$-4^{1/8}$	$+3^{3/8}$	$-6^{1/2}$	$-7^{1/4}$
279	$-4^{1/8}$	$+3^{3/8}$	$-6^{1/2}$	$-7^{1/4}$

这些交易的现金流量为净贷差 1/4 点，包括：卖掉原本持有的 290 看涨期权，现金收入为 $3^{3/8}$；开仓做空 290 看涨期权的权利金收入为 $3^{3/8}$；开仓做多 280 看涨期权的权利金支出为 $6^{1/2}$（$3^{3/8}+3^{3/8}-6^{1/2}=1/4$）。

新头寸的到期损益平衡点与最大获利潜能可以分为三个步骤计算。第一，起始投资点数（$7^{1/2}$）减去修护策略的净贷差（1/4），结果是总投资点数（$7^{1/4}$）。第二，看涨期权多头价差组合较低履约价格（280）加上总投资点数（$7^{1/4}$），结果是新头寸的损益平衡点（$287^{1/4}$）。第三，看涨期权多头价差组合的履约价格间距（10）减去总投资点数（$7^{1/4}$），结果是新头寸的最大获利潜能（$2^{3/4}$）。

相对于起始头寸来说，这种期权修护策略有两个优点与一个缺点。不需平仓成本（不考虑佣金），损益平衡点低于起始头寸或其他滚动策略。可是，头寸的获利潜能也因此受到限制（前文讨论的其他滚动策略具有无限的获利潜能）。所以，期权修护策略并不是“优于”其他滚动策略，只不过提供另一种“得失结构”。表16－7简要说明这种修护策略执行之前与之后的情况。接下来，我们准备讨论既有的看涨期权如何转换为时间价差组合，并且说明这种调整策略的短期价格行为。

表16－7 林小姐的期权修护策略

起始头寸：做多1口11月份290看涨期权	$7^{1/2}$
起始损益平衡点	$297^{1/2}$
修护策略的三部分交易	
卖出1口11月份290看涨期权	$3^{3/8}$
做空1口11月份290看涨期权	$3^{3/8}$
做多1口11月份280看涨期权	$6^{1/2}$
净贷差	1/4
调整之后的头寸：做多1口11月份280看涨期权	
做空1口11月份290看涨期权	
净成本	$7^{1/4}$
新头寸的损益平衡点	$287^{1/4}$

优点：损益平衡点较低，不需额外成本。

缺点：获利潜能受到限制。

建立时间价差组合

还有另一种调整策略，除了能够滚动既有头寸的到期时间之外，也可以降低持有成本。采用这种策略的过程中，原本持有的亏损看涨期权向后滚动为多头时间价差组合，其中涉及下列交易：

1. 平仓卖掉原本持有的看涨期权。

2. 开仓做空相同履约价格与到期日的看涨期权。

3. 开仓做多相同履约价格而较长期的看涨期权。

结果是看涨期权的多头时间价差组合：（1）看涨期权做多头寸的履约价格与最初看涨期权相同，但到期日较远；（2）看涨期权做空头寸的到期日与履约价格都与最初看涨期权相同。

林小姐通过下列三笔交易进行期权修护策略：

1. 平仓卖掉原本持有的 11 月份 290 看涨期权，单价为 $3^{3/8}$。

2. 开仓做空 1 口 11 月份 290 看涨期权，单价为 $3^{3/8}$。

3. 开仓做多 1 口 12 月份 290 看涨期权，单价为 $5^{5/8}$。

这些交易的现金流量为净贷差 $1^{1/8}$点，包括：卖掉原本持有的 11 月份 290 看涨期权，现金收入为 $3^{3/8}$；开仓做空 11 月份 290 看涨期权的权利金收入为 $3^{3/8}$；开仓做多 12 月份 290 看涨期权的权利金支出为 $5^{5/8}$（$3^{3/8} + 3^{3/8} - 5^{5/8} = 1^{1/8}$）。

如同前文讨论的其他管理策略一样，把既有头寸转换为时间价差组合也有优点与缺点。优点是调整过程出现净贷差；换言之，如果采用欧式期权的话，调整过程可以降低既有头寸的风险。另外，如果所做空的期权到期没有价值，时间的增加是另一个可能存在的优点。如果采用美式期权，而且所做空看涨期权的平仓价格高于滚动的净贷差，则不能降低风险。这个调整策略的缺点在时间价差组合本身的性质——对于标的指数与时间的掌握必须非常精确。如果标的指数的行情发动得太早或涨幅过大，时间价差组合都可能发生亏损；在这种情况下，起始头寸（单纯做多看涨期权）可能转亏为盈，采用看涨期权多头价差组合的调整也能够获利。表 16－8 简要说明这种调整策略执行之前与之后的情况。

表 16－8　　　　时间价差组合的调整策略

起始头寸：做多 1 口 11 月份 290 看涨期权	$7^{1/2}$
起始损益平衡点	$297^{1/2}$
调整策略的三部分交易	
卖出 1 口 11 月份 290 看涨期权	$3^{3/8}$
做空 1 口 11 月份 290 看涨期权	$3^{3/8}$
做多 1 口 12 月份 280 看涨期权	$5^{5/8}$
净贷差	$1^{1/8}$
调整之后的头寸：做多 1 口 12 月份 290 看涨期权	
做空 1 口 11 月份 290 看涨期权	
净成本	$6^{3/8}$
新头寸的损益平衡点：	不适用

优点：降低成本，可能延长时间。

缺点：采用美国形式期权存在提前指派的风险；另外，如果指数高于履约价格，多头时间价差组合的价值将显著减少。

短期价格表现

现在，我们已经知道这些替代调整策略的运作机制与优缺点，接下来我们讨论在特定行情预测下考察这些策略的表现。对于单一期权的绩效，我们采用 OP－EVAL 3™的看涨/看跌期权定价页面计算 delta、gamma、vegas 与 theta 值。如果头寸涉及两个期权，则采用两个期权分析页面估计策略绩效。按照林小姐的行情预测分析每种替代策略的表现之后，我们探讨不同的行情发展对其的影响。

第一种行情预测

表 16－9 类似于表 16－1，第 1 列显示前述各种调整策略中单个期权的定价因素与理论价值，以及整体头寸的价值，包括：11 月份与 12 月份 280 与 290 看涨期权，11 月份 280—290 看涨期权多头价差组合与 11 月份至 12 月份 290 看涨期权多头时间价差组合。第 2 列是根据林小姐的行情预测——指数在 3 个星期内上涨到 285，11 月份期权还有 30 天到期，12 月份期权还有 58 天到期——估计这些个股期权策略头寸的价值。第 3 列显示每种替代管理策略的净投资或总投资，第 4 列显示林小姐行情预测正确的盈亏结果。第 4 列数据等于第 2 列减去第 3 列。

假定林小姐目前的行情看法正确，根据表 16－9 的资料显示，把 11 月份 290 看涨期权向下滚动为 11 月份 280 看涨期权，或滚动为 12 月份 280 看涨期权的管理策略最理想，前者发生微小的损失，后者刚好持平（不考虑佣金）。所有其他的替代管理策略都发生亏损。因此，如果林小姐对于自己的行情预测很有信心，而且愿意投入额外的资金 $3^{1/8}$，就应该把 11 月份 290 看涨期权向下滚动为 11 月份 280 看涨期权。请注意 11 月份 280 看涨期权与 12 月份 280 看涨期权的估计盈亏只有 3/8 点的差异，但成本差异高达 $2^{5/8}$，所以管理策略应该挑选 11 月份 280 看涨期权。

表 16 – 9　　行情预测 1：绩效估计

	第 1 列 目前资料		第 2 列 行情预测	第 3 列 净/总成本	第 4 列 估计盈亏
输入变量					
指　数	275	→	285		
履约价格	280—290				
股息发放率	2%				
价格波动率	22%				
利　率	5%				
到期天数	44 – 72	→	30/58		
结　果					
11 月份 280 看涨期权	$6^{1/2}$	→	$10^{1/4}$	$10^{5/8}$	– 3/8
11 月份 290 看涨期权	$3^{3/8}$	→	$5^{1/4}$	$7^{1/2}$	$-2^{1/4}$
12 月份 280 看涨期权	$9^{1/8}$	→	$13^{1/4}$	$13^{1/4}$	0
12 月份 290 看涨期权	$5^{5/8}$	→	$8^{1/4}$	$9^{3/4}$	$-1^{1/2}$
11 月份 280—290 看涨期权价差组合	$3^{1/8}$	→	5	$7^{1/4}$	$-2^{1/4}$
11 月份至 12 月份 290 看涨期权时间价差组合	$2^{1/4}$	→	3	$6^{3/8}$	$-3^{3/8}$

某些期权的初学者可能会提出一个问题，如果不编制表 16 – 9 之类的表格，是否可以预期前述的结论。显然不能。请观察表 16 – 10，其中显示每种管理策略的头寸 delta、gamma、vega 与 theta 值。我们发现，根据林小姐的行情预测，这些策略当中并没有所谓的“最佳”策略。12 月份 280 看涨期权的 delta 值最大，但 11 月份 280 看涨期权的 gamma 值最大，而且后者的 delta 值只稍低于前者。另外，虽然价差组合的头寸 delta 值都较小，但 theta 值显然比较接近零，所以交易者很难预期哪种策略的表现最理想。随着行情变动与时间变化。头寸风险衡量值也会发生变化。因此，如果交易者预期标的指数在几天或几个星期之内会发生重大走势，表 16 – 10 的资料用途有限。

表 16 - 10 管理替代策略的头寸风险衡量值

	做多 11 月份 280 看涨期权	做多 11 月份 290 看涨期权	做多 12 月份 280 看涨期权	做多 12 月份 290 看涨期权	11 月份 280—290 看涨期权价差	11 月至 12 月 290 看涨期权 时间价差
价　格	$6^{1/2}$	$3^{3/8}$	$9^{1/8}$	$5^{5/8}$	$3^{1/8}$	$2^{1/4}$
Delta 值	+0.439	+0.272	+0.470	+0.333	+0.167	+0.061
Gamma 值	+0.019	+0.016	+0.015	+0.014	0.003	-0.002
Vega 值	+0.376	+0.319	+0.484	+0.445	+0.057	+0.126
Theta 值	-0.741	-0.605	-0.549	-0.531	-0.036	+0.074

说明：指数 275，股息发放率 2%，价格波动率 22%，利率 5%，到期天数 44/72。

第二种行情预测

当初，促使林小姐购买 11 月份 290 看涨期权的行情预测显然错误，换言之，即使林小姐现在对于行情另有看法，市场的实际走势也未必按照预期发展，所以她应该评价某些行情发展对于各种替代策略的影响。举例来说，假定林小姐对于股价指数的涨势判断正确，指数确实由 275 上涨为 285，但这段行情发生在 4 个星期而不是预期中的两个星期之内。表 16 - 11 显示这个情景发展的结果。请注意第 2 列的数据，到期天数为 16/44，不是表 16 - 9 显示的 30/58。因为时间又经过两个星期，11 月份期权只剩下 16 天到期，12 月份期权还有 44 天到期。由于时间变动的缘故，绩效最理想的策略也发生变化。

表 16 - 11 的数据显示，行情预测的时间因素非常重要。请比较表 16 - 11 与表 16 - 9，除了时间价差组合之外，由于标的指数的相同走势幅度多花费两个星期的时间，使得所有其他替代策略的绩效都转差。举例来说，把原来的 11 月份 290 看涨期权向下滚动为 11 月份 280 看涨期权，表 16 - 9 的绩效几乎持平，表 16 - 11 则出现 $2^{3/8}$点的亏损。所以，交易者必须仔细考量行情预测的发生时间。假定标的指数确实会上涨到 285，如果林小姐决定向下滚动为 11 月份 280 看涨期权，那么这段行情最好在两个星期内发生，否则就应该把 11 月份 290 看涨期权滚动为 12 月份 280 看涨期权。

表 16－11　　行情预测 2：绩效估计

	第 1 列 目前资料		第 2 列 行情预测	第 3 列 净/总成本	第 4 列 估计盈亏
输入变量					
指　数	275	→	285		
履约价格	280/290				
股息发放率	2%				
价格波动率	22%				
利　率	5%				
到期天数	44/72	→	16/44		
结　果					
11 月份 280 看涨期权	$6^{1/2}$	→	$8^{1/4}$	$10^{5/8}$	$-2^{3/8}$
11 月份 290 看涨期权	$3^{3/8}$	→	$3^{1/4}$	$7^{1/2}$	$-4^{1/4}$
12 月份 280 看涨期权	$9^{1/8}$	→	$11^{7/8}$	$13^{1/4}$	$-1^{3/8}$
12 月份 290 看涨期权	$5^{5/8}$	→	$6^{7/8}$	$9^{3/4}$	$-2^{3/8}$
11 月份 280—290 看涨期权价差组合	$3^{1/8}$	→	$3^{5/8}$	$7^{1/4}$	$-3^{5/8}$
11 月份至 12 月份 290 看涨期权时间价差组合	$3^{3/8}$	→	$3^{5/8}$	$6^{3/8}$	$-2^{3/4}$

第三种行情预测

由于第二种行情分析显示时间扮演的角色很重要，林小姐应该探讨不同时间发生不同行情走势的可能性。举例来说，如果标的指数在 4 个星期之内上涨为 290 而不是 285，结果将如何？表 16－12 显示这个问题的答案。假定指数在 4 个星期内上涨为 290，11 月份期权还有 16 天到期，12 月份期权还有 44 天到期。根据表 16－12 显示，把原来的 11 月份 290 看涨期权滚动为 12 月份 280 看涨期权，这种策略的绩效最理想，可以获利两点（不考虑佣金）。

表 16－12　　行情预测 3：绩效估计

	第 1 列 目前资料		第 2 列 行情预测	第 3 列 净/总成本	第 4 列 估计盈亏
输入变量					
指　数	275	→	290		
履约价格	280/290				
股息发放率	2%				
价格波动率	22%				
利　率	5%				
到期天数	44/72	→	16/44		
结　果					
11 月份 280 看涨期权	$6^{1/2}$	→	12	$10^{5/8}$	$+1^{3/8}$
11 月份 290 看涨期权	$3^{3/8}$	→	$5^{1/2}$	$7^{1/2}$	－2
12 月份 280 看涨期权	$9^{1/8}$	→	$15^{1/4}$	$13^{1/4}$	＋2
12 月份 290 看涨期权	$5^{5/8}$	→	$9^{3/8}$	$9^{3/4}$	－3/8
11 月份 280－290 看涨期权价差组合	$3^{1/8}$	→	$6^{1/2}$	$7^{1/4}$	－3/4
11 月份至 12 月份 290 看涨期权时间价差组合	$3^{3/8}$	→	$3^{7/8}$	$6^{3/8}$	$-2^{1/2}$

可是，哪种策略的风险/报酬比率最理想？这可能是比较难以回答的问题。为了取得两点的获利而把头寸滚动为 12 月份 280 看涨期权，必须额外投入 $5^{3/4}$点的资本。反之，如果把原来头寸调整为看涨期权多头价差组合，最后会发生 3/4 点的轻微损失，但这种调整策略完全不需投入额外的资本。

哪种替代策略的风险/报酬结构较理想？这个问题只有林小姐能够回答，其中涉及她本身的风险偏好与行情预测信心。可是，前述的情景分析可以由两个角度协助林小姐。第一，合理预期最后的绩效结果。第二，清楚地分析了可行的替代策略。经过前述的分析之后，如果林小姐的预测准确，这些信息能够提高交易决策的成功几率。

隐含价格波动率又如何？

林小姐考虑的每种情景发展中，隐含价格波动率都假定维持不变。当然，在现实世界里，隐含价格波动率随时可能发生变化。分析隐含价格波动率变动的影响，采用的方法与股价指数或到期时间变动一样。在表 16-9 中，我们可以假定价格波动率增加或减少，然后分析各种替代策略受到的影响。没错，分析过程相当耗费时间，而且几乎存在无限多种可能性。可是，经过一些练习之后，实际上只需要分析少数的可能情景。交易者需要考虑三方面的变动：标的指数、时间与隐含价格波动率。每当完成一种情景分析，就可以估计各种替代策略的 delta、gamma、vega 与 theta 值，评估各种定价因素轻微变动的影响。累积一些经验之后，从事前述分析所耗费的时间也会显著减少。

本章小结

如果行情没有按照预期的方式发展，头寸发生未实现的损失，在这种情况下，除了认赔出场之外，交易者还必须了解其他的替代管理策略。本章考虑五种管理策略：向下滚动，向后滚动，向下/向后滚动，修整策略（滚动为看涨期权的多头价差组合），滚动为多头时间价差组合。每种替代策略都各有优点与缺点，操作结果取决于行情预测的准确程度。

OP-EVAL 3™可以协助估计替代策略的短期绩效。对于不同的标的指数、行情发生时间与隐含价格波动率，各种替代策略表现的优劣程度都不相同。请注意，挑选适当的替代策略，应该考虑各种策略的风险/报酬结构，不应该执着于最佳结果。不幸的是，风险/报酬结构基本上是一种主观评估程度，取决于交易者个人的风险偏好与行情预测信心。经过一些练习之后，评估替代策略所耗费的时间可以大幅减少。

第Ⅴ篇

交易心理

第17章

适当的交易心态

简　介

史考特·派克（M.Scott Peck）在《捷径》（*The Road Less Traveled*）一书开宗明义提到："生命是一场艰难困苦的历程。"做交易的也是一样。

熟悉期权的性质，掌握可行的交易策略，了解特殊的价格行为与应用各种替代策略来管理头寸，这一切已经足够困难，但调整思考模式可能是最大的挑战。成功的交易依赖一些条件的配合：辛勤的工作、耐心和纪律，后者是指不受情绪干扰而由客观因素主导交易决策的心理架构。

任何有关交易心理的讨论都不能回答全部的问题，或处理所有的议题。虽说如此，我们还是应该提出一套理论，让交易者能够评估自己的交易风格或思考方式。对于成功的交易者来说，这是一种持之以恒的习惯，因为"心理建设"的目标在于提升绩效。更重要的是，心理建设的过程本身也可以提供愉悦。

本章准备讨论"交易"的定义，列举成功交易者应该具备的素质与技巧。内容涵盖交易心理的重要层面，例如，"百分比思考"的概念，把交易视为一种事业来经营，强调冷漠对待金钱的重要性。另外，此处也打算提供一项工具：交易日志。不论是初学者或是老练玩家，交易日志都可以持续培养健全的心理。最后，我们利用一个例子说明如何着手从事期权交易。

如何预测行情发展，然后挑选适当的交易策略，这方面的主题已经超过本书的处理范围。此处假定读者已经在某种程度上解决这些问题，希望提升自己的交易技巧，或取得某些启示而开始进行交易。

交易者的素质

交易的定义

交易是一连串短线做多与做空行为所构成的活动，希望通过价格的变动而获利。本质上，交易就是买卖——先做多/后卖出，或先做空/后回补。交易不是做多而继续持有。这方面的概念或许十分明显，但经常被忽略。没有任何一种交易技巧能够让每笔交易都获利。所以，交易者必须采用某种筛选交易策略的方法，相信这种方法能够在一连串的交易中获取净利，而且始终抱着这种信念进行交易。

本书的导论曾经提到，交易不同于投资。这可以从几个角度来说：第一，“交易”的典型时间长度远短于“投资”。第二，交易资本的管理方法不同于投资资本，交易者通常会运用资金杠杆交易，投资者通常不会。第三，交易者通常会运用看多（bullish）、看空（bearish）与中性（neutral）的策略，投资者只会运用看多与中性的策略。第四，投资者通常利用整体市场的表现来衡量操作绩效，交易者通常不会如此。第五，建立头寸的动机通常不同，交易者大多依赖技术分析，投资者大多强调基本面分析。

交易者通常隶属于两大类：投机者与避险者。投机者对于期权的标的资产不存在长期的利害关系。就股价指数期权来说，投机者并未持有标的的股票投资组合。反之，避险者对于标的资产则存在利害关系。避险者从事期权交易，或是希望降低标的资产的做多成本，或是提高标的资产的做空价格。就股价指数期权来说，避险者可能实际拥有或希望拥有股票投资组合，该组合的行为类似于期权的标的指数。

优秀交易者的特质

就作者本身的观点来说，优秀交易者具备三项关键特质：追求成功的企业家精神，对于交易市场的热爱，对于金钱的冷漠态度。

交易不是一种团队运动！交易过程分秒必争，没有足够的时间让委员会协商讨论，交易者必须单独行动。虽然很多相关书籍经常讨论“企业家精神”，关键的要素还是：独立、愿意承担风险而追求利润的意愿，以及从事交易的热忱。热爱交易必须是来自于内心的感受，不能由老板指示；寻找交易机会的动机，只能来自于个人的欲望。不论是交易系统的设计、观察价格波动，以及头寸的开仓与平仓，这一切对交易者都应该是充满乐趣的。如果你热爱交易本身，获利就代表鼓励，亏损则是学习经验的机会。“理解市场脉动”的欲望就是交易的充分动机，虽然许多人认为这是一种充满挫折的挑战。

对于金钱的冷漠态度

交易的目的既然是赚钱，为什么对于金钱应该培养冷漠的态度呢？在 1995 年的《华尔街周刊》（*Wall Street Week*）上，某人请苹果电脑的创办人史提夫·杰布斯（Steve Jobs）针对企业家提供一些建议。他说：“追随热情对你的指示，这是赚大钱的唯一希望。”不妨回想那些在财务上非常成功的企业家。亨利·福特对于汽车制造过程非常着迷，麦克·乔丹热爱篮球，比尔·盖茨沉迷于电脑之中，唯有热情才能鼓舞创造力，驱使你克服创业过程的种种障碍。金钱只是这种热情的副产品，不是重点所在。只要你热爱自己的所作所为，就可以体会其中的趣味，满足个人的成就感，即使你没有成为亿万富翁也是如此。总之，企业家都是赢家。

如果你考虑从事交易，就应该扪心自问：“我对于交易的热爱程度是否足够？我是否能够随时掌握行情的发展？我是否愿意接受一些必然发生的挫折与羞辱？我是否愿意冒险？交易真的那么有趣吗？”这些都是你本身才能回答的私人问题。所以，请你仔细想想，交易带来的乐趣究竟如何？整个交易程序代表什么意义：拟定某种行情预测与看法，评估可行的替代策略，挑选某种适用的策略，开仓建立头寸，留意市场价格与头寸价值的波动，然后平仓出场。你必须随时掌握自己，包括自己的行为与自己的感受。你是否能够集中注意力？对于这一切，你觉得有趣吗？或只是无聊的玩意儿？

我们从事自己热爱的事业，动机在于事业本身，不在于金钱报酬。当然，如果某项事业始终让我们遭受失败，自然无法持续进行这项事业。所以，技巧也很重要。

学习交易技巧

“天生玩家”是一种错误的概念，交易技巧能够被学习。交易者可以取得三种重要的技巧。

1. 直觉反应的能力。你必须在很短的时间内拟定交易决策。即使是最明确的交易系统，所设定的条件也不可能绝对完美。所以，你必须培养一种“扣动扳机”的直觉——换言之，在不完美的条件下，断然拟定进/出场的决策。

2. 向前展望而不至于受到过去挫折的牵制。向前展望是非常重要的能力，如果你因为前一笔交易失败而心理陷入瘫痪，下一笔交易就不可能具备成功的条件。只要你踏入金融市场，某些交易就会出现损失，另一些交易可能勉强持平，这都是令人不愉快的经验，但必然会发生。你必须客观展望下一笔交易的机会，不要受到前一笔交易结果的影响。

3. 严格遵守交易规范的能力。所谓交易规范是指交易决策不受情绪影响，完全根据客观条件采取行动。成功的交易者必须按照个人交易系统的分析结果建立头寸。头寸建立之后，如果后续发展显示当初的行情预测错误，或者交易系统发出平仓出场的信号，就必须平仓出场，不论头寸当时处于获利或亏损状态。如果没有严格的交易规范，行为将由情绪主导，随着行情波动而摇摆不定。

如果你具备企业家的精神，就可以在交易过程中学习这三种技巧——直觉反应、向前展望与严格规范。实际去进行一些交易，最初头寸规模不要太大，每笔交易只采用1、2口期权。把注意力摆在开仓与平仓的决策，不要太重视盈亏。从事任何行业都需要一些投资。在交易的领域内，这意味着一连串的亏损。

模拟交易是测试自己能力的另一种方法。换言之，利用实际的报价资料进行一些虚构性的交易，让你不需实际投入交易资本而测试某种交易技巧的绩效。模拟交易也可以让初学者模拟与学习交易的程序。为了提高模拟交易的真实性，应该把佣金成本考虑在内。

模拟交易在理论上听起来似乎不错，但除非你能够采用决策当时的真正市场价格，否则这方面的练习毫无意义。我们发现，许多人喜欢和市场讨价还价，他们在模拟交易时非常成功，但实际的交易却惨不忍睹。记录模拟交易的绩效的诚实度，往往可以反映实际交易过程中遵守规范的程度。

不论是实际交易或模拟交易，初学者可以通过四个简单的步骤学习交易技巧。第一，设定每笔交易的参数，包括务实的获利目标、止损价位与平仓的最长时限。第二，根据你个人的判断，当市场情况吻合交易系统（或方法）的进场条件，就果断进场建立头寸。第三，一旦某个参数满足平仓的条件，不论盈亏都要立即结束头寸。第四，重复前述的程度，寻找另一个交易机会。

当你认为市场情况正确，就进场建立头寸，这就是练习“直觉反应”的技巧。当某个参数满足平仓的条件，不论盈亏而立即结束头寸，这就是练习“严格遵守交易规范”的技巧。留意下一笔交易的机会，这就是“向前展望而不至于受到过去挫折的牵制”。

如果采用适当的交易方法或系统，而且执行的态度正确，交易的长期绩效应该能够获利。当然，交易领域内没有任何的保证。每笔交易不会都获利，获利的速度也不能满足缺乏耐心的初学者。可是，只要你继续努力，绩效应该会改善。

健全的交易心理

学习的难处

交易是一种很难学习的活动，甚至更难以执行，因为其中涉及的思考风格与方式不同于其他行为领域。因此，交易者必须不断提醒自己培养健全的交易心理，忘掉过去不具建设性的心态。举例来说，“不破就不补”这句格言不适用于交易。短期趋势不可能持续发展，一个获利头寸如果没有适当追踪，可能转盈为亏。所以，不论获利或亏损的头寸，交易者都必须密切观察，因为在适当的情况下，这两种头寸都必须平仓出场。比较适用于交易的格言是：“即使头寸发展得顺利，还是应该留意，随时准备结束头寸。”

交易与其他活动之间还有一个重大差异。对于大多数的人类行为，通常都不可能回头重新评估替代策略的结果。举例来说，一个企业老板聘用某位经理，就不可能知道聘用另一位候选人的结果较差或较理想。即使这位经理的绩效非常理想，另一个人的绩效还是可能更理想。可是，我们永远不知道答案。

然而，从事后的角度来说，交易者绝对知道“原本应该如何”。只要查阅目前的价位，就知道另一种策略的绩效。务必面对交易特有的这个事实：通常总有其他的策略会更理想；除了非常罕见的例外，交易者不能买在最低点或卖在最高点。“完美”只存在“事后”，这是一项难以接受而必须接受的事实。否则，交易者将浪费许多精力，沉迷于“早知道就……”或“原本应该……”。

百分比思考

某个百分比的交易会出现获利，某个百分比的交易会发生亏损，这虽然是普遍接受的概念，但初学者还是经常忽略这个事实的内涵。

在心理上接受这个事实，意味着只要止损点被触及或行情预测发生变化，你就能坦然认赔。每当建立头寸的时候，交易者虽然充满信心，但有经验玩家的交易决策是建立在当时的市场情况与行情预测之一而不是前一笔交易的结果。

缺乏百分比思考的心态，将呈现不同的交易行为。在获利交易之后，这些人经常急着建立头寸；亏损交易之后，经常借故拖延下一个交易机会。他们也经常不能果断结束亏损头寸，总是期待情况发生变化，让头寸转亏为盈。他们似乎对自己说：“我的看法没错，只是行动的时机太早罢了。”当然，情况通常不会变化；与之相反的是，亏损的程度往往愈来愈严重，造成灾难性的后果。

绩效是由所有交易的净结果累积而成。所以，交易者必须学习接受小额的损失，掌握下一个交易机会。对于初学者来说，这有两方面的涵义：第一，进场当初就设定止损点。第二，只要止损点遭到触发，就果断认赔结束头寸。如果你自认为很难认赔而继续前进，或许就不适合从事交易。

培养信心

“交易本来就有赢有输”——说起来或许十分简单，但在一连串交易中实际处理相关的情绪，恐怕不容易。因此，如何在亏损发生之后建立必要的信心继续交易，这对于初学者可能是非常重要的课题。交易信心大体上来自于三个要素：对于过去市场行为的知识，“小规模”交易，以及筛选交易对象的合理方法。

金融市场的行情走势具有重复发生的趋势，如果你熟悉过去的市场行为，对于交易自然就会产生信心。如果你对于过去的价格形态存在某种看法，如果你了解错误讯号可能造成的影响程度，就比较容易忍受不利的行情发展。研究过去的价格资料，经过归纳组织之后，就能够掌握历史价格行为的脉动。经过一段时间，你就知道何谓“典型事件”，何谓“罕见事件”。举例来说，价格趋势的发展通常不会直上直下。反之，价格朝某个方向发展一段期间之后，经常会朝相反方向“修正”，然后再朝原先的方向继续发展。当然，某些情况下，预期中的“修正”可能代表新的趋势方向。

实际的金钱输赢，往往会造成高度的紧张，头寸规模愈大，紧张的程度愈严重。对于初学者来说，交易规模不要太大，如此比较容易果断认赔，由小额的亏损中获取经验。另外，头寸规模不大，交易者比较不会受到情绪的牵制，能够客观思索。

系统性的交易方法，是累积信心的第三项要素。换言之，进行任何一笔交易，都必须具备明确的理由，不只是依赖某种“灵感”而已。系统性的方法让交易者相信决策过程正确（获利）的可能性高于错误（亏损）。所以，交易者需要通过某种合乎逻辑的方法预测未来的行情发展。

发展一套预测行情的技巧

冲动行为所产生的理想结果，通常被视为运气。可是，如果某个理想结果是来自辛勤工作、周详考虑与果断行为，则被视为合理的因果关系。1887年，安妮·奥克利（Annie Oakley）连续击中30次靶心，以30∶29的分数击败英国射击冠军，这绝对不是运气。

研究行情发展，阅读相关书籍，追踪期权的隐含价格波动率，记录价格走势图，掌握当时的市场情况，具备这些条件就了解合理交易与运气交易之间的差异所在。虽然合理交易还是可能发生亏损，但一系列合理交易的获利几率应该高于一系列运气交易。所以，交易者应该培养一种具有胜算的行情预测方法。

我们可以通过数种不同的理论来解释市场价格行为，借以设计某种行情预测方法。某些人采取顺势交易的方法；另一些人认为价格将在某个区间内游走，于是采用逆势方法。某些行情预测方法也考虑成交量，其他股价指数也是重要的参考对象。一般来说，短线交易者偏好采用技术分析，因为技术指标发出决策信号的频率较高，时效的明确程度也超过基本分析；另外，经济基本面的变动也会反映在技术指标内。

每个领域都涉及主观与客观的成分，交易也不例外。主观成分经常被视为艺术因素，客观成分则被视为科学因素。举例来说，设计汽车为艺术，制造汽车为科学。交易的艺术成分是针对期权标的资产设计一套行情预测方法。这方面的工作需要耗费一些时间，也将随着经验的累积而不断演变。了解期权的价格行为，设定交易策略的合理盈亏结构，则属于交易的科学成分。不论是主观或客观的因素，它们都是一套系统性方法的必要成分。

隐含价格波动率的功用

关于期权的行情预测，交易者必须考虑一个特殊的层面——隐含价格波动率。如同前文讨论的，隐含价格波动率是理论定价模型估计的期权市场价格所隐含的价格波动率。虽然目前还没有任何的研究资料足以显示隐含价格波动率的变动可以用来预测价格的涨跌，但指数期权的隐含价格波动率变动确实可以用来解释整体市场的心理变动。举例来说，当政府即将公布重大报告或市场即将发生重大事件，期权的隐含价格波动率通常会上升。当然，隐含价格波动率上升是否代表重大的意义，这纯属交易者个人必须判断的主观方面。没有任何证据显示，隐含价格波动率与指数水平之间存在明确的变动关系。每位交易者都必须自行观察过去的资料，然后评估类似状况重复发生的可能性。

另外，交易者还必须了解期权定价中的特殊性质。金融市场有一种说法："在谣言中做多，一旦谣言成真，就应该在利多消息中卖出。"传统的股票市场理论经常利用这种说法解释某些违背常理的价格行为：利多消息公布之后，经常造成价格下跌；利空消息公布之后，经常造成价格上涨。期权市场也会发生类似的现象：标的指数上涨，但看涨期权的价格不变甚至下跌；标的指数下跌，但看跌期权的价格不变甚至下跌。这些价格行为往往可以借由隐含价格波动率来解释。所以，当交易者尝试预测未来的行情发展，务必要评估当时的隐含价格波动率水平。

举例来说，假定最近三次每当政府公布通货膨胀的报告之前，OEX 期权的隐含波动率都上升，但报告公布之后，隐含价格波动率又立即下降。因此，面临新的通胀报告出台的交易者必须估计隐含价格波动率发生类似波动对相关策略会带来怎样的冲击。另外，交易者也必须考虑隐含价格波动率是否会发生类似的波动，谁也不敢保证这点。

专注与平衡

前文讨论的各种问题，需要投入相当多的时间与精力。对于有兴趣的人来说，执行过程充满乐趣而不觉得是一种工作。可是，交易活动毕竟只是整个生活的一部分，虽然需要专注，但不可过于沉迷。我们不妨思考另一些领域内的类似情况。某位经理人必须在两年之内完成一项重大计划。重新设计一项产品、设计某栋建筑或重新拟定整个公司的劳工协议；某位学生必须在学期结束之前完成一份研究报告，某人负责规划社区的慈善活动。这些人在生活中还有其他的责任与承诺，他们虽然需要专心处理重大计划，但这些工作必须做适当的安排，显然不可能在最后一分钟突然完成。

交易的情况也是如此。“专注”意味着你了解当时的市场情况，不是说你必须一直进行交易。每个星期花两小时或四小时，每天平均 15 分钟或 30 分钟就足够了。你不需要每个小时向经纪人查询行情，也不需要每天或每个星期进行交易，你甚至可以一个月之内不进行任何交易。某些情况下，你应该空仓在场外观望。另外，在高度紧张的交易活动中，偶尔的休息也绝对有益无害，如此才能焕然一新地再度进场，从事另一波段的交易。

交易工具

培养健全的交易心理，就是要培养某些心智特质。两个简单的工具可以在这方面提供非常大的帮助：交易日志与交易计划。

交易日志

交易日志的最主要功能是追踪交易活动，借以总结经验和改进技术。交易日志的记录内容，应该涵盖交易的所有相关部分，包括：规划过程、头寸的开仓与平仓。这些资料可以用来评估某笔交易成功或失败的理由；然后，交易者可以针对特定的领域进行必要的改善。

交易日志应该由六个部分构成（见表 7－1）：四个部分显示市场预测与

交易头寸（交易资料、行情预测、获利目标与止损点），另一部分说明实际结果，最后一部分显示实际结果与行情预测之间的差异摘要。经过一系列的交易之后，交易日志内的资料可以显示某种交易方法的长处与短处。

1. 交易资料部分包括开仓建立头寸时的市场情况。“开仓日期”就是开仓建立头寸当天的日期。“指数与水平”是期权的标的指数与开仓当时的水平，例如：“OEX 880”或“NDX 1322”。“策略/价格”记载策略的内容，例如：“在$24^{1/2}$做多10口SPX 9月份940看涨期权”或“在$6^{1/8}$做空25口11月450—460看跌期权价差组合”。“隐含价格波动率”注明期权当时价格所隐含的价格波动率，例如：“22%”或“32.5%”关于隐含价格波动率的意义与计算方法，请参考第6章。

表 17-1　　交易日志

交易资料	开仓日期			
	指数与水平			
	策略/价格			
	隐含价格波动率			
行情预测	预测的指数			
	预测的日期/天数			
	预测的隐含价格波动率			
获利目标	期权价格目标			
	总获利目标			
止损点	期权止损价格			
	止损总金额			
实际结果	平仓交易日期（天数）			
	指数水平			
	期权价格			
	隐含价格波动率			
	盈亏金额			
摘　要	获利≥目标			
	获利<目标			
	亏损≤止损金额			
	亏损>止损金额			

续表

摘　要	指数预测精确			
	指数预测不精确			
	时间预测精确			
	时间预测不精确			
	隐含价格波动率预测精确			
	隐含价格波动率预测不精确			

2. 行情预测部分包括三个对象：指数水平、时间与隐含价格波动率。当交易头寸平仓之后，实际的结果能够与这些预测资料相互比较。顾名思义，“预测的指数”与“预测的隐含价格波动率”就是交易者所预测的它们的目标水平。“预测的日期/天数”代表指数目标水平发生的日期，或头寸计划持有的天数。

3. 获利目标部分包括“期权价格目标”与“总获利目标”，前者可以把行情预测部分的资料（指数水平、到期天数与隐含价格波动率）输入 OP – EVAL 3™，借以计算这些预测实现之下的期权理论价值；然后配合策略/价格部分的资料，即可计算“总获利目标”。举例来说，假定策略/价格部分的资料为“在 $15^{1/4}$做多 5 口 SPX 9 月份 930 看涨期权”，期权价格目标为 20，则总获利目标就是 $5\times(20-15^{1/4})=5\times4^{3/4}=24$。

4. 止损点部分包括“期权止损价格”与“止损总金额”。没有任何方法可以正确地决定止损价位，所以每位交易者都必须根据自己的风险偏好拟定这方面的决策。另外，即使头寸建立当初就已经预先埋入止损单，这也不能保证你能够按照预先设定的价位平仓出场，因为市场价格可能直接穿越你设定的止损价位。“总止损金额”的计算方式非常类似于“总获利目标”；举例来说，假定策略/价格部分的资料为“在 $15^{1/4}$做多 5 口 SPX 9 月份 930 看涨期权”，期权止损价格为 12，则止损总金额就是 $5\times(15^{1/4}-12)=5\times3^{1/4}=16^{1/4}$。

5. 实际结果部分包括头寸平仓的价位与时间资料。这部分资料结合预测与目标盈亏或止损金额，就可以进行最后的绩效评估。“平仓交易日期(天数)”是指头寸结束的日期或头寸的持有天数。“指数水平”是指头寸结束当时的股价指数水平。“期权价格”是结束头寸时的期权价格。“隐含价格波动率”是指头寸结束时期权价格所隐含的波动率（隐含价格波动率的计算方法，请参考第6章）。“盈亏金额”是交易实际发生的获利或亏损金额。

6. 摘要部分包括实际与预测数据的一些关系比较。在表17－1中，有利的关系显示在非阴影部分，不利的关系显示在阴影部分。举例来说，如果预计获利金额为$900，实际获利金额为$1 100，在“获利≥目标”的非阴影位置打勾；反之，如果预计获利金额为$900，实际获利金额为$400，在“获利＜目标”的阴影位置打勾。同理，如果头寸平仓发生亏损，就需要在“亏损≤止损金额”的非阴影位置打勾，或在“亏损＞止损金额”的阴影位置打勾。除此之外，摘要部分还显示预测指数、预测时间与预测价格波动率是否精确。

经过一些交易之后，表17－1之类的交易日记就可以提供一些资料，借以评估某些相关领域处理上的优点与缺点。例如，预测股价指数的技巧是否足够精确？这个问题的答案可以由适当列位的打勾数量显示。如果实际亏损金额总是超过预计止损金额，意味着你没有严格遵守止损法则。如果指数或时间的预测通常精确或不精确，往往就能够显示行情预测方法的可靠性。

主观的评估程序

在交易日志中，比较实际结果与预计目标之间的关系，可能涉及一些主观判断。举例来说，假定你预测价格波动率由15%上升到20%；如果价格波动率实际上由15%上升为21%，前述的预测可以视为精确，如果价格波动率实际上是由15%下降为13%，前述的预测显然不精确。可是，如果价格波动率实际上由15%上升为17%或18%，前述的预测究竟精确与否？交易者往往必须回答这些没有明确答案的问题。虽说如此，但只要累积的资料够多，这类含糊关系所造成的影响就会减少。

由于交易日志上记录的资料难免涉及主观判断，所以交易者必须诚实对待自己，这可能是交易规范的第一道测试关卡。刚开始记录交易日志的时候，可能会感受到挫折，但不要轻易放弃。请注意，交易日志的目的是协助交易者辨识长处与短处。事实上，期权交易本身就是充满挫折的历程，因为40%或50%的交易最后会造成亏损，即使你采用的交易技巧非常高明也是如此。面对着偏高的失败比率，初学者很容易觉得沮丧，但这也正是交易日志特别重要的地方，它可以显示你需要改善的领域。换言之，如果你记录交易日志，就可以针对特殊的问题寻求解决之道，避免产生莫名的挫折感。

拟定交易计划

如果交易很简单，就会有更多的人进入这个领域。如果交易很简单，某些人会设计电脑软件专门从事交易。可是，交易毕竟不简单。大多数的人都交易一阵子之后，就会黯然放弃。

如果你把交易视为某种正式的行业，成功的机会就比较大一些。拟定计划的过程中，应该注意下列问题：我愿意承担多少风险？我打算花费多少时间？我预估交易成功的百分比有多高？多少百分比的交易将因亏损离场？这都是主观性的问题，每个人的答案不尽相同。可是，交易类似开创一个新事业。如果你打算从事某个新的行业，难道可以不理会对销售额、费用与利润的预算吗？正如同经营任何事业一样，交易也需要拟定计划。一套理想的交易计划必须具备四个要素：

足够的起始资本。究竟应该筹措多少起始交易资本？这个问题没有一定的答案。可是，交易资本的充裕程度，必须足以应付学习阶段可能发生的损失。请注意，交易资本就是风险资本，这部分的资本不应包括生活的应急储蓄、退休的长期投资或其他特殊目的的储蓄资金。

起始资本的管理计划。管理资本是把交易资本划分为适当的单位，使得一笔亏损或一系列连续亏损不会显著削弱继续交易的能力。新进入的交易者必须准备充足的资本，让刚开始进行的一系列交易有机会实现净获利。关于交易系统的适用性，究竟应该通过多少笔交易来进行测试，其中没有一定的准则，但 10 笔交易应该是最起码的数据。

安排充裕的时间执行计划。交易需要掌握市场情况的发展，判断市场情况是否会产生交易机会，这些程序需要花费时间研究与思考。所以，交易者必须安排足够的时间。对于某些人来说，每个周末阅读报纸、更新图形，就已经足够了。对于另一些人来说，这方面的时间可能需要更长一些。当然，由于行情预测技巧不同，交易者所需要的时间长度也各自不同，但重点是一致性。如果你希望知道自己安排的时间是否足够，可以在周末或月底回顾相关期间的交易过程，然后进行评估。

合理的获利目标。合理的获利目标，让你产生一个可供追求的对象，实现目标之后，也可以让你得到满足感。当然，初学者不要把目标设定得太高。事实上，刚开始交易的几个月之内，“不要发生亏损”可能就是合理的目标。经过一段期间之后，目标水平应该持续提高，不论在绝对金额还是百分比方面。

虽然每笔交易开仓当初就应该设定明确的获利目标，但更重要的是设定一系列交易（如10笔交易）或某段期间的获利目标，因为个别交易是否能够获利，其中充满不确定性，这也是为什么头寸开仓之初必须设定止损点的理由。

获利通常表示为投入资本的百分比，没有考虑“工作”的时间长度。举例来说，假定交易资本为$ 50 000，整年度的税前获利为$ 10 000，获利相当于是交易资本的20%。由另一个角度来说，如果这些交易平均每个星期花费10小时研究行情，一年520个小时，前述获利相当于$ 20的每小时“工资”。由工资的角度来看，这些获利似乎没什么了不起。虽说如此，交易计划还是应该设定获利目标。如何设定获利目标，其中涉及主观的评估，每位交易者都应该根据自己的条件，设定合乎实际的获利目标，交易计划的其他层面都必须配合获利目标。

例　子

周小姐从事医疗保健方面的工作，自从大学时代开始，她就对股票市场非常感兴趣。目前，周小姐没有任何信用卡的欠款，除了个人退休账户（IRA）与工作场合的401－K计划之外，她还通过两个独立账户进行投资，其中一个储蓄账户准备在不久之后购买一间公寓，另一个账户是“其他投资账户”。

从事多种交易始终是周小姐的梦想之一，她认为现在是着手实现的理想时机。虽然医疗保健方面的工作压力很大，但她相信每个星期还是可以挪出4～6个小时的时间运用于交易，每个工作日大约有30分钟，周末则有2～4个小时。关于交易资本，她打算运用“其他投资账户”3/4的资金，再加上最近几个月特别节省下来的一些资金。除此之外，她也取消今年的度假安排，把这部分资金移作交易资本——开展一项新业务，毕竟需要一些牺牲。假定周小姐的起始交易资本为$ 20 000，让我们看看她如何拟定交易计划。

周小姐虽然有一些投资经验，但完全不熟悉短线交易的技巧。所以，她首先必须找到一种自己适用的短线交易方法。这方面的参考书籍很多，包括技术分析系统、筛选交易策略的电脑软件，以及根据每天/每周循环预测未来的行情走势。周小姐必须花点时间，挑选一套适合自己个性的交易系统——毕竟是她自己的资金承担风险。她必须自行拟定决策，然后接受这些决策造成的获利与亏损。

周小姐也需要通过某些渠道取得最新的信息，如此才能追踪头寸的状况或寻找新的交易机会。如果她的交易方法需要运用价格走势图，就必须设法取得这些图形；另外，她也必须知道最新的报价。对于所有挂牌交易的期权，CBOE 的网站（http：//www.cboe）免费提供延时 20 分钟的价格资料。许多经纪商通过电话按键、网际网路提供客户即时的报价。实际从事交易之前，周小姐应该经由纸上交易测试自己的系统。

一切准备妥当之后，周小姐应该考虑最初几笔交易的成功/失败可能性，评估其中的风险。对于最初 10 笔交易，应该设定自己愿意接受的最大损失，这方面的损失额度必须远低于起始交易资本。这 10 笔交易主要是希望测试交易系统在实际市场的操作绩效是否类似于模拟交易。举例来说，如果周小姐把这 10 笔交易的最大风险设定为$ 7 000（相当于起始交易资本$ 20 000 的 35%），则每笔交易的合理止损金额大约是$ 500 ~ $ 700。通过前述的安排，即使最初 10 笔交易都失败，周小姐还有足够的风险资本，可以运用于此后的交易。

假定最初一笔交易的止损金额设定为$ 700，周小姐可以考虑做多 3 口期权，单价在$ 5 ~ $ 15 之间，每口期权的止损价位设定为买价减去$ 2。所以，做多 3 口期权投入的风险资本虽然是$ 1 500（单价$ 5）至$ 4 500（单价$ 15），但止损金额预定不超过$ 600（不含佣金）。当然，这些头寸不能保证必定可以在止损点认赔出场。万一市场突然发生重大走势变化，价格可能直接穿越止损点；在这种情况下，期权可能发生 100% 的损失——这对于初学者恐怕是难以接受的经验，但毕竟是可能发生的，所以周小姐在心理上应该有所准备。

对于如何设定获利目标，没有明确的准则。我们不妨假设周小姐设定的报酬/风险比率为 3:2，对于每笔$ 600 的止损金额，她希望获利目标为$ 900。举例来说，如果她做多 3 口期权，单价为$ 10，获利目标设定为$ $13^{1/2}$。

对于初学者来说，开仓建立头寸之后，最好立即开出平仓的限价单。举例来说，周小姐在单价 10 做多 3 口期权，一旦经纪人报告交易完成，就应该立即埋下卖单，在 $13^{3/4}$ 的价位卖出前述 3 口期权——获利目标 $13^{1/2}$，加上 1/4 的佣金。预先进入的卖单还没有执行之前，周小姐随时可以指示经纪人取消卖单，或更改为“市价卖出”。这类的平仓限价单可以迫使周小姐在特定价位获利了结，初学者通常缺乏这种规范。经过一段练习，当交易者对于自律规范很有把握的时候，就不需要继续依赖这类强制规范的技巧。

周小姐也可以根据全年度的获利目标，进一步规划全年度需要进行的交易笔数。这方面的规划过程中，首先需要估计交易成功与失败之间的比率，每笔成功交易的平均获利金额，以及每笔失败交易的平均亏损金额。举例来说，假设周小姐把第一年交易的净获利设定为$ 10 000，预估 60%的交易成功，40%的交易失败，每笔成功交易的平均获利为，每笔失败交易的平均亏损为$ 600（包含佣金）。利用表 17－2，周小姐估计全年度需要进行 33 笔交易，平均每个月大约 3 笔。

表 17－2　　估计特定获利目标所需要的交易笔数

假设：

年度获利目标	= $ 10 000
成功交易的发生百分比	= 60%
每笔成功交易的平均获利金额	= $ 900
失败交易的发生百分比	= 40%
每笔失败交易的平均亏损金额	= $ 600
每年的总交易笔数	= T

问题：估计每年需要进行的交易笔数

成功交易的总获利 － 失败交易的总亏损 = $ 10 000

成功交易的总获利 = T × 0.60 × $ 900

失败交易的总亏损 = T × 0.40 × $ 600

解开下列方软件的 T：

（T × 0.60 × $ 900） － （T × 0.40 × $ 600） = $ 10 000

（T × $ 540） － （T × $ 240） = $ 10 000

T × （$ 540 － $ 240） = $ 10 000

T = $ 10 000/$ 300 = 33

表 17－2 可以提供一些帮助，因为这是追踪交易绩效的另一种方法。在

某个月内，如果周小姐只进行一笔交易，进度显然落后。市场内存在许多交易机会，只要花费适当的时间研究行情，就可以掌握这些机会。如果周小姐每个星期花费 4～6 小时进行研究，每个星期应该可以找到 3 个交易机会。另外，如果每 5 笔交易中有 3 笔获利，周小姐就能够维持计划中的成功/失败百分比。可是，如果每笔成功交易的获利只有$400，进度就会落后。

周小姐是否是一位成功的交易者？这个问题只有时间才能回答，但有一点非常确定：她不需依赖某种神奇的能力或天生的直觉。如果她热爱交易的过程，渴求交易的机会，按部就班的工作，严守交易规范，那么成功的机会就很大。交易者必须有自信，相信自己的交易系统最终必定能够获利，而且具备严格的规范能够按照系统的指示进行交易。

本章小结

金融交易尝试通过一系列的短线买卖行为，借助价格变动而赚取利润。交易是一门很难学习的技巧，更难以实际操作，因为其中涉及的风格与思路都不同于人类的其他大部分行为。情绪可能造成干扰，这意味着交易者必须培养健全而客观的心态。交易者必须认清一点，所进行的交易之中必定有成功也有失败，这种成败的百分比关系称为“百分比思考”。一旦市场情况发生变化，或止损点被触及，百分比思考在心理上可以协助交易者果断认赔出场。交易者也需要采用某种预测行情的方法，而且对于这种方法具备信心。所谓“行情预测”，包括期权的标的指数、行情发生的时间，以及价格波动率的变化。合理的交易最后虽然也可能发生亏损，但一系列合理交易的胜算总是大于直觉交易。交易需要投入大量的时间与精力，但也不宜过分沉迷，平衡的生活方式最重要。

交易日志可以协助你追踪操作绩效，维持客观心态与自律规范。交易日志涵盖的范围包括交易的计划、开仓与平仓，其目的在于帮助交易者认清某笔交易何以成功或失败的理由，协助交易者专注于应该改进的方面。交易计划是另一项工具，特别强调：充裕的起始资本，交易资本的管理，充裕的研究时间，以及合理的获利目标。

没有任何方法可以保证交易成功，但你只要准备充裕的资本，按部就班的工作，遵照规范进行交易，那就有相当高的胜算。

本书探讨了股价指数期权的一些交易问题，包括期权基本概念、期权价格行为、策略分析与筛选方法、头寸管理技巧，以及交易心理。所提供的电脑软件 OP－EVAL 3™在设计上就是希望协助你理解前述的问题。

股价指数期权的行情预测包括三个对象：指数水平、时间与隐含价格波动率。另外，关于交易策略的获利潜能也应该有合理的预期。一旦头寸建立之后，如果行情预测错误或发生变化，交易者应该熟悉头寸管理的替代技巧。

交易者必须对于自己采用的方法具有信心，相信这套交易方法的长期获利能力，而且切实通过这套方法持续进行交易。最后，让我们重复强调一次，务必接受客观判断的指引，不要受到情绪左右。只要努力掌握必要的技巧，任何人都可以在金融交易市场获得成功。

索引

A

B

C

D

E

F

I

J

L

M

N

O

P

R

S

T

U

V

W

后记

股票期权产品的准备包括监管、运作和投资者教育三个部分。前两个部分的研究和设计成果，已经作为“深圳证券交易所金融衍生品丛书”出版。《股指期权交易》和《股票期权交易》是第三部分——投资者教育的内容，旨在帮助投资者如何进行股票期权交易，如何控制风险。我认为，只有当一个普通投资者真正懂得如何下单交易，懂得如何在赚钱的同时又能控制风险的时候，一个新产品的准备工作才算基本完成了。

《股指期权交易》一书由我来翻译，《股票期权交易》由小组的其他同事完成。

在芝加哥期权交易所（CBOE）和期权结算公司（OCC）培训学习期间，董事长特别顾问郑学勤博士帮我找了很多股票期权交易方面的书，我们比较发现，这两本书是最适合的。我也参加了期权学院的交易员培训，本书作者杰姆斯·B. 比德曼（James B. Bittman）主讲，课堂上很多学员手里拿的就是这两本书。比德曼听说我们准备把这两本书译成中文时，非常高兴，也十分赞同。

这里，我特别向学勤博士致谢！感谢你为我们交流培训所作的详尽安排，感谢你为我们翻译这两本书所提供的巨大帮助。

由衷感谢深圳证券交易所张育军总经理、宋丽萍副总经理、周明副总经理、林凡纪委书记、邹胜总经理助理！你们的领导、支持和鼓励是我们完成股票期权准备这项艰巨复杂任务的根本保证，不仅仅包括本套丛书的出版。

诚挚感谢小组的同事们，他们是金立扬、于延超、陈建瑜、邢精平、孙培源、刘英华、吴瑕、俞华丽、万春波、王焕然、王育峰、王珏。和你们在一起工作，我学到了很多。现在好像有这样一种说法："时尚就是和有钱人在一起。"但我真切地认为，最时尚的生活是和有水平、有能力的人在一起工作。工作是生活中时间最长的一部分。我觉得自己是"时尚"和幸运的。

向芝加哥期权交易所致敬！你们的专业精神、热情与诚实，让我敬佩。这些人包括董事长总裁 William J. Brodsky，执行副总裁 Richard G. DuFour，主管技术的执行副总裁 Gerald T. Oconnel，本书作者 James B. Bittman 以及所有在培训期间，我结识的 30 多位同行与朋友们。请原谅我不能在这里一一列出你们的名字，但你们确实给我留下了深刻的印象，也给了我真诚的协助。

北京大学深圳商学院刘博同学帮我翻译了部分章节，张楚天同学和复旦大学刘希怡同学帮我进行了校对，非常感谢你们！

感谢中国财经出版社的刘瑞思和樊闽编辑，你们付出了巨大的辛苦和努力！

最后，将此书送给我的儿子，作为周岁生日礼物吧。在此书的翻译过程中，你已经快长满一岁了。我在想，等你长大后，书也许不需要翻译就可以读了，至少在汉语和英语之间。

傅德伟

2007 年 10 月